高等职业教育产教融合特色系列教材·汽车类

自动驾驶环境感知技术

主　编　曹　艳
副主编　王碧芳　万夏子　张玲丽
参　编　王召杰　周痛快　季清爽

北京理工大学出版社
BEIJING INSTITUTE OF TECHNOLOGY PRESS

内容简介

环境感知、精确定位、路径规划、线控执行是自动驾驶四大核心技术，环境感知系统是自动驾驶发展的一个关键环节，也是自动驾驶体现智能的主要方面之一。本书基于工作手册式教材理念编写，分析环境感知技术的工作原理与调测、标定等工作场景，结合智能网联汽车技术发展，对视觉传感器、超声波雷达、毫米波雷达、激光雷达、惯性导航等感知设备的具体工作任务进行实施。全书由7个项目、11个任务组成，每个项目由任务描述、知识准备、任务实施、任务评价、回顾练习5个部分组成，构成学、做、思的循环与递进，促使学生主动思考，实现知识和技能的有效迁移，培养学生在不同工作情景下通用的问题解决能力。本书既可作为智能产品开发、智能交通、智慧驾驶等电子信息大类、机械大类、计算机大类等自动驾驶专业或智能网联汽车专业的学生学习，也可供从事自动驾驶和智能网联汽车相关工作的工程技术人员参考和使用。

版权专有　侵权必究

图书在版编目（CIP）数据

自动驾驶环境感知技术 / 曹艳主编． ── 北京：北京理工大学出版社，2024.2（2024.6 重印）
ISBN 978 - 7 - 5763 - 3619 - 1

Ⅰ．①自… Ⅱ．①曹… Ⅲ．①汽车驾驶 - 自动驾驶系统 - 高等学校 - 教材 Ⅳ．①U463.61

中国国家版本馆 CIP 数据核字（2024）第 047511 号

责任编辑：徐艳君　　**文案编辑**：徐艳君
责任校对：周瑞红　　**责任印制**：李志强

出版发行 / 北京理工大学出版社有限责任公司
社　　址 / 北京市丰台区四合庄路 6 号
邮　　编 / 100070
电　　话 / (010) 68914026（教材售后服务热线）
　　　　　　　(010) 68944437（课件资源服务热线）
网　　址 / http://www.bitpress.com.cn

版 印 次 / 2024 年 6 月第 1 版第 2 次印刷
印　　刷 / 三河市天利华印刷装订有限公司
开　　本 / 787 mm × 1092 mm　1/16
印　　张 / 21.25
字　　数 / 487 千字
定　　价 / 49.80 元

图书出现印装质量问题，请拨打售后服务热线，负责调换

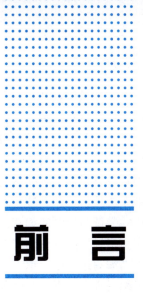

前 言

随着人工智能和自动驾驶技术的迅猛发展,环境感知技术成为自动驾驶汽车系统中的核心模块之一。自动驾驶汽车的实现离不开对周围环境的高精度感知与理解。本书系统地介绍了自动驾驶汽车中使用的各种传感器技术,包括激光雷达、毫米波雷达等,以及这些传感器的原理、特点和应用。同时,本书还深入探讨了环境感知技术在车道识别、行人识别、交通标志识别等方面的具体应用,帮助学生更好地理解和应用环境感知技术。

随着自动驾驶技术的快速发展,作为未来交通领域的重要创新技术,自动驾驶技术的应用将成为行业发展的重要驱动力。因此,本书的编写旨在培养学生对自动驾驶技术的理论基础和实际应用技能,为他们未来的就业和职业发展打下坚实的基础。

本书是校企合作开发的新形态教材,具有以下特点:

1. 立德树人,思政教育有机融入

将建设中国标准智能汽车体系,实现安全、高效、绿色、文明的智能网联汽车强国愿望,充分满足人民日益增长的美好生活需要等内容融入教材,增加学生的民族自豪感和社会责任感,有助于学生在学习技术知识的同时,树立正确的思想观念和社会责任感。

2. 理实一体,工作任务驱动

每个项目以"做中学"为核心,明确知识目标、能力目标、情景导入,在进行理论知识的学习后,接着进行任务实施,完成理论结合实践的操作,实现理论到实践再到反馈的知识巩固和技能提升。

3. 数字化教学资源丰富

本书开发了丰富的数字化教学资源,包括多媒体课件、动画、微课以及习题,辅助学习。

4. 校企合作

本书编者调研了北京华晟经世信息技术股份有限公司、百度Apollo无人驾驶、东风悦享科技有限公司等智能网联汽车公司,了解无人驾驶技术发展动态,结合武汉职业技术学

院与北京华晟经世信息技术股份有限公司合作建立的自动驾驶实训室，开发编写了本书，一些企业工程师参与了编写工作。

本书由武汉职业技术学院曹艳担任主编，统筹整本书的编写与审核，负责项目一自动驾驶环境感知设备和项目二视觉传感器装调与检测、项目六惯性导航的装调与检测、项目七环境感知设备目标识别的编写。武汉职业技术学院的王碧芳、万夏子、张玲丽担任副主编，分别完成项目三超声波雷达的装调与检测、项目四毫米波雷达的装调与检测、项目五激光雷达的装调与检测的编写。企业工程师王召杰、周痛快、季清爽参与编写本书的任务工单及实验指导书的部分内容。

在本书编写过程中，编者参考了有关资料和文献，在此向相关的作者表示衷心的感谢！由于编者水平有限、时间仓促，书中错误和不妥之处在所难免，恳请广大读者批评指正。

目 录

项目一　自动驾驶环境感知系统认知　1
　任务 1　环境感知传感器的认知　2

项目二　视觉传感器的装调与测试　20
　任务 1　视觉传感器的装调　21
　任务 2　视觉传感器的测试　41

项目三　超声波雷达的装调与测试　62
　任务 1　超声波雷达的装调　63
　任务 2　超声波雷达的测试　76

项目四　毫米波雷达装调与测试　83
　任务 1　毫米波雷达的装调　84
　任务 2　毫米波雷达的测试　91

项目五　激光雷达的装调与测试　97
　任务 1　激光雷达的装调　98
　任务 2　激光雷达的测试　119

项目六　定位与惯性导航传感器装调与测试　136
　任务 1　定位与惯性导航传感器装调与测试　137

项目七　环境感知传感器的目标识别　162
　任务 1　环境感知传感器的目标识别　163

实验　211
　实验 1　单目相机认知实验　212

实验 2　单目相机数据采集实验（一）　214
实验 3　单目相机操作实验（二）　218
实验 4　双目相机认知实验　221
实验 5　双目相机操作实验（一）　224
实验 6　双目相机操作实验（二）　225
实验 7　双目相机操作实验（三）　226
实验 8　广角相机认知实验　227
实验 9　广角相机的标定实验　230
实验 10　广角相机数据采集实验　232
实验 11　超声波雷达认知实验　237
实验 12　超声波雷达数据采集实验　241
实验 13　毫米波雷达认知实验　246
实验 14　毫米波雷达数据采集实验　250
实验 15　激光雷达认知实验　256
实验 16　激光雷达数据采集实验　258
实验 17　GPS 安装与标定实验　266
实验 18　车辆行驶 GPS 数据采集实验　269

参考文献　273

项目一

自动驾驶环境感知系统认知

任务目标：

1. 掌握自动驾驶环境感知系统的定义和组成；
2. 了解车载环境感知传感器的类型、配置、工作原理应用。

知识目标：

1. 了解车载环境感知传感器的概念和特点；
2. 了解环境感知传感器的应用；
3. 掌握车载环境感知传感器的组成和功能。

能力目标：

1. 能认识自动驾驶汽车上的各种环境感知传感器；
2. 能区分环境感知传感器的应用场景。

素质目标：

1. 树立独立思考、坚韧执着的科研精神；
2. 树立创新意识、爱岗敬业的工匠精神；
3. 树立职业信心，增强科技意识，具有家国情怀。

情景导入：

人在走路时需要用眼睛看清道路、用耳朵听各种声音，以识别道路及周围环境。智能网联汽车的环境感知系统就像人的眼睛和耳朵一样，是实现自动驾驶功能的关键技术。

任务1 环境感知传感器的认知

任务描述

自动驾驶汽车是如何感知周围环境的？自动驾驶汽车如何精准获取道路、车辆、行人、交通标志及信号灯等信息？

自动驾驶汽车，通过多种车载传感器（如摄像头、激光雷达、毫米波雷达、GPS、惯性传感器等）来识别车辆所处的周边环境和状态，并根据所获得的环境信息（包含道路信息、交通信息、车辆位置、障碍物信息等）自主做出分析和判断，从而自主地控制汽车运动，实现"自动驾驶"。

知识准备

工业和信息化部在《国家车联网产业标准体系建设指南（智能网联汽车）》中明确规定：智能网联汽车（Intelligent and Connected Vehicle，ICV）是指搭载先进的车载传感器（如图1-1所示）、控制器、执行器等装置，并融合现代通信与网络技术，实现车与X（车、路、人、云等）智能信息交换、共享，具备复杂环境感知、智能决策、协同控制等功能，可实现安全、高效、舒适、节能行驶，并最终实现替代人来操作的新一代汽车。

智能网联汽车的环境感知就是利用车载激光雷达、毫米波雷达、超声波雷达、视觉传感器以及车用无线通信技术（V2X）等获取道路、车辆位置和障碍物的信息，并将这些信息传输给车载控制中心，为智能网联汽车提供决策依据，是实现自动驾驶（无人驾驶）的第一步。

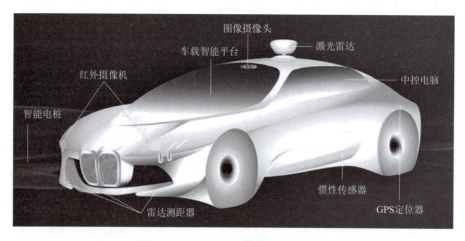

图1-1 自动驾驶汽车的传感器分布

环境感知系统是自动驾驶发展的一个重要环节，也是自动驾驶体现智能的主要方面之一。自动驾驶汽车首先是对环境信息的采集、处理与分析，即环境感知，它是智能汽车自主形式的基础和前提。环境感知的对象主要包括路面、静态物体和动态物体三个方面，涉及道路边界检测、障碍物检测、车辆检测、行人检测等技术。环境感知与识别传感器系统通常采用摄像头、激光雷达、毫米波雷达等多种传感器来感知环境。摄像头和激光雷达都可以进行车道线检测。对红绿灯的识别，主要还是由摄像头完成。对障碍物的识别，摄像头可以通过深度学习把障碍物进行细致分类，激光雷达只能分一些大类，但能完成对物体距离的准确定位；毫米波雷达则可以完成障碍物运动速度、方位等识别。

1. 自动驾驶环境感知传感系统的定义

　　自动驾驶汽车是以多种智能传感器、V2X端数据与高精度地图的信息作为输入，经过一系列的计算及处理，获取道路、车辆、行人、交通标志及信号灯等信息，从而实现自动驾驶汽车对周围环境的精确感知。自动驾驶技术的不断提高，对感知系统获取环境信息的全面性、准确性和高效性要求越来越高，可以说一个自动驾驶系统的整体上表现好坏，很大程度上取决于环境感知系统。

　　环境感知传感器是一种用于感知和监测周围环境的传感器装置。它通过感知环境中的物理量、化学量、生物量等参数和特征，将这些信息转换为电信号或数字信号，以便进一步处理和分析。环境感知传感器可以用于测量温度、湿度、光照强度、气体浓度、压力、声音等环境参数，以及检测运动、震动、电磁辐射等环境特征。通过环境感知传感器，智能系统可以实时获得和理解环境信息，从而实现智能控制、安全监测、环境优化等应用。例如，环境感知传感器可以用于智能家居系统中的温度控制和光照调节，以及城市智能交通系统中的交通流量监测和空气质量检测等。

　　自动驾驶环境感知系统是一种用于实时感知和监测车辆周围环境的系统。它通常由多个感知器件、传感器和算法组成，旨在提供关键的环境信息，以帮助驾驶员做出决策并增强车辆的安全性、舒适性和自动化水平。

　　环境感知系统利用雷达、激光雷达、摄像头等传感器，实时监测车辆周围的障碍物，包括其他车辆、行人等。通过算法分析传感器数据，可以识别障碍物的位置、距离和速度，及时地预警和避障。通过摄像头等传感器，感知车辆所在的车道线，并通过算法分析车道线的位置和形状，保持车辆在正确的车道行驶。当车辆偏离车道时，系统可以提供警示并进行辅助转向控制。车载摄像头可以实时捕捉行人和交通标志的图像，通过图像识别算法识别行人和交通标志的类型和位置。利用传感器和算法，自动驾驶环境感知系统可以实时监测车辆所在道路的交通流量情况，包括车辆数量、速度和密度等，辅助车辆选择最佳路线和避免交通拥堵。通过传感器和算法，自动驾驶环境感知系统可以监测车辆前方的距离和相对速度，并根据预设的安全距离提供前方碰撞的预警。辅助车辆及时采取制动措施，避免碰撞事故的发生。

　　自动驾驶环境感知系统通过感知和理解周围环境，提高驾驶的安全性和舒适性，并促进自动驾驶技术的发展。

2. 自动驾驶环境感知的对象

自动驾驶环境感知的对象主要包括车辆、行人、交通标志和信号灯、道路边界和标线、障碍物以及环境状况等（如图1-2所示）。这些对象的感知和识别是实现智能驾驶和自动驾驶的重要基础。

1）车辆：自动驾驶环境感知系统可以感知和识别道路上的其他车辆，包括前方、后方、左右方向的车辆，以及相对于自身车辆的位置和速度。

2）行人：自动驾驶环境感知系统可以感知和识别道路上的行人，包括行人的位置、行走方向和速度等信息，以确保安全驾驶并与行人进行交互。

3）交通标志和信号灯：自动驾驶环境感知系统可以感知和识别道路上的交通标志和信号灯，包括限速标志、禁止停车标志、红绿灯等，以便根据交通规则和信号进行驾驶控制。

4）道路边界和标线：自动驾驶环境感知系统可以感知和识别道路边界和标线，包括车道线、中心线、边缘线等，以便保持正确的车道行驶和安全驾驶。

5）环境状况：自动驾驶环境感知系统可以感知并识别道路上的环境状况，如道路表面的状况（湿滑、凹凸不平等）、能见度、交通状况等。感知这些环境状况，可以帮助车辆调整驾驶策略和速度。

6）建筑物和地标：自动驾驶环境感知系统可以感知并识别周围的建筑物和地标，如大楼、桥梁、标志性建筑等。识别这些地标，可以帮助车辆导航和定位。

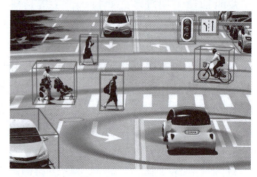

图1-2 自动驾驶环境感知的对象

3. 自动驾驶环境感知系统的组成

自动驾驶环境感知系统由传感器、处理器和算法、地图数据、通信模块以及显示和人机交互界面等组成信息采集单元、信息处理单元、信息传输单元三大模块，如图1-3所示，这些模块协同工作，实现对车辆周围环境的感知和理解。

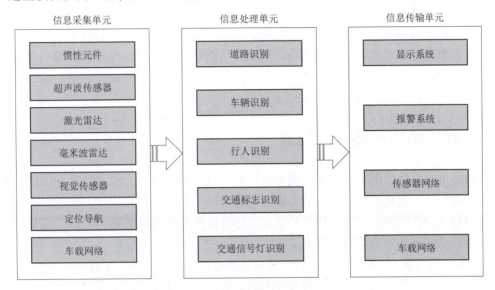

图1-3 自动驾驶环境感知系统的组成

信息采集单元对环境的感知和判断是自动驾驶汽车工作的前提和基础，自动驾驶环境感知系统获取周围环境和车辆信息的实时性和稳定性，直接关系到后续检测或识别的准确性和执行的有效性。信息采集单元主要包括惯性元件、超声波传感器、激光雷达、毫米波雷达、视觉传感器、定位导航及车载网络等。

信息处理单元主要是对信息采集单元输送来的信号，包括道路、车辆、行人、交通标志、交通信号灯等信息，通过一定的算法进行分析和识别，并发送给信息传输单元，从而实现道路识别、车辆识别、行人识别、交通标志识别、交通信号灯识别。

信息传输单元接收到信息处理单元对环境感知信号的分析数据后，根据具体情况执行不同的操作。例如：利用分析后的信息确定前方有障碍物，并且当本车与障碍物之间的距离小于安全车距，则将这些信息送入控制执行模块，控制执行模块结合本车速度、加速度、转向角等自动调整智能网联汽车的速度和方向，实现自动避障，在紧急情况下也可以自动制动。信息传输单元把信息传输到传感器网络上，实行车辆内部资源共享，也可以把处理信息通过自组织网络传输给车辆周围的其他车辆，实现车辆与车辆之间的信息共享。信息传输单元包括显示系统、报警系统、传感器网络和车载网络。

传感器是自动驾驶环境感知系统的核心组件，用于感知周围环境的各种信息。常见的传感器包括摄像头、激光雷达、毫米波雷达、超声波传感器等。摄像头用于捕捉图像和视频，激光雷达和毫米波雷达用于测量距离和检测物体，超声波传感器用于接近和避障。这些传感器可以提供不同类型的数据，以全方位感知车辆周围的环境。感知到的环境信息需

要进行处理和分析，以提取有用的特征和信息。处理器和算法用于实时处理传感器数据，进行目标检测、跟踪和分类等任务。这些处理器和算法能够识别和理解障碍物、行人、车辆、道路标志等，并生成对应的环境信息。自动驾驶环境感知系统通常会使用地图数据来辅助环境感知和理解。地图数据可以包括道路网络、车道线、交通标志、地标等信息。通过与传感器数据进行对比和匹配，自动驾驶环境感知系统可以更准确地定位和识别周围的环境。自动驾驶环境感知系统可以通过通信模块与其他车辆、基础设施和云端进行通信。通过与其他车辆和基础设施的通信，自动驾驶环境感知系统可以获取更全面的交通信息和道路状况，从而提供更准确的环境感知结果。自动驾驶环境感知系统的结果通常会显示在车辆的仪表盘、导航显示屏或车载娱乐系统上，驾驶员可以通过这些界面查看周围环境的信息，如障碍物的距离、速度等。此外，自动驾驶环境感知系统还可以通过声音、振动等方式与驾驶员进行交互，提供警告和提示信息。

4. 车载环境感知传感器的特点

车载环境感知传感器是专门用于汽车领域的环境感知传感器，用于监测和测量汽车周围的环境参数。车载环境感知传感器具有多参数测量、高精度、即时性、多方向监测、抗干扰能力和兼容性等特点，这些特点使得车载环境感知传感器能够提供准确、可靠的环境信息，为汽车驾驶和系统控制提供支持和指导。

1）多参数测量：车载环境感知传感器可以测量多种环境参数，如温度、湿度、气压、光照强度、声音、气体浓度等。这些参数的测量数据可以提供给汽车系统，用于实时监测和控制。

2）高精度：车载环境感知传感器通常具有高精度的测量能力，能够提供准确的环境参数数据。高精度的测量使得传感器能够提供精确的环境信息，为车辆驾驶和系统控制提供可靠的依据。

3）即时性：车载环境感知传感器能够实时地获取环境参数的数据，并通过车辆的通信系统传输给车辆的其他系统或设备。这种即时性使得传感器能够及时提供反馈和响应，满足车辆实时监测和控制的需求。

4）多方向监测：车载环境感知传感器通常具有多个监测通道或传感单元，可以同时监测车辆周围的多个方向。例如，车载环境感知传感器可以监测前方、后方、侧方等不同方向的环境参数，提供全方位的环境感知能力。

5）抗干扰能力：车载环境感知传感器通常需要具有较强的抗干扰能力，以应对车辆行驶过程中可能遇到的复杂环境和干扰因素。例如，传感器需要抵抗来自车辆振动、噪声、电磁干扰等因素引起的误差和干扰。

6）兼容性：车载环境感知传感器通常需要与车辆的其他系统和设备进行兼容，以实现数据的共享和交互，包括与车辆的电气系统、通信系统、导航系统等进行接口和协议的兼容性。

5. 环境感知传感器的应用

环境感知传感器主要用于以下领域：
（1）汽车领域
车载环境感知传感器用于感知汽车周围的环境参数，如温度、湿度、光照强度、气体浓度等。这些传感器提供数据给车辆系统，用于驾驶辅助、智能控制和安全保护等方面。
车载环境感知传感器通常包括以下几种：
1）温度传感器：用于测量车内外的温度，以便调节车辆的空调系统。
2）湿度传感器：用于测量车内外的湿度，以提供舒适的驾驶环境。
3）光照传感器：用于测量车外的光照强度，以自动调节车辆的前照灯和后照灯。
4）大气压力传感器：用于测量大气压力，以提供气象数据和高度计功能。
5）CO_2 传感器：用于测量车内的二氧化碳浓度，以判断车内空气质量。
6）VOC 传感器：用于测量车内的挥发性有机化合物浓度，以评估车内空气质量。
7）PM2.5 传感器：用于测量车内外的 PM2.5 颗粒物浓度，以提供空气质量数据。
8）声音传感器：用于监测车内外的声音水平，以便提供噪声控制和声音警报功能。
9）雨量传感器：用于监测车外的降雨情况，以提供雨刮器控制和雨量警报功能。
（2）建筑领域
建筑领域中的环境感知传感器在建筑领域中用于监测室内空气质量、温度、湿度、光照强度等参数，以提供舒适的室内环境。这些传感器可以自动调节空调、照明等设备，实现能源节约和环境保护。
（3）工业领域
工业领域中的环境感知传感器用于监测工厂、车间中的环境参数，如温度、湿度、气体浓度、噪声等。这些传感器可以提供实时的环境数据，以便工厂管理人员进行生产计划、维护调度等决策。
（4）农业领域
农业领域中的环境感知传感器用于监测农田中的土壤湿度、温度、光照强度等参数，以提供精确的农作物生长环境数据。这些传感器可以帮助农民优化灌溉、施肥等农业操作，提高农作物的产量和质量。
环境感知传感器的应用范围广泛，能够为各个领域提供准确的环境参数数据，以支持智能化、自动化的决策和控制。随着传感技术的不断发展，环境感知传感器的性能和功能也在不断提升，为人们创造更加舒适、安全、高效的生活和工作环境。

6. 车载环境感知传感器的配置

环境感知传感器是一种用于测量和监测周围环境参数的设备。它们通常使用各种传感技术，如光电传感、声波传感、压力传感、温度传感、湿度传感等，来感知环境中的物理量。
（1）车载视觉传感器
车载视觉传感器是车辆上安装的用于感知周围环境的传感器，主要包括摄像头和立体相机等。这些传感器通过采集车辆周围的图像信息，结合图像处理和计算机视觉算法，实现对道路、交通标志、行人、车辆等物体的识别和跟踪，从而提供多种智能驾驶辅助功能。

1）车载视觉传感器具体包括以下几种：

①普通摄像头：普通摄像头一般用于拍摄前方道路的图像，通过图像处理和计算机视觉算法，可以实现车道保持辅助、交通标志识别、行人检测等功能。

②立体相机：立体相机由两个或多个摄像头组成，可以获取不同角度和距离的图像，从而实现对场景的三维感知。立体相机可以用于车辆和行人的距离测量、障碍物检测和跟踪等。

③红外线摄像头：红外线摄像头可以感知红外线辐射，可以在夜间或低照度条件下获取清晰的图像。红外线摄像头可以用于夜视功能、行人检测和动态障碍物检测等。

④鱼眼摄像头：鱼眼摄像头具有广角视野，可以拍摄更广阔的景象。鱼眼摄像头可以用于全景监控、倒车辅助等。

⑤红外激光雷达：红外激光雷达通过发射红外激光束并测量其返回时间，可以实现对距离和障碍物的感知。红外激光雷达可以用于障碍物检测、自动制动等功能。

⑥深度相机：深度相机使用 Time – of – Flight 或结构光等技术，可以获取场景中物体的深度信息。深度相机可以用于障碍物检测、行人检测和路面状况检测等。

这些车载视觉传感器可以单独使用，也可以组合使用，以提供更全面、准确的环境感知和驾驶辅助功能。

2）车载视觉传感器的主要特点如下：

①多功能性：车载视觉传感器可以提供多种功能，如车道保持辅助、自动紧急制动、行人检测、交通标志识别、盲区检测等。它们能够感知和识别车辆周围的各种物体，并基于识别结果提供相应的驾驶辅助功能。

②实时性：车载视觉传感器能够实时采集和处理图像信息，可以在毫秒级别的时间内完成物体识别和跟踪。这使得它们能够在驾驶过程中实时提供警报和控制指令，提高行车安全性。

③高精度：车载视觉传感器通过高分辨率的图像采集和精准的算法处理，能够实现对物体的准确识别和跟踪。这种高精度的感知能力为驾驶员提供了更准确的信息，减少了误判和误报的可能性。

④可扩展性：车载视觉传感器可以通过增加传感器数量或改进算法来扩展其功能和性能。例如，通过增加摄像头的数量，可以实现全景监控和无死角检测；通过改进算法，可以提高物体识别和跟踪的准确性和鲁棒性。

车载视觉传感器是智能驾驶系统中不可或缺的一部分，它通过感知和识别车辆周围的物体，为驾驶员提供精准的信息和智能的驾驶辅助功能，提高行车安全性和驾驶舒适性。

（2）车载超声波传感器

车载超声波雷达是一种使用超声波进行环境感知和障碍物检测的传感器。它通常由多个超声波传感器组成，这些传感器安装在车辆的前、后、左、右等位置。

车载超声波雷达的工作原理是利用超声波的传播和反射特性来测量物体与车辆之间的距离。传感器发射超声波信号，当这些信号遇到物体时，一部分会被物体反射回传感器。

通过测量从发射到接收的时间，可以计算出物体与车辆之间的距离。

车载超声波雷达主要用于低速、近距离的障碍物检测和停车辅助功能。它可以提供实时的距离和方向信息，帮助驾驶员避免碰撞和停车时的碰撞。超声波雷达在停车入位、避免与其他车辆或物体碰撞等场景中发挥着重要作用。与其他传感器相比，车载超声波雷达的感知范围相对较短，精度也有限。因此，在高速行驶、远距离感知和复杂环境中，通常需要与其他传感器如激光雷达和摄像头等进行组合使用，以提供更全面、准确的环境感知和驾驶辅助功能。

1）车载超声波雷达有几种不同的类型，包括：

①常规超声波雷达：这种类型的超声波雷达主要用于近距离的障碍物检测和停车辅助功能。它通常由多个超声波传感器组成，安装在车辆的前、后、左、右等位置，可以提供实时的距离和方向信息。

②盲区辅助超声波雷达：这种类型的超声波雷达主要用于检测车辆盲区内的障碍物。它通常安装在车辆的侧面或后方，可以提供车辆侧面和后方的距离和方向信息，帮助驾驶员避免盲区碰撞。

③自动泊车超声波雷达：这种类型的超声波雷达专门用于自动泊车系统。它通常由多个超声波传感器组成，安装在车辆的前、后、左、右等位置，可以提供实时的车辆周围环境距离信息，帮助车辆进行精确的泊车操作。

④侧向超声波雷达：这种类型的超声波雷达主要用于车辆的侧向环境感知。它通常安装在车辆的侧面，可以提供侧面障碍物的距离和方向信息，帮助驾驶员避免侧面碰撞和保持车辆在车道内。

这些不同类型的车载超声波雷达在车辆安全和驾驶辅助功能中发挥着重要作用，可以提供实时的环境感知和障碍物检测。它们通常与其他传感器如摄像头和激光雷达等组合使用，以提供更全面、准确的环境感知和驾驶辅助功能。

2）车载超声波雷达具有高精度、实时性、多点检测、强大适应性、低成本和轻量化等特点，使得它成为车辆安全和驾驶辅助领域中重要的感知设备，为驾驶员提供准确的环境感知和障碍物检测。车载超声波雷达具体特点如下：

①高精度：超声波雷达可以提供非常精确的距离测量，通常可以达到毫米级的精度，使得它在车辆停车辅助和泊车操作中非常有效。

②实时性：超声波雷达可以实时获取距离和方向信息，并快速反馈给驾驶员或车辆系统，使得它在避免碰撞和驾驶辅助中起到重要作用，确保安全和舒适的驾驶体验。

③多点检测：车载超声波雷达通常由多个传感器组成，可以覆盖车辆周围的多个方向，使得它可以检测到车辆周围的多个障碍物，并提供全面的环境感知。

④强大适应性：超声波雷达对环境的适应能力很高，可以在各种天气和光照条件下正常工作。它不受光线影响，可以在黑暗或弱光环境中正常工作。

⑤低成本：与其他传感器相比，超声波雷达相对较便宜，成本相对较低，使得它在车辆中得到广泛应用，并成为许多车辆的标配设备。

⑥轻量化：超声波雷达通常体积较小、重量较轻，对车辆的负荷影响较小，使得它在车辆集成和安装方面更加灵活和便捷。

（3）车载毫米波雷达传感器

车载毫米波雷达是一种基于毫米波技术的车辆感知和环境感知设备。它利用高频的毫米波信号进行测量和检测，能够提供更高精度的距离、速度和角度信息，以实现对车辆周围环境的感知和障碍物检测。

车载毫米波雷达的工作原理是通过发射毫米波信号，然后接收并分析反射回来的信号来感知周围的物体。毫米波信号具有较短的波长，能够提供更精确的距离测量，而且对于大部分天气条件和环境干扰具有较好的抗干扰能力。

1）车载毫米波雷达的类型主要包括以下几种：

①短程雷达（Short Range Radar，SRR）：短程雷达通常被安装在车辆前后保险杠上，用于近距离的障碍物检测和防撞。它能够提供车辆周围几米到几十米范围内的环境感知和障碍物检测。

②中程雷达（Medium Range Radar，MRR）：中程雷达通常被安装在车辆前方，用于距离更远的目标检测和环境感知。它的检测范围通常可以达到几十米到几百米。

③长程雷达（Long Range Radar，LRR）：长程雷达通常被安装在车辆前方，用于检测更远距离的目标和提供更远距离的预警功能。它的检测范围通常可以达到几百米到数千米。

④侧方雷达（Side Radar）：侧方雷达通常被安装在车辆两侧，用于检测侧方的目标和提供车辆变道和并线辅助功能。

⑤盲区雷达（Blind Spot Radar）：盲区雷达通常被安装在车辆两侧，用于检测车辆盲区内的目标和提供盲区警示功能，帮助驾驶员避免盲区事故。

⑥360°环视雷达（360 - degree Surround Radar）：360°环视雷达通常被安装在车辆周围各个位置，用于提供全方位的环境感知和障碍物检测，包括前方、后方、侧方和盲区等区域。

⑦高分辨率雷达（High Resolution Radar）：高分辨率雷达通常具有更高的探测精度和分辨率，能够提供更详细的目标信息和环境感知。

这些不同类型的车载毫米波雷达可以根据车辆的需要进行组合和配置，以实现全面的环境感知和障碍物检测功能，提高驾驶安全性和舒适性（如图1-4所示）。

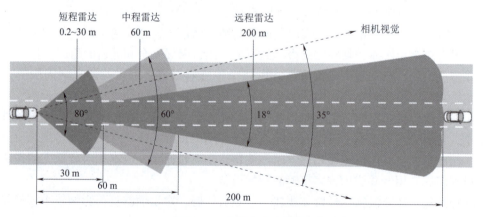

图1-4 车载毫米波雷达

2）车载毫米波雷达利用毫米波技术进行感知和检测，具有高精度、远距离检测、多目标检测、强大抗干扰能力和全方位感知等特点。它是车辆安全和驾驶辅助系统中重要的感知设备，可以提供准确的环境感知和障碍物检测，提高驾驶安全性和舒适性。车载毫米波雷达的具体特点如下：

①高精度：毫米波雷达可以提供非常精确的距离、速度和角度测量，通常可以达到几厘米级的精度，使得它在车辆安全和驾驶辅助领域中具有重要作用。

②远距离检测：毫米波雷达可以检测到较远距离的物体，通常可以达到几百米的检测范围，使得它在高速行驶或高速公路等场景中非常有效。

③多目标检测：车载毫米波雷达可以同时检测多个目标，能够提供全面的车辆周围环境感知，有助于实现更准确的障碍物检测和环境感知。

④强大抗干扰能力：毫米波雷达对于大部分天气条件和环境干扰具有较好的抗干扰能力。它不受雨、雪、雾、光照等因素的影响，可以在各种复杂环境下正常工作。

⑤完全感知：车载毫米波雷达可以提供全方位的环境感知，包括前方、后方、侧方以及盲区等区域的检测，使得它在避免碰撞、自动驾驶和泊车辅助等方面具有广泛应用。

车载毫米波雷达是一种重要的车辆传感器技术，能够提供高精度、高分辨率的环境感知和障碍物检测功能，提高驾驶的安全性和舒适性。

（4）车载激光雷达传感器

车载激光雷达是一种用于汽车或其他交通工具的激光雷达系统装置。它通过发送激光束并接收其反射回来的光信号，以获取周围环境的三维空间信息来感知和测量车辆周围的环境，以实现环境感知、障碍物检测和地图构建等功能。

车载激光雷达通常由激光发射器、接收器、扫描机构和数据处理单元等组成。激光发射器产生短脉冲的激光束，接收器接收并记录激光束的反射信号，扫描机构控制激光束的方向和范围，数据处理单元负责接收和处理激光雷达返回的数据。

车载激光雷达通过测量激光束的反射时间和强度，可以获取目标物体的距离、位置和形状等信息。它能够实时生成高分辨率的三维点云数据，精确地检测和识别车辆周围的障碍物、道路边缘、交通标志等，并构建准确的环境地图。

车载激光雷达在自动驾驶和智能交通系统中发挥着重要作用，为车辆提供全面、准确的环境感知能力，帮助车辆规划安全的行驶路径和避免碰撞。它是无人驾驶技术中不可或缺的一部分。

1）车载激光雷达通常由以下几个部分组成：

①激光发射器：激光发射器产生短脉冲的激光束，通常是红外激光。

②接收器：接收器接收并记录激光束的反射信号，通常采用光电二极管或光电倍增管。

③扫描机构：扫描机构用于控制激光束的方向和范围，通常采用旋转或电子扫描方式。

④数据处理单元：数据处理单元负责接收和处理激光雷达返回的数据，生成点云数据或构建环境地图。

车载激光雷达可以提供高分辨率和精确的三维点云信息，可以检测并测量车辆周围的障碍物、道路边缘、交通标志等。它能够实时生成高精度的环境地图，并与其他传感器

（如摄像头、毫米波雷达等）进行数据融合，提供更全面、准确的环境感知能力。激光雷达的工作原理使得它在光照条件较差、雨雪天气等复杂环境下也能够可靠地工作。

2）车载激光雷达的类型有多种，根据其工作原理和技术特点可以分为以下几类：

①机械式激光雷达：机械式激光雷达通过旋转激光器和接收器的机械结构来扫描周围环境。它使用旋转的镜面或棱镜来转向激光束，可以实现全方位的环境感知。机械式激光雷达具有较高的测量精度和可靠性，但由于其机械结构的限制，体积较大且扫描速度较慢。

②固态激光雷达：固态激光雷达使用固态激光器和光电二极管接收器，通过电子扫描器或光学阵列来扫描环境。它具有较小的体积和快速的扫描速度，适应性更强。然而，固态激光雷达的测量精度可能相对较低。

③旋转式激光雷达：旋转式激光雷达使用固态激光器和接收器组成的旋转模块，通过旋转模块的旋转来实现环境扫描。旋转式激光雷达结合了机械式激光雷达和固态激光雷达的优点，具有较小的体积和较快的扫描速度，同时具有较高的测量精度。

④其他类型激光雷达：除了上述常见的类型，还有一些其他类型的车载激光雷达，如光纤式激光雷达、毫米波雷达和混合式激光雷达等。这些类型的激光雷达在技术原理和应用场景方面各有特点，可以根据具体需求选择适合的类型。

3）车载激光雷达具有以下特点：

①高精度测距：激光雷达通过测量激光束的往返时间，可以实现对目标距离的精确测量，具有高精度的测距能力，使得车载激光雷达在自动驾驶、智能车辆和安全辅助系统等领域具有重要应用。

②高分辨率：车载激光雷达可以生成高分辨率的点云数据，通过对环境中的物体进行三维重建和识别，可以实现精确的目标检测和定位，对于自动驾驶系统来说至关重要。

③多目标检测：车载激光雷达可以实时探测和跟踪多个目标，包括车辆、行人、障碍物等。它能够提供准确的目标位置、速度和形状等信息，为驾驶员或自动驾驶系统提供重要的环境感知能力。

④全天候性能：车载激光雷达不受光照条件的限制，可以在白天和夜晚、晴天和雨雪天等各种天气条件下正常工作，使得它在复杂环境中具有可靠的感知性能。

⑤实时性：车载激光雷达能够快速扫描周围环境，并实时输出点云数据，具有快速响应和实时更新的能力，这对于驾驶员或自动驾驶系统来说非常重要，可以及时做出决策和调整。

⑥安全性：车载激光雷达可以提供高分辨率的环境数据，帮助驾驶员或自动驾驶系统识别和避免潜在的危险，可以提高车辆的安全性能，减少交通事故的发生。

车载激光雷达也存在一些挑战，如高昂的价格、较大的尺寸和重量、对环境的敏感性等。随着技术的不断进步，激光雷达正在变得更加小型化、轻量化和经济实用，为无人驾驶车辆的实际应用提供更好的解决方案。

环境感知传感器通过数据采集和处理，能够实时感知车辆周围的环境和驾驶状态，并提供相应的控制和保护功能，提高行车安全性和驾驶舒适性。

环境感知传感器在智能网联汽车上的配置类型和数量与自动驾驶级别有关，自动驾驶级别越高,配置的传感器越多。不同的车型功能不一样,配备环境感知传感器也不一样。图 1-5 和图 1-6 为奥迪 A8 和特斯拉电动汽车上的环境感知传感器分布。

图 1-5　奥迪 A8 上的环境感知传感器分布

图 1-6　特斯拉电动汽车上的环境感知传感器分布

(5) 车载定位与惯性导航传感器

车载定位与惯性导航传感器是一种应用于汽车行驶过程中的技术,结合定位和惯性导航技术,可以提供准确的车辆位置和姿态信息。

全球导航卫星系统(Global Navigation Satellite System,GNSS)是一种基于卫星基础设施的、具有全球覆盖范围的无线电定位技术,如图 1-7 所示。GNSS 泛指所有的全球卫星定位系统,全球现已投入运作的 GNSS 主要包括美国的全球定位系统(GPS)、俄罗斯的格洛纳斯卫星导航系统(GLONASS)、欧洲的伽利略系统(GALILEO)和我国的北斗卫星导航系统(BDS)。

1) GPS 由空间部分、地面部分和用户部分等组成,如图 1-8 所示。

①空间部分:GPS 的空间部分由 24 颗工作卫星组成一个 GPS 卫星组,其中 21 颗是导航卫星,3 颗是活动的备用卫星。24 颗卫星均匀分布在 6 个轨道面上绕地球运行,每个轨道面上有 4 颗卫星,轨道倾角为 55°。卫星的运行周期约为 12 h。各轨道平面上卫星间的仰角相隔 90°,其中一个轨道平面上的卫星比西部相邻轨道平面上相应的卫星提前 30°。

图1-7 全球导航卫星系统示意图

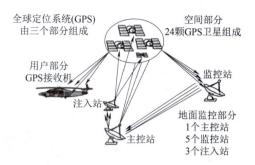

图1-8 GPS组成

GPS卫星组保证在24 h，在高度角15°以上，用户能够同时观测到4~8颗卫星，每颗工作卫星都发射用于导航和定位的信号，用户可以使用这些信号来实现导航。

②地面监控部分：GPS地面监控部分包括1个主控站、5个监测站、3个注入站和通信与辅助系统。主控站位于科罗拉多-法尔孔（Colorado-Falcon）空军基地；5个监测站分别为1个主控站、3个注入站、夏威夷监测站；3个注入站分别位于阿松森群岛、迭哥·伽西亚、卡瓦加兰。

地面控制部分的主要作用如下：

a. 主控站：主要用于采集各监测站的数据。

b. 地面天线：用于接收GPS卫星信号。

c. 监测站：监测和采集数据。

d. 通信辅助系统：实现两个或两个以上地点之间的通信。

③用户部分：GPS用户部分包括卫星导航接收机和卫星天线。它的作用是接收GPS卫星所发出的信号，利用这些信号进行导航定位。接收机捕获被跟踪卫星的运行情况。接收机的微处理器再根据定位解算方法进行定位计算，得到用户地理位置的纬度、经度、高度、速度、时间等信息。典型的GPS用户部分如图1-9所示。

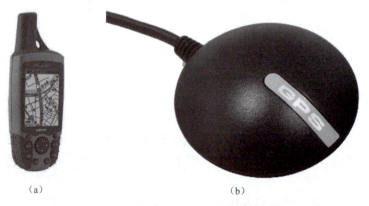

（a） （b）

图1-9 典型的GPS用户部分

（a）手持GPS接收机；（b）GPS接收机

2）BDS是中国自行研制的全球卫星导航系统，也是继GPS、GLONASS之后的第三个成熟的卫星导航系统。

①BDS 由空间段、地面段和用户段三部分组成。其定位原理与 GPS 定位原理基本相同。BDS 示意图如图 1-10 所示，首先由中心控制系统向卫星Ⅰ和卫星Ⅱ同时发送询问信

图 1-10　BDS 示意图

号，经卫星转发器向服务区内的用户广播。用户响应其中一颗卫星的询问信号，并同时向两颗卫星发送响应信号，经卫星转发回中心控制系统。中心控制系统接收并解调用户发来的信号，然后根据用户的申请服务内容进行相应的数据处理。

BDS 空间段由若干地球静止轨道卫星、倾斜地球同步轨道卫星和中圆地球轨道卫星组成混合导航星座。

BDS 地面段包括主控站、时间同步/注入站和监测站等若干地面站。

BDS 用户段包括北斗兼容其他卫星导航系统的芯片、模块、天线等基础产品，以及终端产品、应用系统与应用服务等。

②北斗卫星导航系统（BDS）是中国自主研发建设的全球卫星导航系统，具有许多独特的技术特点。

a. 高精度：BDS 具有高精度的定位和导航能力。通过采用多卫星定位和差分定位技术，BDS 可以提供厘米级甚至亚米级的高精度定位结果，对于需要高精度定位的应用领域，如航空、航海、测绘和精准农业等，具有重要意义。

b. 广泛覆盖：BDS 具有广泛的覆盖范围。目前，BDS 已经实现了全球覆盖，并能够提供全球性的导航和定位服务，使得 BDS 在国际航空、海洋、交通运输等领域具备了较大的竞争优势。

c. 多系统兼容：BDS 不仅兼容美国的 GPS 系统，还与俄罗斯的 GLONASS 系统、欧洲的伽利略系统等其他卫星导航系统兼容，这意味着用户可以同时接收多个系统的信号，提高定位的可靠性和稳定性。

d. 多模式服务：BDS 提供多种定位和导航服务模式。除了基本的定位和导航服务，BDS 还提供了增强型的定位服务、精密定位服务和卫星时钟服务等，这些多模式的服务能力可以满足不同用户和应用的需求。

e. 抗干扰能力：BDS 具备较强的抗干扰能力。通过采用多普勒频移技术和接收机抗干扰设计等手段，BDS 可以有效应对各种干扰因素，保证定位和导航的稳定性和可靠性。

f. 全天候使用：BDS 具有全天候使用的能力，无论是在复杂的地形条件下、城市峡谷中或恶劣的气象条件下，BDS 都能够提供稳定和可靠的定位和导航服务。

BDS 作为中国自主研发建设的全球卫星导航系统，具有许多独特的技术特点。其高精度、广泛覆盖、多系统兼容、多模式服务、抗干扰能力和全天候使用的特点，使得 BDS 在航空、航海、测绘、精准农业等领域具备了重要的应用价值。

对于自动驾驶汽车，车辆的实时精准定位尤为重要，GPS 在自动驾驶定位中担负着相当重要的职责。但由于车辆处于城市的复杂动态环境中，GPS 多路径反射的问题会很明显，GPS 定位信息很容易出现较大误差，有时甚至能有几米的误差。对于在有限宽度的车道上高速行驶的汽车来说，这样的误差很有可能导致交通事故。此外，由于 GPS 的更新频率低（10 Hz），在车辆快速行驶时很难给出精准的实时定位。因此，常用惯性传感器（Inertial Measurement Unit，IMU）来辅助定位，增强定位的精度。

IMU 是检测加速度与旋转运动的高频（1 kHz）传感器，对其数据进行处理后可以实时得出车辆的位移与转动信息，但 IMU 自身也有偏差与噪声等问题。通过融合 GPS 与 IMU 数据，各取所长，可以达到较好的定位效果。

惯性导航系统是一种利用惯性传感器测量载体的角速度信息，并结合给定的初始条件实时推算速度、位置、姿态等参数的自主式导航系统。惯性导航系统基于惯性传感器的定位方法，利用陀螺仪和加速度传感器测量车辆的角加速度和线加速度，并将测量数据整合起来，计算出车辆相对于初始姿态的当前姿态信息。惯性定位方法不需要接收外部信号，不受环境干扰，但是存在累积误差，时间越长，累积误差越大。因此，该方法适用于短时间内的局部定位或辅助定位。惯性定位广泛应用于与其他定位方式的组合中。

惯性是指使用惯性器件（陀螺仪和加速计）确定运载体的角速度和加速度，其中陀螺仪用来测量运载体的角速度（如图 1-11 所示），加速计用来测量运载体的加速度。导航是指确定运载体的位置、航向及姿态。惯性导航系统是指将敏感器件（如陀螺仪和加速计）数据视为导航参数的解算系统，该系统根据陀螺仪的输出建立起导航坐标系，根据加速度计输出解算出运载体的速度和位置。惯性导航系统原理如图 1-12 所示。

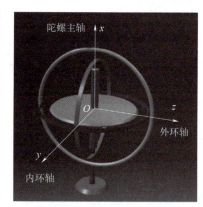

图 1-11　陀螺仪原理图

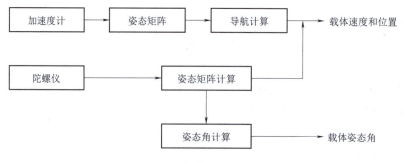

图 1-12　惯性导航系统原理

7. 环境感知传感器在无人驾驶汽车上的应用场景

在无人驾驶汽车上，环境感知传感器起到至关重要的作用。它们通过感知周围环境并获取相关数据，为无人驾驶系统提供实时的环境信息，以支持自主决策和安全驾驶（如图1-13所示）。

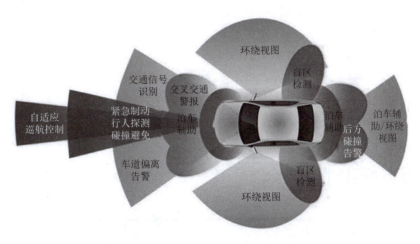

图 1-13　环境感知传感器应用场景

无人驾驶汽车通常配备多种环境感知传感器，如摄像头、激光雷达、雷达和毫米波雷达等。摄像头可以实时捕获图像，用于检测和识别道路标志、车辆、行人和障碍物等。激光雷达可以测量周围物体的距离和形状，生成三维点云图以构建环境地图。雷达和毫米波雷达可用于检测和跟踪周围物体的速度和位置，以及提供车辆周围的遥感数据。

这些环境感知传感器通过数据融合的方式，将各种感知信息整合到一起，为无人驾驶系统提供全面、准确的环境认知。基于这些数据，无人驾驶系统能够实时分析和预测道路状况、识别障碍物和行人、判断交通信号灯和交通标志等，从而做出相应的决策和行驶规划。

环境感知传感器的应用使得无人驾驶汽车能够在复杂的交通环境中实现自主驾驶，提高行驶的安全性和效率性。它们能够及时发现并应对各种道路障碍和危险情况，从而降低交通事故的风险。此外，环境感知传感器也为无人驾驶汽车的智能导航和路径规划提供重要的支持，使得车辆能够选择最佳的行驶路线和方式。

1）障碍物检测和避障：环境感知传感器可以实时检测和识别路上的障碍物，包括其他车辆、行人、路障等，并为无人驾驶汽车提供避障的决策和路径规划。

2）车道保持和道路识别：通过摄像头和激光雷达等传感器，无人驾驶汽车可以实时感知道路的标线和边界，并保持在正确的车道内行驶，同时识别交通信号灯和标志牌。

3）自动泊车：环境感知传感器可以帮助无人驾驶汽车在停车场或街边自动寻找合适的停车位，并进行自动停车和取车操作。

4）交通流量监测和优化：无人驾驶汽车上的环境感知传感器可以实时监测道路上的

交通流量，包括车辆密度、车速等信息，从而帮助优化交通流量，提高道路使用效率。

5）高速公路驾驶：环境感知传感器可以帮助无人驾驶汽车在高速公路上行驶，包括实时检测和适应其他车辆的速度、距离和行驶路线，并进行自动变道和超车等操作。

6）夜间驾驶和恶劣天气驾驶：在夜间或恶劣天气条件下，环境感知传感器可以帮助无人驾驶车辆实时感知周围环境，提供准确的物体识别和距离测量，确保安全的驾驶。

7）动态障碍物检测和预测：环境感知传感器可以检测和跟踪动态障碍物，如行人和自行车，预测他们的行为和路径，从而及时做出避让和决策。

随着技术的不断发展，环境感知传感器的应用将会越来越广泛。环境感知传感器在无人驾驶汽车上的应用极大地提升了车辆的自主驾驶能力和安全性，为实现自动驾驶技术的商业化应用奠定了基础。

任务实施

任务实施工单：请完成任务工单环境感知传感器的认知。

回顾与练习

回顾

环境感知传感器是一种用于感知周围环境并获取相关信息的设备。它可以通过不同的技术手段，如摄像头、激光雷达、雷达、毫米波雷达和超声波传感器等，来感知物体的位置、距离、速度和形状等信息。这些传感器可以单独使用或者结合使用，通过数据融合的方式提供更全面、准确的环境信息。环境感知传感器被广泛应用于自动驾驶、智能机器人和智能家居等领域，为智能系统提供必要的输入，实现智能决策和行为。通过环境感知传感器，智能系统能够感知和理解周围的环境，提高安全性、效率性和舒适性。

练习

1. 判断题

（1）智能网联汽车的环境感知是自动驾驶实现的第一步。（　　）

（2）无人驾驶汽车对环境感知的要求最高，其次是自动驾驶汽车、智能网联汽车和智能汽车。（　　）

（3）超声波传感器主要用于长距离的障碍物的检测。（　　）

（4）视觉传感器属于主动环境感知传感器。（　　）

（5）自动驾驶级别越高，配置的环境感知传感器越多。（　　）

2. 单项选择题

（1）L3级以上自动驾驶必不可少的传感器是（　　）。

A. 超声波传感器　　　　B. 毫米波雷达　　　　C. 激光雷达　　　　D. 视觉传感器

（2）目前辅助驾驶领域的单目视觉传感器可识别的范围在（　　）。

A. 10～40 m　　　　B. 40～80 m　　　　C. 40～120 m　　　　D. 200 m以上

(3) 以下应用于夜视技术的是（　　）。
A. 超声波　　　　B. 红外线　　　　C. 紫外线　　　　D. 无线电信号
(4) 应用于倒车辅助系统的传感器融合是（　　）。
A. 超声波雷达与视觉传感器　　　　B. 毫米波雷达与视觉传感器
C. 超声波雷达与红外线传感器　　　　D. 激光雷达与视觉传感器
(5) 应用于车道线检测、目标分类与运动跟踪的是（　　）。
A. 多目摄像头　　B. 超声波雷达　　C. 毫米波雷达　　D. 激光雷达

3. 多项选择题

(1) 智能网联汽车的环境感知系统由（　　）组成。
A. 信息采集单元　　B. 信息处理单元　　C. 信息传输单元
D. 车载网络单元　　E. 整车控制单元
(2) 视觉传感器主要进行（　　）的检测。
A. 车道线　　　　B. 交通标志　　　　C. 交通信号灯
D. 车辆　　　　　E. 行人
(3) 主动环境感知传感器可以主动向外部环境发射信号，包括（　　）。
A. 超声波传感器　　B. 视觉传感器　　C. 毫米波雷达
D. 激光雷达　　　　E. 加速度传感器
(4) 视觉传感器包括（　　）等。
A. 单目摄像头　　B. 双目摄像头　　C. 三目摄像头
D. 环视摄像头　　E. 倒车雷达
(5) 智能网联汽车上长距离毫米波雷达应用于（　　）。
A. 前向碰撞预警　　B. 自适应巡航　　C. 自动紧急制动
D. 盲区检测　　　　E. 倒车辅助

项目二

视觉传感器的装调与测试

任务目标：

1. 掌握视觉传感器的定义和组成；
2. 了解视觉传感器的特点、类型和技术参数；
3. 掌握视觉传感器的标定方法；
4. 了解视觉传感器的环境感知流程、视觉传感器的产品及应用场景。

知识目标：

1. 了解视觉传感器的作用、组成、分类及工作原理；
2. 熟悉视觉传感器的主要性能指标和在智能网联汽车上的应用；
3. 掌握视觉传感器的装配和联机调试方法。

能力目标：

1. 能够熟练使用视觉传感器装配时所需的工具；
2. 能够熟练使用视觉传感器联机调试时所需的工具；
3. 能够独立完成视觉传感器装配和联机调试并牢记注意事项。

素质目标：

1. 培养精益求精的工匠精神；
2. 培养解决问题的能力和批判性思维。

情景导入：

人们通过感官从自然界获取各种信息，其中以人的视觉获取的信息量最多，约占信息总量的80%。机器视觉技术已经实现了产品化、实用化，镜头、高速相机、光源、图像软件、图像采集卡、视觉处理器等相关产品功能日益完善。通过对视觉传感器拍摄到的图像进行处理，来计算对象物的特征量，如面积、重心、长度、位置、颜色等，从而给出输出数据和判断结果。

任务1　视觉传感器的装调

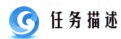

视觉传感器在车辆上能实现人类"眼睛"的功能，那么有哪些视觉传感器，它们是如何安装的？能实现哪些应用场景？

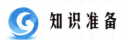

1. 视觉传感器的定义

视觉传感器是一种能够模拟人眼视觉系统的传感器，利用光学元件和成像装置获取外部环境图像信息的仪器，用于感知和获取环境中的视觉信息。视觉传感器能够获取足够的机器视觉系统要处理的最原始图像，将其转化为数字图像或视频数据，进而实现对物体、场景和运动的感知和分析。视觉传感器是智能网联汽车或无人驾驶汽车上的"眼睛"，以摄像头（机）形式出现，利用计算机视觉技术，搭载先进的人工智能算法，模仿人眼视觉机理，通过处理摄像镜头捕捉的图像，获得目标检测和图像处理信息，辅助车辆驾驶（如图2-1所示）。视觉传感器的精度不仅与分辨率有关，而且和被测物体的检测距离相关。被测物体距离越远，其绝对的位置精度越差。

图2-1　车载摄像头

2. 视觉传感器的结构

视觉传感器是一种用于获取和感知光信号的设备,它可以将光信号转换为电信号或数字信号,用于图像采集、图像处理和视觉识别等应用。视觉传感器主要由镜头、图像传感器、数模转换器、图像处理器、图像存储器等组成,如图 2-2 所示,其主要功能是获取足够的机器视觉系统要处理的最原始图像。视觉传感器的主要结构如下:

1) 光学系统:光学系统是视觉传感器的前端部分,用于收集和聚焦光线。典型的光学系统包括透镜、滤光器和光学滤波器等。透镜主要负责光线的聚焦,滤光器用于选择特定波长范围的光,并且滤除其他波长的干扰光线。

2) 图像传感器:图像传感器是视觉传感器的核心组成部分,用于将光信号转换为电信号或数字信号。常见的图像传感器包括 CCD 和 CMOS 传感器,它们由许多感光元件(像素)组成,每个像素可以感知光信号并将其转换为电荷或电压。

3) 信号处理电路:信号处理电路用于对从图像传感器获取的电信号进行放大、滤波、模数转换等处理。这些处理有助于提高图像质量、降低噪声水平,并使信号适合进一步的数字处理或存储。

4) 控制单元:控制单元用于管理和控制视觉传感器的各个组件,包括光学系统、图像传感器和信号处理电路等。它可以控制图像采集的参数(如曝光时间、增益等),并与其他设备或系统进行通信。

5) 数据接口:数据接口用于将处理后的图像数据传输到其他设备或系统。常见的数据接口包括 USB、Ethernet、HDMI 等,可以实现图像数据的实时传输或存储。

不同的视觉传感器可能具有不同的设计和功能。一些高级视觉传感器还可能包括其他组件,如自动对焦机制、深度传感器或红线外传感器等,以增强视觉感知能力。

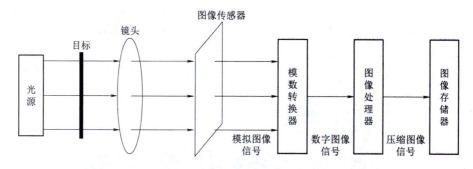

图 2-2 视觉传感器组成

3. 视觉传感器的分类

视觉传感器可以根据不同的分类标准进行分类。以下是一些常见的分类方式
(1) 按照图像传感器类型
1) CCD(Charge-Coupled Device,电荷耦合器件)图像传感器:一种单晶材料半导

体,使用电荷传输技术的图像传感器,如图2-3所示。

CCD图像传感器是一种用于捕捉光信号并将其转换为电荷的图像传感器,它由大量称为像素的光敏元件组成,每个像素都可以感知光信号并将其转换为电荷。

CCD图像传感器的工作原理基于光电效应和电荷耦合技术。当光线照射到CCD表面时,光子被感光元件吸收,激活电子。通过电荷耦合技术,活跃的电子被逐行或逐列传输到CCD芯片上的储存区域。在储存区域,电子进行积累,其数量与被感光元件吸收的光子数量成比例。完成光信号的捕捉后,CCD芯片的读出电路将电荷转换为电压信号。最后,电压信号通过模数转换器(ADC)转换为数字信号,可以进行数字图像处理和存储。

图2-3 CCD图像传感器

CCD图像传感器由大量称为像素的光敏元件组成,每个像素都可以捕捉光信号并将其转换为电荷。CCD成像原理的基本步骤可归纳为以下几步:

①光信号捕捉:当光线照射在CCD表面时,光子被感光元件吸收,激活电子。

②电荷传输:通过电荷耦合技术,活跃的电子被逐行或逐列传输到CCD芯片上的储存区域。

③电荷积累:传输的电子在储存区域进行积累,其数量与被感光元件吸收的光子数量成比例。

④电荷读取:完成光信号的捕捉后,CCD芯片的读出电路将电荷转换为电压信号。

⑤数字化处理:电压信号经过模数转换器转换为数字信号,然后可以进行数字图像处理和存储。

CCD图像传感器具有高灵敏度、低噪声、较高的动态范围和色彩还原能力。它能够捕捉细节丰富、清晰度高的图像,并适用于在光线较暗或对图像质量要求较高的场景。因此,CCD图像传感器被广泛应用于数码相机、摄像机以及其他成像设备中。

2) CMOS(Complementary Metal-Oxide-Semiconductor,互补金属氧化物半导体)图像传感器:一种由硅和锗两种元素所做成的半导体,使用CMOS技术的图像传感器,如图2-4所示。

图2-4 CMOS图像传感器

CMOS图像传感器是一种将光信号转换为电荷然后再转换为电压或数字信号的图像传感器。它是一种基于CMOS技术的图像捕捉设备,用于数码相机、手机摄像头、监控摄像机和其他成像设备中。

CMOS 图像传感器的工作原理类似于 CCD 图像传感器，但在技术上有所不同。CMOS 图像传感器的感光单元和信号处理电路都集成在同一芯片上，每个像素具有自己的放大器和转换器。当光线照射到 CMOS 图像传感器上时，感光元件将光子转换为电荷，并将其存储在每个像素的感光电容器中。然后，每个像素的感光电容器将电荷转换为电压信号，并经过放大电路放大。CMOS 成像原理的基本步骤可归纳为以下几步：

①光信号捕捉：当光线照射在 CMOS 传感器上时，光子被感光元件吸收，激活电子。

②电荷转换：感光元件将活跃的电子转换为电荷，并将其存储在每个像素的感光电容器中。

③信号放大：每个像素中的感光电容器将电荷转换为电压信号，并经过放大电路进行信号增强。

④电压读取：经过放大的电压信号通过读出电路进行读取，然后转换为数字信号。

⑤数字化处理：数字信号进一步经过模数转换器转换为数字图像信号，可以进行图像处理和存储。

CMOS 图像传感器具有低功耗、高读取速度、较小的尺寸和较低的成本。与 CCD 相比，CMOS 技术在功耗和速度方面具有更大的灵活性，使其在许多便携设备和高速图像采集应用中受到青睐。此外，CMOS 图像传感器还可以实现其他功能，如自动曝光、自动对焦和图像稳定等，通过集成在同一芯片上的信号处理电路和控制电路实现。

CCD 和 CMOS 图像传感器的主要差异如表 2-1 所示。

表 2-1 CCD 和 CMOS 图像传感器的主要差异

特点	CCD 图像传感器	CMOS 图像传感器
灵敏度	高	低
成本	高	低
分辨率	高	低
噪声	小	大
功耗	高	低

（2）按照应用领域

1）工业视觉传感器：用于机器视觉、自动化生产线等工业应用。

2）汽车视觉传感器：用于自动驾驶、智能辅助驾驶等汽车应用。

3）家庭和消费电子视觉传感器：用于智能手机、摄像机、电视等消费电子产品中的图像捕捉和处理。

4）医疗视觉传感器：用于医学图像处理、医疗诊断等医疗应用。

（3）按照工作原理

1）主动式视觉传感器：例如激光雷达、结构光传感器等，主动发射光线并接收反射光以获取目标的深度信息。

2）被动式视觉传感器：例如摄像头、红外线传感器等，仅接收环境中已存在的光线进行图像捕捉。

（4）按照成像方式

1）单目视觉传感器：只有一个摄像头，通过单个图像进行视觉分析，如图 2-5 所示。

图 2-5　单目视觉传感器

单目视觉传感器是一种只具有一个摄像机（单目摄像机）的视觉传感器。它可以通过捕捉单一视角的图像来感知和分析环境中的物体和场景。

单目视觉传感器通常由以下组件构成：

①单目摄像机：单目摄像机是单目视觉传感器的核心部件，用于捕捉环境中的图像。它可以是 CMOS 或 CCD 图像传感器，能够将光信号转换为数字图像。

②透镜系统：透镜系统用于对光线进行聚焦，使得图像能够清晰地投射到图像传感器上。透镜可以有不同的焦距和光学特性，以适应不同的应用需求。

③接口电路：接口电路负责将图像传感器输出的模拟信号转换为数字信号，并进行信号处理和传输。

④控制单元：控制单元用于控制和管理单目视觉传感器的工作，包括触发图像捕捉、调整图像参数和图像处理等功能。

单目视觉传感器的主要特点是相对简单和易用。它可以提供基本的图像信息，如物体的颜色、形状和纹理等。通过对单目视觉传感器图像的处理和分析，可以进行物体检测、目标跟踪、姿态估计等应用。

然而，由于只有一个视角的限制，单目视觉传感器往往无法获得物体的深度信息。为了进行三维场景感知，需要借助其他传感器或使用计算机视觉算法进行深度估计。单目视觉传感器常用于智能手机、监控摄像头、人脸识别等应用。

2）双目视觉传感器：具有两个摄像头，通过双目视差获取深度信息，如图 2-6 所示。

双目视觉传感器是一种具有两个摄像机的视觉传感器。它模拟了人类双眼的视觉系统，通过同时捕捉两个不同视角的图像来感知和分析环境中的物体和场景，实现更精确的视觉感知。

双目视觉传感器通常由以下组件构成：

①双目摄像机：双目摄像机是双目视觉传感器的核心部件，由两个摄像机组成，分别称为左目和右目摄像机。每个摄像机可以是 CMOS 或 CCD 图像传感器，能够将光信号转换为数字图像。

图 2-6　双目视觉传感器

②透镜系统：透镜系统用于对光线进行聚焦，使得图像能够清晰地投射到图像传感器上。每个摄像机都有自己的透镜系统，可以有不同的焦距和光学特性。

③接口电路：接口电路负责将图像传感器输出的模拟信号转换为数字信号，并进行信号处理和传输。

④控制单元：控制单元用于控制和管理双目视觉传感器的工作，包括触发图像捕捉、调整图像参数和图像处理等功能。

双目视觉传感器能够获取到物体的深度信息，可以进行三维视觉分析和测量。通过对左、右目图像的比较和匹配，通过视差（两个图像之间的像素位移）可以计算出物体的位置、距离和形状等信息，这些信息对于物体检测、跟踪、立体重建和虚拟现实等应用非常有用。双目视觉传感器还可以实现更精确的目标检测和姿态估计。双目视觉传感器在机器人导航、立体测量、物体识别和人机交互等领域具有广泛的应用。

3）多目视觉传感器：具有多个摄像头，可以获得更多的视角和视野，如图 2-7 所示。

图 2-7　三目视觉传感器

多目视觉传感器是一种具有多个摄像机的视觉传感器。与单目视觉传感器和双目视觉传感器不同，多目视觉传感器可以同时获取多个视角的图像，从而提供更丰富的视觉信息。

多目视觉传感器通常由三个或更多个摄像机组成，每个摄像机都有自己的透镜系统和图像传感器。这些摄像机的位置和朝向可以自由调整，以适应不同的应用需求，达到更全面的视野覆盖。

多目视觉传感器能够获取更多的视角和深度信息，从而提供更准确和完整的三维场景感知。通过对多个视角的图像进行比较和匹配，可以进行更精确的物体定位、跟踪和形状重建。多目视觉传感器广泛应用于机器人导航、三维重建、虚拟现实、自动驾驶等领域。

然而，多目视觉传感器也面临一些挑战，如传感器之间的同步和校准、数据处理和算法复杂性等。为了充分利用多目视觉传感器的优势，需要进行精确的传感器校准和算法开发，以实现准确和可靠的视觉分析和应用。

不同类型视觉传感器的对比如表2-2所示。

表2-2 不同类型视觉传感器的对比

分类	优点	缺点
单目视觉传感器	成本和量产难度相对较低	图像识别算法研发壁垒、数据库建立成本较高；定焦镜头难以同时观察不同距离的图像
双目视觉传感器	测距精确	使用多个视觉传感器，成本较高；计算量巨大，对计算芯片要求高，目前大多使用FPGA（现场可编程门阵列）
三目视觉传感器	全覆盖视角	对视觉传感器之间的误差精度要求高，量产、安装较困难
环视视觉传感器	360°环境感知	图像畸变

4. 车载视觉传感器的特点

车载视觉传感器具有多模态感知、高分辨率、实时性、大动态范围、多功能性、环境适应性、可靠性和耐用性等特点，为车辆提供了重要的感知和决策支持。

（1）多模态感知

车载视觉传感器可以同时获取多种类型的图像数据，如可见光图像、红外线图像等。这种多模态感知能力可以提供更全面和多角度的信息，帮助车辆进行更准确和全面的环境感知。

（2）高分辨率

车载视觉传感器具有较高的图像分辨率，可以捕捉细节丰富的图像信息。高分辨率有助于提高图像质量和准确性，并支持更复杂的图像处理和分析任务。

（3）实时性

车载视觉传感器能够实时地采集和处理图像数据，可以在短时间内快速地获取和分析图像，这使得车载视觉传感器在需要实时反馈和决策的应用中非常有用，如驾驶辅助、自动驾驶等。

（4）大动态范围

车载视觉传感器具有较大的动态范围，可以处理高对比度场景，避免图像过曝或欠曝。这种大动态范围有助于保证图像质量和可信度，在各种光照条件下都能提供可靠的图像信息。

（5）多功能性

车载视觉传感器可以进行多种图像处理和分析任务，如目标检测、识别、跟踪等。它们可以应用于驾驶辅助、自动驾驶、交通监控等场景，提供丰富的视觉感知能力。

（6）环境适应性

车载视觉传感器可以适应不同的环境和场景，包括白天、夜晚、恶劣天气等。它们具有较强的环境适应能力，能够清晰识别车道线、车辆、障碍物、交通标志等，可以在不同条件下获取和处理图像数据，提供稳定和可靠的感知能力。

（7）可靠性和耐用性

车载视觉传感器通常具有较高的可靠性和耐用性，能够在恶劣的工作条件下长时间稳定运行。它们经过严格的测试和验证，能够适应车辆振动、高温、低温等复杂环境，保证系统的稳定性和性能。

（8）信息量丰富

视觉图像的信息量极为丰富，尤其是彩色图像，不仅包含视野内物体的距离信息，而且还有该物体的颜色、纹理、深度和形状等信息。

5. 车载视觉传感器的应用场景

环境感知能力和定位能力是视觉传感器在车辆辅助驾驶或无人驾驶汽车上的主要应用。车载视觉传感器主要应用于车道偏离预警、车道保持辅助、前向碰撞预警、行人碰撞预警、交通标志识别、盲区监测、夜视辅助、自动泊车辅助、全景泊车、驾驶员疲劳预警等，车载视觉传感器按照其应用场景及场景所要求的布局，大致可分为以下五类：

（1）前视视觉传感器

前视视觉传感器在前方碰撞预警、前方行车辅助、交通标志识别和自适应巡航控制等方面有广泛的应用。它们可以提供实时的前方视觉信息，帮助驾驶员增强对前方环境的感知和预警能力，提高驾驶安全性和行车舒适度。前视视觉传感器主要用于车辆前方监测和警示系统，其应用包括以下几方面：

1）前方碰撞预警（Forward Collision Warning，FCW）：前视视觉传感器可以用于前方碰撞预警系统，帮助驾驶员及时发现并避免与前车或其他障碍物发生碰撞（如图2-8所示）。传感器会监测前方的距离和速度，一旦检测到潜在碰撞的危险，系统会发出警报或进行自动制动，提醒驾驶员注意前方安全。

2）前方行车辅助（Forward Driving Assistance，FDA）：前视视觉传感器可以用于前方行车辅助系统，帮助驾驶员更好地掌握前方道路的情况（如图2-9所示）。传感器会监测前方的车辆、行人、交通信号灯等，提供可视化的图像或声音指引，帮助驾驶员做出更准确的驾驶决策。

3）交通标志识别（Traffic Sign Recognition，TSR）：前视视觉传感器可以用于交通标志识别系统，帮助驾驶员识别和理解前方道路上的交通标志（如图2-10所示）。传感器会捕捉并分析前方的交通标志，将识别结果提供给驾驶员，帮助其遵守交通规则和做出正确的驾驶行为。

图2-8 前方碰撞预警

图2-9 前方行车辅助

4）自适应巡航控制（Adaptive Cruise Control，ACC）：前视视觉传感器可以用于自适应巡航控制系统，帮助车辆维持与前方车辆的安全距离（如图2-11所示）。传感器会监测前方车辆的距离和速度，根据车辆的设置速度和安全距离，自动调整车辆的速度，减少驾驶员的疲劳和提高行车安全性。

图2-10 交通标志识别

图2-11 自适应巡航控制

(2) 后视视觉传感器

后视视觉传感器在倒车辅助、后方碰撞预警、后方交通警示和车身保护等方面有广泛的应用。它们可以提供实时的后方视觉信息，帮助驾驶员增强对后方环境的感知和预警能力，提高驾驶安全性和行车舒适度。后视视觉传感器主要用于车辆的后方监测和警示系统，其应用包括以下几方面：

1）倒车辅助系统：后视视觉传感器可以用于倒车辅助系统，帮助驾驶员更好地掌握车辆后方的情况。传感器会监测车辆后方的距离和障碍物，提供可视化的图像或声音指引，帮助驾驶员准确倒车、避免撞击。

2）后方碰撞预警（Rear Collision Warning，RCW）：后视视觉传感器可以用于后方碰撞预警系统，帮助驾驶员及时发现并避免与后车发生碰撞（如图2-12所示）。传感器会监测后方的距离和速度，一旦检测到潜在碰撞的危险，系统会发出警报或进行自动制动，提醒驾驶员注意后方安全。

3）后方交通警示（Rear Traffic Warning，RTW）：后视视觉传感器可以用于后方交通警示系统，帮助驾驶员安全驶离停车位或倒车出停车位。传感器会监测后方的交通情况，

图 2-12 后方碰撞预警

一旦检测到来车或其他车辆靠近,系统会发出警报或进行提醒,提醒驾驶员注意后方交通状况。

(3) 侧视视觉传感器

侧视视觉传感器在盲区检测、车道保持辅助、泊车辅助、车身保护和行人保护等方面有广泛的应用。它们可以提供实时的侧面视觉信息,帮助驾驶员增强对侧面环境的感知和预警能力,提高驾驶安全性和行车舒适度。侧视视觉传感器主要用于车辆的侧面监测和警示系统,其应用包括以下几方面:

1) 盲区检测 (Blind Spot Detection, BSD):侧视视觉传感器可以用于盲区检测系统,帮助驾驶员感知并避免盲区内的其他车辆或物体(如图 2-13 所示)。传感器会监测车辆侧面的情况,一旦检测到有其他车辆或物体靠近,系统会发出警报或显示提醒,提醒驾驶员注意避让。

图 2-13 盲区检测

2) 车道保持辅助 (Lane Keeping Assist, LKA):侧视视觉传感器可以与车道保持辅助系统配合使用。传感器会监测车辆在车道内的位置,一旦检测到车辆偏离车道,系统会发出警报或进行自动纠正,提醒驾驶员及时调整方向。

3)泊车辅助(Parking Assist,PA):侧视视觉传感器可以用于泊车辅助系统,帮助驾驶员更好地掌握车辆的位置和周围环境。传感器会监测车辆侧面的距离和障碍物,提供可视化的图像或声音指引,帮助驾驶员准确停车。

(4)内视视觉传感器

内视视觉传感器在驾驶辅助、安全监控、驾驶行为分析等方面有广泛的应用。它们可以提供实时的视觉信息,帮助改善驾驶安全性、乘客体验和车内舒适度。内视视觉传感器(也称内视摄像头)主要指在车辆内部安装的摄像头,用于监测和记录车内活动以及提供驾驶员辅助功能。其应用包括以下几方面:

1)驾驶辅助系统(Driver Assist System,DAS):内视视觉传感器可以用于驾驶辅助系统,如倒车辅助、盲点检测、车道保持辅助等。通过在车辆内部安装摄像头,可以提供给驾驶员更全面的视野,帮助他们更好地感知车辆周围的情况,减少盲区和死角,避免碰撞和事故的发生。

2)安全监控(Security Monitoring,SM):内视视觉传感器可以用于车内安全监控系统,如出租车、网约车等。传感器可以监测车内的活动和情况,确保乘客和驾驶员的安全。它们可以记录乘客的行为,作为证据用于纠纷解决和安全审查,提高乘客和驾驶员的安全感。

3)驾驶行为分析(Driving Behavior Analysis,DBA):内视视觉传感器可以用于分析驾驶员的行为和状态。通过监测驾驶员的眼睛位置、头部姿态、瞳孔大小等指标,可以评估驾驶员的注意力、疲劳程度和情绪状态,这些信息可以用于驾驶员监控和警示系统,提醒驾驶员保持专注和安全驾驶(如图2-14所示)。

图2-14 驾驶行为分析

(5)夜视视觉传感器

夜视视觉传感器利用红外线探测原理,在光照条件不足条件下是一种有效补充。如可用于夜视系统,驾驶者将获得更高的预见能力,它能够针对潜在危险向驾驶者提供更加全面准确的信息或发出早期警告，提高安全性。夜视视觉传感器主要用于在夜间或低光条件下提供增强的视觉能力。

视觉传感器的 ADAS（Advanced Driving Assistance System，高级驾驶辅助系统）功能如表 2-3 所示。

表 2-3 视觉传感器的 ADAS 功能

ADAS 功能	使用的摄像头	具体功能介绍
行人碰撞预警系统	前视	当前视摄像头检测到车辆前方的行人可能与车辆发生碰撞时发出警报
车道保持辅助系统	前视	当前视摄像头检测到车辆即将偏离车道线时通知控制中心发出指示，纠正驾驶方向
交通标志识别系统	前视、侧视	利用前视、侧视摄像头识别前方和两侧的交通标志
前向碰撞预警系统	前视	当前视摄像头检测到与前车距离小于安全车距时发出警报
车道偏离预警系统	前视	当前视摄像头检测到车辆即将偏离车道线时发出警报
盲区检测系统	侧视	利用侧视摄像头将后视盲区的影响显示在后视镜或驾驶舱内
自动泊车辅助系统	后视	利用后视摄像头将车尾影像显示在驾驶舱内
全景泊车辅助系统	前视、侧视、后视	利用图像拼接技术将摄像头采集的影像组成周边的全景图
驾驶员疲劳预警系统	内置	利用内置摄像头检测驾驶员是否疲劳、闭眼等

任务实施

1. 视觉传感器认知

摄像头是自动驾驶汽车中重要的传感器之一，在自动驾驶过程中其主要任务之一就是交通标志识别，主要利用图像特征法和模型匹配法来进行分析和判断。车辆在行驶过程中需要进行障碍物的检测以及交通标示的识别，此时环境信息便可以通过单目或者多目视觉设备进行采集。

（1）单目摄像头

单目相机采集图像后，由摄像头内的感光组件及控制组件对图像进行处理并转化为计算机能处理的数字信号，在自动驾驶中主要用于感知车辆周边的环境路况，实现前向碰撞预警、车道偏移报警和行人检测等 ADAS 功能。

单目摄像头采用 GenIcam 通用协议，对软件和外围设备具良好兼容性，简化了开发工作，超紧凑的金属外壳，29 mm × 29 mm × 30 mm，重量仅 36 g，分辨率覆盖 0.4 MP 到 20 MP，具有 240 MB 超高帧缓存，确保数据传输稳定性。功耗最大 3 W，供电范围宽（8～24 V），避免电压不稳造成的烧机现象。单目摄像头如图 2-15 所示，其性能参数如表 2-4 所示。

图 2-15　单目摄像头

表 2-4　单目摄像头性能参数

性能参数	参数值	性能参数	参数值
分辨率	1280 像素 × 1024 像素	帧率	85 fps
数据接口	GigE	像元尺寸	7.4 μm
芯片类型	CMOS	曝光时间	11 us～30 s
光学接口	C-Mount	Gamma 范围	0.50～4.00
彩色格式	RGB	操作系统	Windows，Linux（32 bit，or 64 bit）
数据传输距离	100 m	存储温度	-30～60 ℃

（2）双目摄像头

双目相机应用在自动驾驶中 3D 道路环境的分析，检测路面与可行驶区域，提取路面上方的潜在障碍物，测量障碍物与车辆之间的距离，并实现目标在真实环境中的精确定位。它提供了丰富的视觉信息。

双目相机配置了两个 RGB 相机，它们收集信号并传送至工控机上的 GPU，软件将通过比对图像之间的不同之处，在计算之后绘制出实时的深度空间地图。ZED 双目相机如图 2-16 所示。

（3）广角相机

广角相机通过安装在车身前后左右的四个超广角摄像头（如图 2-17 所示）采集车辆四周的影像，经过专有的"实时图像畸变还原对接技术"对图像进行畸变还原→视角转化→图像拼接→图像增强等处理，最终形成一幅无缝的全景鸟瞰图。该系统不仅可以显示全景图，还可以同时显示任一方向的单视图。通过配合标尺线，驾驶员能够准确读出障碍物的位置和距离。

图 2-16　ZED 双目相机

图 2-17　超广角摄像头

2. 视觉传感器的安装

（1）单目相机的安装

按摄像头的安装位置不同，可分为前视、侧视、后视、内置和环视几个部分。本次单目相机安装在环境感知教学平台的前端位置，单目相机的供电范围宽是 8～24 V，其最大功耗为 3 W，电压的小幅波动不会对设备的工作产生影响。单目相机的通信方式是以太网，图片的信息通过以太网的形式发送一定格式的数据包给计算机端。通过单目相机的数据通信接口和供电端口（如图 2-18 所示），将单目相机连接到实训平台电源及工控机。

安装在自动驾驶环境感知实训平台上的单目相机如图 2-19 所示。

图 2-18　单目相机供电端口和数据通信接口

图 2-19　实训平台上的单目相机

安装好后对单目相机进行调试。打开自动驾驶实训软件，单击"图片抓取"按钮则可以通过单目相机抓取一张图片，如图 2-20 所示，单目相机安装调试成功。

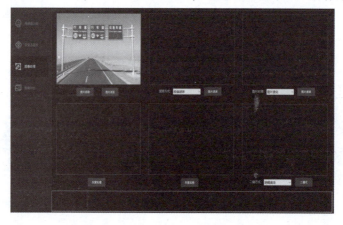

图 2-20　单目相机图片抓取

(2) 双目相机的装调

自动驾驶环境感知实训平台上的双目相机供电电压为 5 V，数据传输和供电都是通过一个 USB3.0 的数据接口与工控机相连，如图 2-22 所示。先固定双目相机在实训台上的位置，再将双目相机的数据线与实训台的工控机 USB 口连接。

双目摄像头标定不仅要得出每个摄像头的内部参数，还需要通过标定来测量两个摄像头之间的相对位置。双目校正是根据摄像头定标后获得的单目内参数据和双目相对位置关系，分别对左右视图进行消除畸变以及对准，使得左右视图的成像原点坐标一致、两摄像头的光轴平行、左右成像平面共面（如图 2-21 所示）。

图 2-21 自动驾驶实训平台上的双目相机

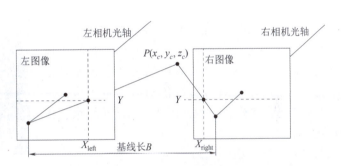

图 2-22 双目摄像头标定

双目摄像头的标定步骤如下：

1) 双击打开厂家配备的软件"ZED Calibration"，如图 2-23 所示。

图 2-23 打开"ZED Calibration"

2）单击"Start"按钮后，手持双目相机，如图 2 – 24 所示。

图 2 – 24　手持双目相机

3）使双目相机投射到电脑屏幕上的蓝色圆形对准标定图上的红色圆形。当下侧和右侧的小球移动到括号中间时，调节双目相机与电脑屏幕距离的大小，使蓝色圆形与红色圆形尽量重合，然后重复进行该操作，直到如图 2 – 25 所示结束，代表标定完成。

(3) 广角相机的装调

广角相机主要由主机、四个广角摄像头、显示器、遥控器等组成，如图 2 – 26 所示。

图 2 – 25　双目相机标定完成

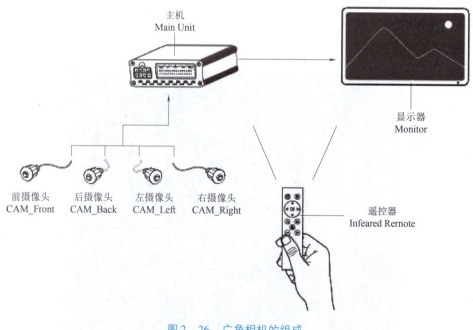

图 2 – 26　广角相机的组成

通过安装调试,主要可以实现对车辆周围的信息进行实时的视频数据传输。通过车辆前后以及两侧的四个180°广角摄像头,分别记录各个部位的实时影像,随之通过系统的图像处理进行畸变还原、视角转化和图像拼接等,而最终合成的全景图像就会以俯视图的形式显示到汽车的中控台屏幕上。图2-27所示是安装在自动驾驶环境感知实训平台上的车体后方的广角相机。确定安装距离以及孔位,将四个广角摄像头依次安装在车体的正前方、正后方、左前方、右前方,将四路摄像头与主机连接,再将主机输出的信号线与工控机连接,线缆沿着车体线槽有序布线。接着标定广角相机。广角相机的遥控器,可以对广角相机的系统进行设置,实现广角相机的联合标定。

通过遥控选择安装调试选项,进入"调试布选择"界面,按 OK 键进入对应调试布安装调试参数设置界面。广角相机的标定步骤如下:

1)选择"视频浏览",如图2-28所示。

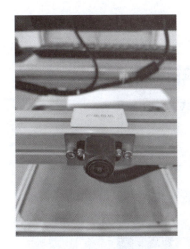

图2-27 实训平台上的车体后方的广角相机

图2-28 视频浏览

2)选择"安装调试",如图2-29所示。

图2-29 安装调试

3）选择镜头"6001"（依据实际实训选择），如图2-30所示。

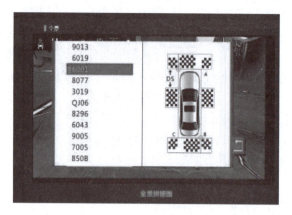

图2-30 选择镜头

4）调试布选择2（根据实训室实际调试布选择调试布），如图2-31所示。

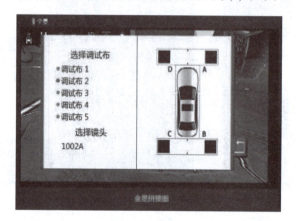

图2-31 选择调试布

5）按OK键输入距离AB、BC的值，将AB的值设置为500，将BC的值设置为180，如图2-32所示。

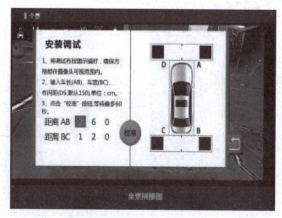

图2-32 车体长宽距离选择

6）单击"校准"按钮，如图 2-33 所示。

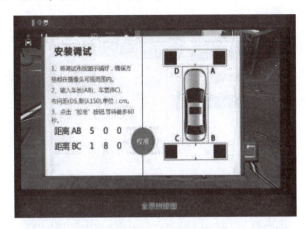

图 2-33　距离校准

7）选择手动调试，如图 2-34 所示。

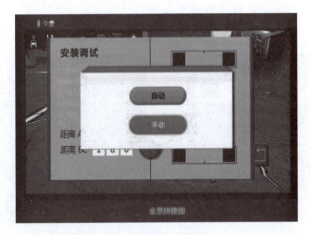

图 2-34　选择手动调试

8）不需要拍照，选择"否"，如图 2-35 所示。

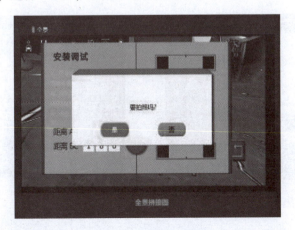

图 2-35　拍照模式选择

9）选择"前视"进行相关调试后，如图 2-36 所示。接着再依次选择后视、左视、右视完成步骤 10）的工作。

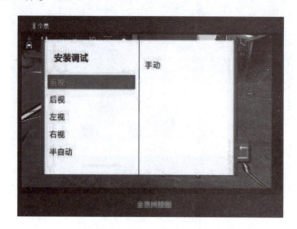

图 2-36 选择"前视"

10）将两个绿色框分别对准并框住黑色面积，并且将 1、2、3、4、5、6、7、8 的点分别对准两个黑框的角点，如图 2-37 所示。后视、左视、右视同样地操作一遍。

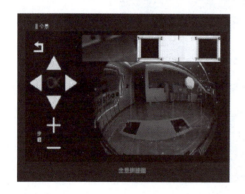 

图 2-37 角点调试

11）选择"半自动"，如图 2-38 所示。

图 2-38 调试后图像处理

12）图像拼接成功，如图 2-39 所示。

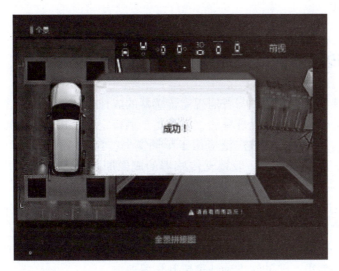

图 2-39　图像拼接

13）最终完成广角相机的标定，如图 2-40 所示。

图 2-40　调试成功

任务实施工单：请完成任务工单视觉传感器的装调的相关工作任务。

任务 2　视觉传感器的测试

 任务描述

视觉传感器能识别行人、红绿灯、交通标志等环境目标，为车辆的控制决策提供依据，那么车载视觉传感器如何识别目标？如何进行图像处理？

1. 车载视觉传感器的成像原理

车载视觉传感器的成像原理与普通视觉传感器的成像原理相似，但车载视觉传感器通常会配备更特殊的镜头和图像处理算法，以满足车辆特定的需求，如远距离物体检测、夜间视觉增强等。这种成像原理被广泛应用于车辆安全、自动驾驶和智能辅助驾驶等领域。车载视觉传感器的成像原理与一般视觉传感器的成像原理基本相同，主要包括以下几个步骤：

步骤1：光线进入。车载视觉传感器通常是通过镜头接收光线，当光线照射到车辆周围的物体上时，一部分光线会被反射、折射或散射。

步骤2：光学成像系统。车载视觉传感器使用光学系统（如镜头）来调节光线的入射角度和聚焦距离，使得光线能够准确地聚焦到传感器上。

步骤3：光敏元件。成像的光线通过光敏元件（如CMOS或CCD）转化为电信号。光敏元件由一系列光敏感受器件组成，能够感受到光线的强度和颜色，并将其转换为电荷。

步骤4：电信号转换。光敏元件将光信号转换为电荷，并将其储存在每个像素中。电荷值的大小取决于光线的强度。

步骤5：信号读出。经过一段时间后，光敏元件将储存的电荷读出，并转换为数字信号。

步骤6：图像处理。数字信号经过图像处理算法进行去噪、增强、边缘检测等操作，从而得到清晰、高质量的图像。

步骤7：图像分析。通过对图像进行分析、特征提取和目标识别，可以获取有关车辆周围环境的信息，如道路状况、障碍物、交通标志等。

（1）车载单目视觉传感器成像原理

车载单目视觉传感器是一种安装在车辆上的单目视觉传感器，用于实时感知车辆周围环境，并提供对道路、交通标志、车辆和行人等目标的识别、跟踪和测量。

1）车载单目视觉传感器的工作原理如下：

①图像采集：传感器通过摄像头捕捉车辆周围环境的图像。图像采集的频率通常较高，以保证实时性和连续性。

②图像预处理：传感器对采集的图像进行预处理，包括去除噪声、图像增强、颜色校正等操作，以提高图像质量和可视化效果。

③特征提取：传感器使用图像处理和计算机视觉算法，提取图像中的特征点、边缘、纹理等特征，这些特征可以用来描述目标物体的形状、轮廓和纹理等信息。

④目标检测和跟踪：传感器使用特定的目标检测算法，对图像中的目标进行检测和识别。例如，可以检测车辆、行人、交通标志和道路边缘等目标。然后，通过跟踪算法，追踪目标的位置、速度和轨迹。

⑤三维重建和位姿估计：传感器利用已知的车辆参数和图像中目标的位置信息，使用立体视觉或者结构光等技术，使用三角测量或者立体视觉算法，将二维图像中的特征点转

化为三维空间中的坐标，进行三维重建和位姿估计。通过计算目标物体在三维空间中的位置和姿态，可以实现对目标更精确的测量和跟踪。

⑥决策和控制：基于传感器提供的目标信息，车辆的决策和控制系统可以进行路径规划、避障、自动驾驶等操作，保证车辆在道路上安全运行。

2）车载单目摄像头测距的方式主要有以下几种：

①三角测距法（Triangulation）：通过在图像中找到目标物体的特征点，并根据目标物体在图像中的位置和摄像头的参数，利用几何关系计算目标物体与摄像头之间的距离。这种方法需要已知目标物体的大小或者距离，适用于近距离测量。

②光度测距法（Photometric Ranging）：该方法利用目标物体对光的反射特性进行测距。通过对目标物体周围的光强度进行测量和分析，根据光线的衰减规律计算目标物体与摄像头之间的距离。这种方法对目标物体的表面颜色和反射特性要求较高。

③相位测距法（Phase Measurement）：该方法通过测量目标物体对光的相位差，来计算目标物体与摄像头之间的距离。这种方法可以实现较高的测距精度，但需要使用特殊的光源和图像处理算法。

④深度学习方法（Depth Learning）：利用深度学习算法训练模型，通过分析图像中的纹理、形状等特征来预测目标物体的距离。这种方法在近年来得到了广泛应用，可以实现较高的测距精度。

需要注意的是，单目摄像头的测距精度通常较低，受到图像质量、目标物体的纹理和背景环境等因素的影响，为了提高测距精度，常常需要结合其他传感器（如激光雷达或者红外线传感器）来进行辅助测距。

（2）车载双目视觉传感器成像原理

1）车载双目视觉传感器的成像原理是通过两个摄像头同时获取场景图像，然后利用双目视差来计算物体的距离和深度。具体的成像原理如下：

①摄像头布局：车载双目视觉传感器由两个摄像头组成，通常被安装在车辆前部。这两个摄像头的位置和角度相对固定，模拟人眼的布局。

②光线进入：当光线照射到车辆周围的物体上时，一部分光线会反射、折射或散射。这些光线进入摄像头镜头，通过透镜系统收集和聚焦。

③光学成像系统：摄像头的透镜系统将光线调节为适合传感器的入射角度和聚焦距离，使得光线能够准确地聚焦到传感器上。

④光敏元件：两个摄像头分别搭载光敏元件（如 CMOS 或 CCD），将光线转化为电信号。这两个光敏元件分别对应于双目视觉系统的左眼和右眼。

⑤电信号转换：光敏元件将光信号转换为电荷，并将其储存在每个像素中。电荷值的大小取决于光线的强度。

⑥信号读出：经过一段时间后，光敏元件将储存的电荷读出，并转换为数字信号。

⑦图像处理：两个摄像头采集到的图像通过图像处理算法进行去噪、增强、对齐等操作，从而得到清晰、高质量的图像。

⑧视差计算与深度估计：通过比较左右两个摄像头拍摄到的图像，计算出不同像素之间的视差（即像素之间的水平位移）。视差的大小与物体距离的关系遵循视差—距离定律，即离摄像头越远的物体，视差值越小。通过视差的大小，可以估计物体的距离和深度。

通过双目视差计算和深度估计，车载双目视觉传感器可以实现对车辆周围环境的感知和检测，为车辆安全、自动驾驶和智能辅助驾驶等应用提供支持。

2）车载双目视觉传感器测距的原理主要是通过计算双目摄像头之间的视差来实现的。视差是指在左、右摄像头拍摄到的图像中同一个物体在水平方向上的位移量。具体的测距原理如下：

①左、右摄像头成像：左、右摄像头同时拍摄同一个场景的图像。

②图像对齐：通过图像处理算法，对左、右图像进行对齐，使得相同物体在两个图像中的位置一致。

③特征提取：在对齐后的图像中，提取出物体的特征点，这些特征点可以是图像中的角点、边缘点等。

④特征匹配：将左、右图像中的特征点进行匹配，找出在两个图像中对应的特征点对。

⑤计算视差：通过计算特征点对之间的水平位移，即视差，来测量物体的距离。视差的大小与物体离摄像头的距离成反比关系，离摄像头越近的物体，视差越大。

⑥距离估计：根据视差和已知的摄像头参数（如焦距、基线距离等），利用三角测量原理，可以计算出物体的距离。三角测量原理是利用视差、摄像头参数和几何关系，通过三角形的相似性来计算物体的距离。

通过以上步骤，车载双目视觉传感器可以准确地计算出物体的距离和深度信息，从而实现对车辆周围环境的感知和测距，这对于车辆安全、自动驾驶和智能辅助驾驶等应用具有重要意义。

3）车载双目视觉传感器测距方法主要有以下几种：

①三角测量法：通过计算双目摄像头之间的视差和已知的摄像头参数（如焦距、基线距离等），利用三角形的相似性来计算物体的距离。这种方法适用于相机和物体之间的距离较远，且相机视野中有足够多的特征点的情况。

②三维重建法：通过对左、右图像中的特征点进行匹配，然后利用立体几何理论将左、右图像中匹配点的像素坐标转换为3D空间中的坐标，从而得到物体的三维位置。这种方法可以获得物体的准确三维位置，但计算量较大。

③深度学习法：利用深度学习算法，通过对大量双目图像进行训练，建立起从图像到距离的映射模型。通过输入图像，直接输出物体的距离。这种方法可以在一定程度上解决传统方法中的视差匹配问题，但需要大量的训练样本和计算资源。

④双目立体视觉法：通过对左、右图像进行视差计算，可以得到物体在水平方向上的位移量，从而计算出物体的距离。这种方法适用于相机和物体之间的距离较近，且相机视野中有足够多的特征点的情况。

这些方法各有优缺点，可以根据具体应用场景和需求选择合适的车载双目视觉传感器测距方法。

双目视觉测距本质上是利用相似三角形原理，估算出双目视觉系统与目标的距离信息。双目视觉传感器模块包含两个相机和两个镜头。两个相机在拍摄同一物体时，会得到该物体在相机成像平面的像素偏移量。根据像素偏移量、相机焦距 f 和两个视觉传感器的实际距离基线长 B 这些信息，通过数学换算即可得到物体的距离。如图2-41所示，B 是两个相机中心间距，f 是相机的焦距，得出每个点的深度值 Z，如下式：

$$Z = \frac{fB}{X_l - X_r}$$

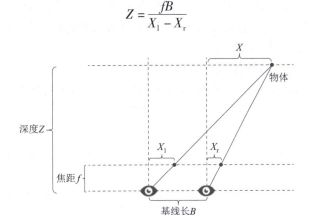

图 2-41 三角测距原理

2. 视觉传感的技术参数

（1）视觉传感器的内部参数

视觉传感器的内部参数是指相机的光学系统的参数和电子元件的相关参数，用于描述相机成像的几何特性。常见的相机内部参数包括以下几个：

1）焦距（Focal Length）：表示相机光学系统的焦距，即相机镜头的焦距，通常使用毫米作为单位。

2）光圈（Aperture）：光圈是指控制进入相机的光线量的装置，它通过调节光圈大小来改变相机的光线接收量。较小的光圈（大光圈值）可以增加景深，适用于需要整体清晰度的场景，而较大的光圈（小光圈值）可以增加背景模糊效果，适用于需要突出主体的场景。

3）像素大小（Pixel Size）：像素大小是指成像传感器上单个像素的大小，它决定了相机的分辨率和图像质量。较大的像素大小可以提供更高的光线接收能力和更好的低光性能，但同时会限制相机的分辨率。

4）传感器尺寸（Sensor Size）：传感器尺寸是指成像传感器的物理大小，它会直接影响相机的视场角和图像质量。较大的传感器尺寸可以提供更广阔的视场角和更好的低光性能，同时也有助于提高图像的动态范围和细节。

5）像素阵列（Pixel Array）：像素阵列是指成像传感器上排列的像素的结构和布局，如 Bayer 阵列。不同的像素阵列布局可能会影响相机的色彩还原和噪声控制能力。

6）主点坐标（Principal Point）：表示成像平面上的主点位置，主要是相机光轴与成像平面的交点坐标，通常使用像素坐标表示。

7）像素尺寸（Pixel Size）：表示成像平面上一个像素的实际大小，通常使用毫米或微米作为单位。

8）图像畸变参数（Image Distortion Parameters）：描述相机光学系统引起的畸变效应，

包括径向畸变（Radial Distortion）和切向畸变（Tangential Distortion）等。

这些内部参数在计算机视觉和机器视觉领域中被广泛应用，用于相机标定、图像校正、特征点匹配和三维重建等任务。准确估计相机的内部参数对于获得准确的图像测量结果和进行可靠的视觉分析非常重要。

（2）视觉传感器的外部参数

视觉传感器的外部参数是指与传感器使用环境和配置相关的参数，具体是指相机的位置和姿态信息，用于描述相机在三维空间中的位置和朝向。常见的相机外部参数包括以下几个：

1）位置（Translation）：表示相机在世界坐标系中的位置，通常使用三维坐标表示，例如（X，Y，Z）。

2）姿态（Rotation）：表示相机相对于世界坐标系的朝向或旋转关系，常用的表示方法有旋转矩阵（Rotation Matrix）、欧拉角（Euler Angles）或四元数（Quaternion）等。

3）视场角（Field of View）：表示相机所能观察到的视角范围，通常使用水平方向和垂直方向的视场角度来描述。较大的视场角可以覆盖更广阔的区域，而较小的视场角可以提供更详细的局部观察。

4）畸变参数（Distortion Parameters）：描述相机透镜的畸变特性，包括径向畸变和切向畸变等。

5）光照条件：光照条件是指视觉传感器所处环境的光线强度和光谱分布。不同的光照条件会对图像成像产生影响，需要根据实际情况选择适当的曝光和白平衡设置。

6）环境噪声：环境噪声是指在视觉传感器工作环境中存在的干扰信号，如电磁干扰、振动和颤动等。这些噪声会影响图像质量和视觉算法的性能，需要进行适当的噪声抑制和滤波处理。

7）数据传输接口：视觉传感器的数据传输接口包括通过 USB、Ethernet 等方式将图像数据传输到计算设备。不同的数据传输接口会影响数据传输速度和稳定性。

这些外部参数在计算机视觉和机器视觉领域中广泛应用，用于相机标定、相机姿态估计、三维重建和物体跟踪等任务。相机外部参数的准确估计对于实现精准的视觉应用非常重要。

（3）图像传感器的技术指标

图像传感器的技术指标是评估和描述图像传感器性能的参数。图像传感器的技术指标主要有像素、帧率、靶面尺寸、感光度和信噪比等。

1）像素。像素是图像传感器的最小感光单位，即构成影像的最小单位。一帧影像画面由许多密集的亮暗、色彩不同的点组成，这些小点称为像素。像素的多少由 CCD/CMOS 上的光敏元件数目决定，一个光敏元件就对应一个像素。因此，像素越大，意味着光敏元件越多，相应的成本就越大。像素用两个数字来表示，如 720×480，720 表示在图像长度方向上所含的像素点数，480 表示在图像宽度方向上所含的像素点数，二者的乘积就是该相机的像素数。

2）帧率。帧率代表单位时间内记录或播放的图片的数量，连续播放一系列图片就会产生动画效果。根据人的视觉系统，当图片的播放速度大于 15 幅/s 的时候，人眼就基本看不出来图片的跳跃了；在达到 24～30 幅/s 时就已经基本觉察不到闪烁现象了。每秒的帧数或者帧率表示图像传感器在工作时每秒能够更新的次数。高的帧率可以得到更流畅、更逼真的视觉体验。

3) 靶面尺寸。靶面尺寸也就是图像传感器感光部分的大小。一般用英寸(1英寸=25.4 mm)来表示,通常这个数据指的是这个图像传感器的对角线长度,如常见的有1/3英寸。靶面越大,意味着通光量越好;而靶面越小,则比较容易获得更大的景深。例如,1/2英寸可以有较大的通光量,而1/4英寸可以比较容易获得较大的景深。

4) 感光度。感光度代表通过CCD或CMOS以及相关的电子线路感应入射光线的强弱。感光度越高,感光面对光的敏感度就越强,快门速度就越高,这在拍摄运动车辆、夜间监控的时候显得尤其重要。

5) 信噪比。信噪比是指信号电压对于噪声电压的比值,单位为dB。一般摄像机给出的信噪比值均是AGC(自动增益控制)关闭时的值。当AGC接通时,会对小信号进行提升,使得噪声电平也相应提高。信噪比的典型值为45~55 dB。若为50 dB,则图像有少量噪声,但图像质量良好;若为60 dB,则图像质量优良,不出现噪声。信噪比越大,说明对噪声的控制越好。

(4) 车载视觉传感器的技术参数

车载视觉传感器的技术参数包括以下几个:

1) 图像传感器类型:车载视觉传感器通常使用的是CMOS或CCD图像传感器。

2) 分辨率:传感器的像素数量,例如1920像素×1080像素(Full HD)或3840像素×2160像素(4K)等。

3) 帧率:传感器每秒钟采集图像的次数,例如30帧/s或60帧/s等。

4) 动态范围:传感器能够捕捉到的光强范围,通常以dB或EV为单位表示。

5) 视场角度:传感器的水平和垂直视场角度范围,例如水平视场角度为120°,垂直视场角度为60°等。

6) 灵敏度:传感器对光线的感受能力,通常以ISO感光度为单位表示。

7) 接口类型:传感器与其他设备连接的接口类型,例如USB、Ethernet、CAN等。

8) 工作温度范围:传感器能够正常工作的温度范围,例如-40~85 ℃等。

9) 防护等级:传感器的防护等级,用于判断传感器是否能够在恶劣环境下正常工作,例如IP67等。

10) 尺寸和重量:传感器的物理尺寸和重量,用于考虑安装和集成的方便性。

以上是一些常见的车载视觉传感器技术参数,具体的参数会根据不同的厂商和产品而有所差异,根据应用需求选择适合的传感器是很重要的。表2-5是博世汽车MPC2摄像头的主要参数。

表2-5 博世汽车MPC2摄像头的主要参数

参数	参数值
图像分辨率	1280像素×960像素
最大探测距离	>120 m
水平视场角	50°
垂直视场角	28°

续表

参数	参数值
分辨率	25 像素/(°)
帧率	30 帧/s
工作温度	-40~85 ℃

1. 单目相机图像处理与识别

（1）单目相机图像处理

打开实训平台主机上的自动驾驶传感器平台软件，双击"单目相机实训"，如图 2-42 所示。

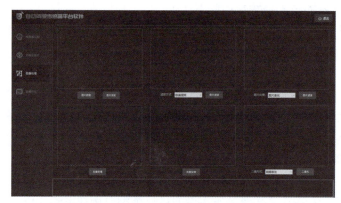

图 2-42　打开单目相机实训软件

单击"图片抓取"按钮则可以通过单目相机抓取一张图片，也可以单击"图片浏览"按钮从本地存储获得一张图片，如图 2-43 所示。

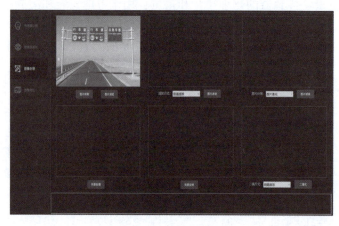

图 2-43　图片获取

单击软件画面上的"图片滤波""图片处理""灰度处理""灰度反转""二值化"等按钮,可以对所抓拍或选择的照片进行处理,如图 2-44 所示。

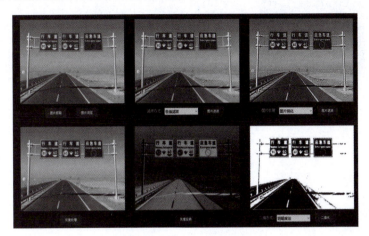

图 2-44 单目相机图像处理

(2) 图片资源生成

通过图片资源制作工具软件对单目相机采集的图像数据进预处理,然后用软件把处理的结果图片与资源库的图片进行匹配,从而识别出图片信息,如图 2-45 所示。

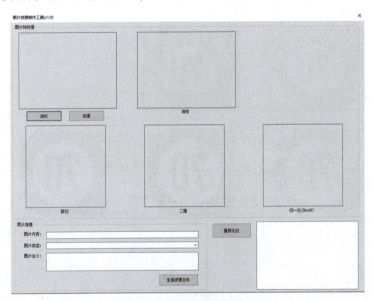

图 2-45 打开图片资源制作工具软件

单击"浏览"按钮选择一张需要识别的交通标志图片(该标志图片应尽量清晰),如图 2-46 所示。

单击"处理"按钮,如出现不能识别的错误,则意味着该张图片的交通标志部分不够清晰,如图 2-47 所示。

单击"处理"按钮后,程序会将交通标志单独提取,并进行二值和归一化处理。在对话框底部输入"图片内容、图片类型、图片含义"的文本,并单击"生成资源文件"按

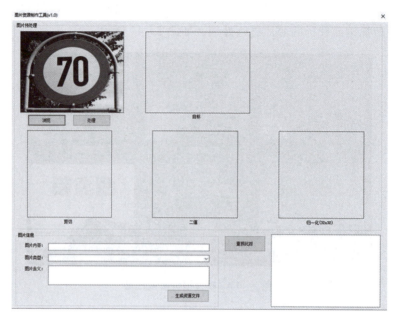

图 2-46　浏览图片

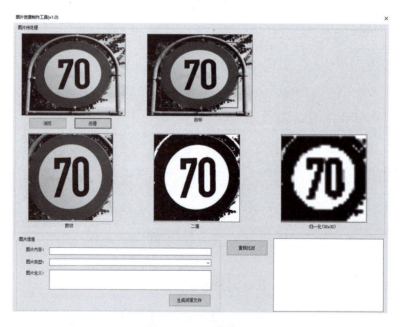

图 2-47　图片处理

钮，如图 2-48 所示。显示资源文件生成的信息后，意味着该资源正确生成。

(3) 图片识别

通过单目相机拍摄或本地浏览一张带有交通标志的图片，如图 2-49 所示。

单击"图片预处理"按钮，软件对图片进行预处理（剪切、二值、归一化），如图 2-50 所示。

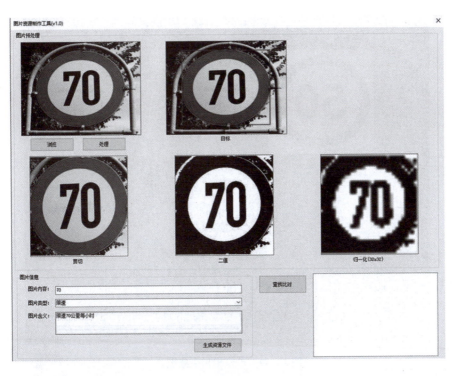

图2-48 图片资源生成

图 2-49　单目相机采集图片

图 2-50　图片预处理

单击"图片对比"按钮，软件将该图片与资源库的图片进行比对查找，从而识别出目标，如图 2-51 所示。

图 2-51 图片比对

2. 双目相机图像处理与识别

打开实训平台主机上的"自动驾驶传感器平台软件",双击"双目相机实训",如图 2-52 所示。

图 2-52 打开双目相机实训软件

单击"图片浏览"按钮,软件调用双目相机进行拍摄,如图 2-53 所示。在此画面中,可以对双目相机拍摄的照片或者影像进行保存。

图 2-53 双目相机拍照

单击"点云矩阵"按钮可调用双目相机的点云矩阵图,如图2-54所示。

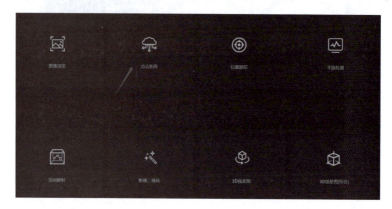

图2-54 打开点云矩阵

双目相机采集的图片信息以点云的方式进行物体空间位置的描绘,如图2-55所示。

图2-55 点云矩阵

单击"位置跟踪"按钮,以双目相机为中心,描绘该相机的运动状态,如图2-56所示。

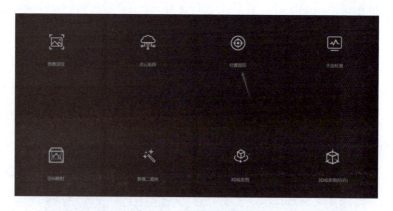

图2-56 打开位置跟踪

做此实训时，可将双目视觉相机进行前后左右的简单运动，观察相机形成的运动轨迹，如图 2-57 所示。

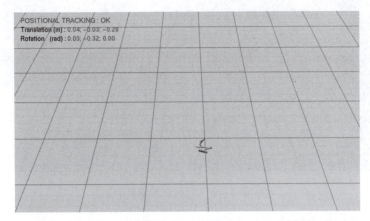

图 2-57　运动轨迹

单击"平面检测"按钮，调用双目相机的平面检测功能，如图 2-58 所示。

图 2-58　打开平面检测功能

平面检测功能能够描绘影像中在一个平面上的区域，出现如图 2-59 所示的影像后，按空格键，然后用鼠标单击影像上的不同区域，双目相机将属于相同平面的区域进行描绘。

图 2-59　平面检测功能

单击"空间映射"按钮,如图 2-60 所示。

图 2-60 打开空间映射

在弹出窗口后,按空格键,此后可轻轻旋转双目相机,该相机将以点阵的形式构造三维影像模型,如图 2-61 所示。

图 2-61 三维影像模型

单击"影像二值化"按钮,如图 2-62 所示。

图 2-62 打开影像二值化

双目相机将当前的影像以黑白二值的方式进行呈现，如图 2-63 所示。

图 2-63　影像二值化图

单击"3D 视差图"按钮，如图 2-64 所示。

图 2-64　打开 3D 视差图

可以将当前影像以景深视差的方式进行显现，在弹出如图 2-65 所示窗口后，可使用鼠标左键对图形进行拖拽，以不同的 3D 视角观察物体。

图 2-65　3D 视差图显示

单击"3D 视差图（综合）"按钮，如图 2-66 所示。

图 2-66　打开 3D 视差图综合

可以显示当前双目相机的正常拍摄影像，也可以显示由该影像生成的 3D 视差图，如图 2-67 所示。

图 2-67　3D 视差图综合显示

做此实训时，可以用鼠标左键在右侧框内进行拖拽，能够以 3D 的形式展现各物体的相对位置。

3. 广角相机图像处理与识别

打开实训平台主机上的"自动驾驶传感器平台软件"，双击"广角相机实训"，如图 2-68 所示。

在以上画面中，将调用车辆前后左右共四个广角摄像头进行显示，同时将生成的全车影像进行显示，如图 2-69 所示。

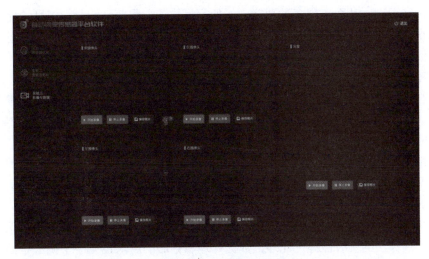

图 2-68 打开广角相机实训软件

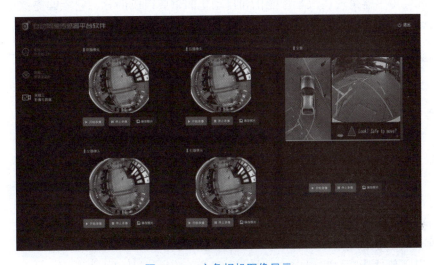

图 2-69 广角相机图像显示

任务实施工单：请完成任务工单视觉传感器的测试的相关工作任务。

回顾练习

 回　顾

视觉传感器是安装在汽车上的视觉感知装置。它通常由图像传感器、光学镜头、图像处理芯片和接口电路等组成，能够模拟人眼视觉系统，利用光学技术和图像处理算法，通过采集、处理和分析车辆周围的图像信息，提供实时的环境感知和导航功能。

视觉传感器可以将物体的外观、形状、颜色、纹理等信息转化为数字化的图像数据，然后通过图像处理算法对图像进行分析和提取特征。它能够实时获取图像，并对图像进行

处理、分析和识别，从而实现多种功能，例如目标检测、跟踪、测量、识别、导航等。

车载视觉传感器通过摄像头采集图像，能够实时获取车辆周围的图像信息，包括道路、交通标志、行人、车辆等。通过图像处理和模式识别算法，可以实现目标检测、车道保持、自动驾驶、智能泊车等功能。

车载视觉传感器被广泛应用于自动驾驶汽车、驾驶辅助系统（如自适应巡航控制、自动紧急制动等）、智能交通系统、安防监控等领域，能够提供准确的环境感知和导航信息，提高驾驶的安全性和舒适度。

车载视觉传感器具有较低的成本，易于安装和维护，同时能够提供高分辨率、高帧率的图像数据，能够更精确地识别和跟踪目标。此外，它对于环境光线的适应能力较强，适用于不同的天气和光照条件。

车载视觉传感器面临的挑战包括复杂的交通环境、不同天气条件下的可靠性和稳定性、图像处理算法的实时性等。此外，数据处理和存储的需求也是一个挑战，因为车载视觉传感器产生的大量图像数据需要高效的处理和存储。

车载视觉传感器是现代汽车智能化和自动化的重要组成部分，它能够提供车辆周围环境的高质量感知和导航信息，为驾驶员提供更安全、舒适的驾驶体验。

练 习

1. 选择题

（1）视觉传感器包括（　　　）。
A. 单目摄像头　　　　　　　　B. 双目摄像头
C. 三目摄像头　　　　　　　　D. 环视摄像头

（2）使用视觉传感器可以实现（　　　）。
A. 车辆检测　　　　　　　　　B. 行人检测
C. 交通标志识别　　　　　　　D. 交通信号灯识别

（3）以下传感器能够实现360°全景显示功能的传感器是（　　　）。
A. 单目视觉传感器　　　　　　B. 多目视觉传感器
C. 环视视觉传感器　　　　　　D. 毫米波雷达

（4）环视视觉传感器使用了（　　　）个鱼眼镜头。
A. 2　　　　　B. 4　　　　　C. 6　　　　　D. 8

（5）双目视觉传感器通过（　　　）判断距离。
A. 两个视觉传感器焦距差异　　B. 两个视觉传感器像素差异
C. 两个视觉传感器图像差异　　D. 两个视觉传感器芯片差异

2. 填空题

（1）视觉传感器能提供无人驾驶汽车（　　　）和（　　　）两个功能。

（2）视觉传感器又称摄像机，是将（　　　）分布的光学图像转变成（　　　）的传感器。

（3）视觉传感器按照芯片类型主要分为（　　　）和（　　　）两大类。

（4）环视视觉传感器采用（　　　　）镜头、安装位置朝向（　　　　）。

（5）视觉传感器的焦距越短，视野越（　　　　），越远的物体成像越（　　　　）。

3. 判断题

（1）视觉传感器不可以识别交通标志。（　　）

（2）仅使用单目视觉传感器就可以获得距离信息。（　　）

（3）双目相机基线越大，可检测的距离越远。（　　）

（4）信噪比是噪声电压与信号电压的比值。（　　）

（5）信噪比越大，图像质量越好。（　　）

（6）在视觉传感器中，单位时间内采集的图像数量越多，帧率越小。（　　）

4. 简答题

（1）视觉传感器的特点是什么？

（2）双目摄像头的特点是什么？

（3）视觉传感器的主要参数指标有哪些？

（4）简述视觉传感器的安装标定。

项目三

超声波雷达的装调与测试

任务目标：

1. 掌握超声波雷达的定义和组成；
2. 了解超声波雷达的特点；
3. 掌握超声波雷达的原理；
4. 了解超声波雷达的类型和技术参数；
5. 掌握超声波雷达的测试方法；
6. 熟悉超声波雷达的产品及应用状况。

知识目标：

1. 熟悉超声波雷达工作原理、分类、特点、技术指标及应用场景；
2. 掌握超声波雷达在车体上的安装位置、安装数量；
3. 掌握使用软件对超声波雷达进行性能验证测试；
4. 熟悉超声波雷达的测距原理及分类；
5. 熟悉超声波雷达的技术参数。

能力目标：

1. 独立完成对超声波雷达的安装及测试工作；
2. 能够熟练使用超声波雷达安装时所需的工具；
3. 能够熟练使用仪器设备进行超声波雷达的品质检测；
4. 能够独立完成超声波雷达安装并牢记注意事项。

项目三 超声波雷达的装调与测试

素质目标：

1. 培养独立思考、处理和分析问题的能力；
2. 树立持之以恒、精益求精的工作精神；
3. 具有灵活思维、协同创新的精神。

情景导入：

自动泊车辅助系统是一种可以帮助驾驶员停车入位的系统，系统对停车位情况进行自动检测，当检测到合适车位的时候，汽车会根据检测情况打转向、倒车和前进，直至将车辆正确入位。

任务1 超声波雷达的装调

任务描述

超声波雷达对自动泊车起辅助作用，那什么是超声波雷达？超声波雷达如何实现精准停靠车位而不与障碍物发生碰撞？如何根据车辆需求安装合适的超声波雷达？

1. 超声波雷达的定义

声音以波的形式传播称为声波。声波可分为次声波、可闻声波、超声波和微波，如图3-1所示。

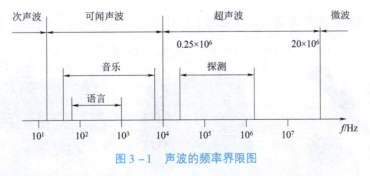

图3-1 声波的频率界限图

次声波是频率低于20 Hz的声波，其波长较长、传播距离远、穿透力强，人耳听不到，但可以与人体发生共振，导致人体会有不舒适感。

可闻声波是指频率为20 Hz～20 kHz的声波，是人能够听见的声波。

超声波是一种频率高于 20 kHz 的声波。人耳听不到超声波，蝙蝠却能发出和听见超声波，还能够依据超声波进行捕食。超声波的方向性好，反射能力强，易于获得较集中的声能，在水中传播距离比空气中远，可用于测距、测速、清洗、焊接、碎石、杀菌消毒等，在医学、军事、工业、农业上有很多的应用。超声波因其频率下限超过人的听觉上限而得名。

微波是指频率在 300 MHz～300 GHz 的电磁波，其对应的波长范围为 0.1～1 mm。它还可以细分为分米波（0.3～3 GHz）、厘米波（3～30 GHz）、毫米波（30～300 GHz）和亚毫米波（300～3 000 GHz）。由于频率高、波长短的特性，微波具有易于集聚成束、高度定向性以及直线传播的特性。其中，雷达就是利用电磁波的特性对目标进行探测和定位，从而获得有用信息。

超声波雷达是利用超声波的特性研制而成的传感器，是在超声波频率范围内将交变的电信号转换成声信号，或将外界声场中的声信号转换为电信号的能量转换器件。

超声波雷达通过发射装置向外发出超声波，通过接收器接收到目标反射超声波时的时间差来测算距离长度。常用探头的工作频率有 40 kHz、48 kHz 和 58 kHz 三种。一般来说，频率越高灵敏度越高，但水平与垂直方向的探测角度就越小，因此目前应用比较广泛的是 40 kHz 的超声波探头。

2. 超声波雷达的结构

超声波传感器（或超声波探头）的核心部件是压电超声发生器，它利用压电晶体的共振来工作，如图 3-2 所示。超声波传感器内部有两个压电晶片和一个共振板，当对压电晶片两极施加电压脉冲，且脉冲信号的频率与压电晶片的振荡频率相等时，压电晶片将产生共振并驱动谐振器振动，压电超声发生器产生超声波；如果两个电极之间没有施加电压，当共振板接收到超声波时，压电晶片振动，机械能被转换成电信号，此时压电超声发生器就成为超声波接收器。

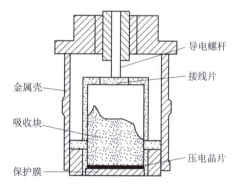

图 3-2 超声波探头结构

车载超声波雷达主要由超声波发射器、接收器、信号处理器、控制器和显示器构成，如图 3-3 所示。

图 3-3 超声波雷达的组成

(a) 超声波探头；(b) 超声波雷达控制器；(c) 超声波雷达显示器

1）发射器（Transmitter）：发射器是超声波雷达系统中的一个重要组件，负责产生超声波信号。通常使用压电材料或压电陶瓷作为发射器的核心元件，通过施加电压来激励其振动，从而产生超声波信号。

2）接收器（Receiver）：接收器用于接收由目标物体反射回来的超声波信号。它通常也采用压电材料或压电陶瓷作为接收器的核心元件，接收到的声波信号会导致压电材料发生位移，从而转化成电信号。

3）信号处理器（Signal Processor）：接收到的电信号经过信号处理器进行放大、滤波、数字转换等处理。通过信号处理，可以提取出目标物体的距离、位置、速度等信息。

4）控制系统（Control System）：控制系统负责控制超声波雷达的发射和接收过程。它可以根据需要调整发射器的频率和功率，并监听接收到的信号，在此基础上进行进一步的处理和决策。

5）显示器或记录设备（Display or Recording Device）：处理后的数据可以通过显示器或记录设备进行显示或记录，这样可以使用户直观地了解目标物体的信息，并进行后续的分析和应用。

图 3-4 是某型号超声波雷达的内部结构及外形。

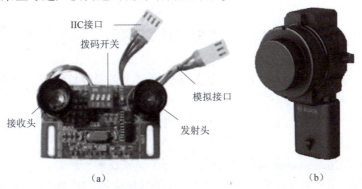

图 3-4　某型号超声波雷达内部结构及外形
(a) 超声波雷达内部结构；(b) 超声波雷达外形

图 3-5 所示为车载超声波雷达在车上的位置。

图 3-5　车载超声波雷达在车上的位置

3. 超声波雷达的分类

（1）超声波雷达的分类

超声波雷达可以按照不同的分类标准进行分类，以下是一些常见的超声波雷达分类：

1）根据工作频率：

非接触式超声波雷达：工作频率通常在几十千赫至几百千赫，适用于长距离探测和测距应用。

接触式超声波雷达：工作频率通常在几兆赫至几十兆赫，适用于近距离、高精度探测和测量应用。

2）根据工作原理：

时差测距法超声波雷达：通过测量超声波从发射到接收所需的时间来计算目标物体的距离。

相移法超声波雷达：通过测量超声波发射和接收信号之间的相位差来计算目标物体的距离。

3）根据应用领域：

工业领域超声波雷达：用于测量、监测和检测工业过程中的目标物体，如液位测量、物体检测等。

自动驾驶领域超声波雷达：用于车辆的距离测量、障碍物检测等，是自动驾驶系统中常用的传感器之一。

医疗领域超声波雷达：用于医疗影像、体内器官检测等应用。

4）根据传感器布局：

单点式超声波雷达：只使用一个发射器和一个接收器的传感器。

多点式超声波雷达：使用多个发射器和/或多个接收器的传感器，以提高测量精度和探测范围。

（2）车载超声波雷达的分类

车载超声波雷达主要用于车辆的距离测量和障碍物检测，可以帮助驾驶员避免碰撞和提供驾驶辅助。根据传感器布局和应用场景的不同，车载超声波雷达可以分为以下几类：

1）前方超声波雷达：这种超声波雷达通常安装在车辆前部，用于检测前方障碍物，如其他车辆、行人、障碍物等。它可以提供距离测量和预警功能，帮助驾驶员保持安全距离并及时预防碰撞。

2）后方超声波雷达：这种超声波雷达通常安装在车辆后部，用于检测后方障碍物，如其他车辆、墙壁、障碍物等。它可以辅助驾驶员在倒车或变道时避免碰撞，并提供距离测量和警告功能。

3）侧方超声波雷达：这种超声波雷达通常安装在车辆侧面，用于检测侧方障碍物，如其他车辆、行人等。它可以提供车辆侧向距离测量和预警功能，帮助驾驶员安全变道或避让。

4）多点式超声波雷达：这种超声波雷达使用多个发射器和/或多个接收器的传感器，

可以提供更广泛的检测范围和更精确的距离测量。它可以在多个方向上同时检测障碍物，提供更全面的场景感知和驾驶辅助。

（3）智能网联汽车上超声波雷达的分类

智能网联汽车上常见的超声波雷达有两种：第一种是安装在汽车前后保险杠上的（一般前后保险杠各装配4个），用于探测汽车前、后障碍物的超声波雷达，测量距离一般为 0.15～2.5 m，称为超声波驻车辅助传感器（Ultrasonic Parking Assistant，UPA），如图 3-6 所示；第二种是安装在汽车侧面的（一般车辆左右侧面各2个），用于测量测方障碍物距离的超声波雷达，测量距离一般为 0.30～5.0 m，称为自动泊车辅助传感器（Automatic Parking Assistant，APA），如图 3-7 所示。

图 3-6 UPA 探测示意图

图 3-7 APA 探测示意图

1）UPA。

UPA 采用了相控阵技术，可以通过调整发射器和接收器之间的相位差来实现波束的定向和控制，从而提供更高精度和更广泛的探测范围。

UPA 的工作原理是利用超声波在空气或其他介质中的传播特性。它通过发射超声波脉冲，并测量超声波从发射到接收所需的时间来计算目标物体的距离。通过控制发射器和接收器之间的相位差，可以调整超声波的传播方向和波束宽度，从而实现对目标的定向探测和测量。

UPA 具有以下特点：

①高精度：相控阵技术可以对超声波进行精确控制，提供高精度的距离测量和目标检测能力。

②高探测范围：相控阵技术可以调整波束的方向和宽度，实现更广泛的探测范围。

③快速扫描：由于采用了相控阵技术，UPA 可以快速进行波束的扫描和定向控制，提高了数据采集和处理的效率。

UPA 在自动驾驶、工业自动化、安防监控等领域具有广泛的应用前景，可以用于障碍物检测、距离测量、物体定位和跟踪等应用，为相关系统提供重要的环境感知和决策支持。

2）APA。

APA 是一种利用超声波进行距离测量和目标检测的技术，采用自适应相控阵来提供更高精度和更灵活的探测能力。

APA 的工作原理类似于 UPA，都是利用超声波在空气或其他介质中的传播特性进行距离测量。它通过发射超声波脉冲，并测量超声波从发射到接收所需的时间来计算目标物体的距离。不同之处在于，APA 采用了自适应相控阵技术，可以根据环境条件和目标特性自动调整波束的形状和方向，以适应不同的场景和应用需求。

APA 具有以下特点：

① 自适应性：根据环境条件和目标特性，自动调整波束的形状和方向，提供更灵活、精确的探测能力。

② 高精度：通过自适应相控阵技术，可以实现更精确的距离测量和目标检测，提高数据的准确性和可靠性。

③ 多功能性：可以适应不同的场景和应用需求，如障碍物检测、距离测量、物体定位和跟踪等。

APA 在自动驾驶、工业自动化、机器人导航等领域具有广泛的应用前景。可以用于智能交通系统、自动停车系统、无人机导航等场景，为系统提供高精度的环境感知和决策支持。

4. 车载超声波雷达的特点

（1）车载超声波雷达的优点

车载超声波雷达具有低成本、短距离测量、环境适应性强、实时性高和抗干扰能力强等优点，使其成为车辆自动驾驶系统中重要的感知器件之一，能够提供车辆安全和智能驾驶功能的支持。车载超声波雷达在车辆安全和自动驾驶领域具有以下优点：

1）障碍物检测：超声波雷达的频率都相对固定，例如车用的超声波雷达，频率为 40 kHz。车载超声波雷达可以快速、准确地探测和识别周围的障碍物，包括其他车辆、行人、建筑物等，以确保车辆在驾驶过程中的安全。

2）低成本：超声波雷达结构简单，体积小，成本低，信息处理简单可靠，易于小型化与集成化并且可以进行实时控制。相比其他传感器如激光雷达或摄像头，车载超声波雷达的成本相对较低，使其成为车辆自动驾驶系统中经济、实用的选择。

3）短距离测量：车载超声波雷达适合进行短距离测量，通常在几米到几十米之间，这使得它非常适用于车辆近距离障碍物检测和停车辅助等场景。

4）环境适应性：车载超声波雷达对于不同的环境条件具有较好的适应性，可以在复杂的天气、光照和道路条件下稳定工作，不受日光、雨雪等因素的影响。

5）实时性：车载超声波雷达的响应速度很快，可以在毫秒级别内获得测量数据，实现实时的障碍物检测和避障决策。

6）抗干扰能力强：车载超声波雷达对于光线、电磁场等干扰具有较强的抗干扰能力，能够在复杂的环境中提供稳定和可靠的检测结果。

（2）车载超声波雷达的缺点

车载超声波雷达在车辆安全和自动驾驶领域有很多优点，但也存在一些缺点：

1）有限的探测范围：车载超声波雷达的探测范围相对较短，通常在几米到几十米之间，无法探测远距离的障碍物，这对于高速行驶的车辆和需要长距离预测的自动驾驶系统可能不够理想。

2）分辨率较低：由于超声波传播的特性，车载超声波雷达的分辨率相对较低，无法提供像高分辨率摄像头或激光雷达那样细致的障碍物图像，这可能导致一些复杂场景下的误判或不准确的检测结果。

3）受环境影响较大：车载超声波雷达易受到环境因素的影响，如强风、恶劣天气、复杂地形等，这可能导致测量结果的不稳定性和误差增加。

4）被遮挡影响：超声波传播容易被物体遮挡，如高墙、大型车辆等，这可能导致车载超声波雷达无法检测到障碍物或提供不完整的信息。

5）无法识别细节信息：车载超声波雷达只能提供目标距离和大致方向等基本信息，无法提供目标的细节信息如形状、颜色等，这在某些应用场景下可能不够准确或不够详细。

6）干扰和误差：车载超声波雷达在复杂环境下可能受到干扰，如其他超声波设备、共振、回波等，这可能导致测量误差增加或性能下降。

虽然车载超声波雷达存在一些缺点，但它仍然是车辆安全和自动驾驶系统中常用的传感器之一，可以与其他传感器相互补充，提供更全面的感知和决策能力。

5. 超声波雷达的应用场景

车载超声波雷达在车辆安全和自动驾驶领域有着广泛的应用，可以提供障碍物检测和避障、倒车辅助、自动泊车、盲区检测、车道保持辅助和自动驾驶等功能，以提高驾驶安全性和驾驶体验。

1）障碍物检测和避障：车载超声波雷达可以实时检测周围的障碍物，包括其他车辆、行人、障碍物等，为驾驶员提供警示和辅助，帮助驾驶员避免碰撞和事故。

2）倒车辅助：超声波雷达可以用于倒车辅助系统，帮助驾驶员判断后方障碍物的距离和位置，提供声音或图像提示，以确保安全倒车，如图3-8所示。

3）自动泊车：超声波雷达可用于车辆的自动泊车系统，通过检测周围的障碍物和空位，帮助车辆实现自动寻找合适的停车位，并进行精准的泊车操作，如图3-9所示。

图3-8 超声波雷达倒车辅助

图3-9 超声波雷达自动泊车辅助

4）盲区检测：车载超声波雷达可用于盲点检测系统，帮助驾驶员在变道时检测侧后方的车辆，提供警示并减少盲点带来的危险，如图3-10所示。

5）车道保持辅助：超声波雷达可以用于车辆的车道保持辅助系统，通过检测车辆与车道之间的距离和位置，提供警示并辅助驾驶员保持车辆在车道内行驶。

6）自动驾驶：超声波雷达作为车辆感知和障碍物检测的一部分，可以用于自动驾驶

图 3-10 超声波雷达盲区检测辅助

系统中,帮助车辆实时感知周围环境并进行路径规划和决策。

超声波雷达主要用于近距离测量和检测,其测量范围通常较短。在自动驾驶系统中,超声波雷达通常与其他感知技术(如激光雷达、摄像头、毫米波雷达等)结合使用,以提供更全面和准确的环境感知能力。通常,超声波雷达主要用于低速或近距离操作,而其他传感器则用于高速或长距离操作。

任务实施

汽车倒车中使用的超声波雷达防撞报警系统即是俗称的倒车雷达。在倒车时,超声波倒车雷达采用超声波测距原理探测汽车尾部离障碍物的距离,是汽车泊车辅助装置。倒车时,当汽车尾部探测到障碍物时,倒车雷达就实时动态显示离障碍物的距离,达到设定的安全警告值时,倒车雷达立即发出报警声,以警示驾驶员,辅助驾驶员安全倒车。

1. 认识超声波雷达

当前,全球超声波雷达主要生产商有博世、日本村田、尼塞拉、松下等,我国品牌有同致电子、航盛电子、豪恩、辉创、上富、奥迪威等。我国超声波雷达生产技术不断进步,在国内市场中,国产超声波雷达已占据 55% 左右的市场占比。

本次任务采用 KS136 防水型收发一体十二探头超声波测距系统(单探头),这是针对自动驾驶汽车常用的雷达模块而开发的十二探头式防水雷达系统。汽车感应雷达是将雷达探头安装在车身周围,实现汽车侧面障碍物识别,且不影响美观效果。一整套超声波雷达系统由控制主板、12 个防水超声波探头、12 条探头连接线、通信线组成,如图 3-11 所示。单探头模式探测范围是 13 cm~4.5 m。

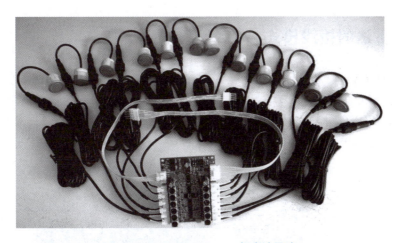

图 3 – 11　KS136/KS136A 超声波雷达

（1）KS136 超声波雷达功能摘要

1) 收发一体式设计，1 个主控板接 12 个收发一体式防水探头，每个探头独立工作。

2) 黑色、白色、银色防水探头为常用，红色、蓝色、绿色、黄色防水探头为可选。

3) 探测范围：单探头，18～450 cm；双探头，2～450 cm（显示最小值4，10～450 cm）；测人 110～150 cm；默认为机器人感知优先固件、非精度优先固件，精度优先固件需要定做。

4) 探测频率可达 40 Hz，即每秒可探测 40 次。

5) 支持 I^2C/TTL 串口接口，兼容 KS103 协议；支持 485 接口。

6) 5 s 未收到 I^2C 控制指令自动进入 μA 级休眠，并可随时被主机 I^2C 控制指令唤醒。

7) 使用工业级配置，工作温度 –30～85 ℃。

8) 宽工作电压范围 3.0～5.5 V 或 12～24 V，推荐 12 V 供电。

9) I^2C 模式通信速率 50～100 kbit/s；TTL/485 串口通信速率默认 9 600 bps；用户可修改为 115 200 bps 等。

10) 采用独特的可调滤波降噪技术，电源电压受干扰或噪声较大时，仍可正常工作。

11) 自体声波识别技术，能屏蔽掉 70% 噪声，或返回 0xeeee 错误代码。

（2）KS136/KS136A 电性能参数

1) I^2C/TTL 工作电压：3.0～5.5 V 或 12～24 V 直流电源（推荐 12 V）。

2) 使用 485 接口工作电压：4.5～5.5 V 或 12～24 V 直流电源（推荐 12 V）。使用 24 V 电压时请注意通风散热。

（3）KS136/KS136A 探头数量选择

1) KS136/KS136A 默认 12 个探头，主控板背面 CON1，CON2，…，CON12 分别对应探头 1，探头 2，…，探头 12。

2) KS136/KS136A – 8 代表只在 CON1～CON8 位置接探头，其他位置无效。

3) KS136/KS136A – 10 代表只在 CON1～CON10 位置接探头，其他位置无效。

4) KS136/KS136A – 12 为默认 12 个探头的配置，所有位置均有效。

2. 超声波雷达的接线模式

KS136/KS136A – 12 接线及模式切换说明如图 3 – 12 所示。在 KS136/KS136A 连线引脚上标志有：VCC（3～5.5 V）、SDA/TX（简称 SDA）、SCL/RX（简称 SCL）、GND、485B、485A；CON1；CON2；CON3；CON4；CON5；CON6；CON7；CON8；CON9；CON10；CON11；CON12；VCC（12～24 V）、GND、GND、VCC（12～24 V）。

图 3 – 12　KS136/KS136A – 12 接线及模式切换说明

I^2C 模式信号线接法为：SCL/RX 接上位机的 SCL；SDA/TX 接上位机的 SDA。

TTL 串口模式信号线接法为：SDA/TX 接上位机的 RXD；SCL/RX 接上位机的 TXD。

Note（1）：此处的 TTL 串口不是 232 串口，TTL 电平可以与单片机的 TXD/RXD 直接相连，但不能与 232 串口直接相连（直接连将烧坏本模块），需要一个 MAX232 电平转换将 TTL 电平转换为 232 电平才可以。

485 串口模式时信号线接法为：485A 接 485A；485B 接 485B。

Note（2）：KS136/KS136A – V10 的丝印采用了交叉丝印法，即在 485A 的位置印刷的是 485B，485B 的位置印刷的是 485A，接线时需注意。

以上三种模式的电源接法为：

方法 1：六脚插座的 VCC（3～5.5 V）接电压范围为 3～5.5 V 电源的正极，相邻 GND 接负极。

方法 2：四脚插座的 VCC（12～24 V）接电压范围为 12～24 V 电源的正极，相邻 GND 接负极。推荐使用 3～5.5 V 电源（VPP＜120 mV）供电，如果只有 12～24 V 电源，推荐使用 12 V 电源。如果使用 24 V 电源，请注意通风及确保良好散热。KS136/KS136A 为了追求高电源品质高抗干扰性，没有使用开关芯片 PWM 降压，而是采用了线性稳压器，以便获得更好的抗干扰体验。接了 3~5.5 V 电源则保持 12~24 V 电源悬空；接了 12~24 V 电源则保持 3~5.5 V 电源悬空。当使用 485 接口时，电源电压建议不要低于 4.5 V。

超声波雷达模式选择如图 3-13 所示：

1) 拨码开关 SW1 全左为 I²C 模式；

2) 拨码开关 SW1 上右下左为 TTL 串口模式；

3) 拨码开关 SW 全右为 485 模式（本任务采用该模式）。

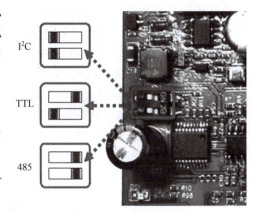

图 3-13　超声波雷达模式选择

3. 超声波雷达的安装

超声波雷达及其在车上的安装如图 3-14 所示。

图 3-14　超声波雷达及其在车上的安装

（1）确定超声雷达安装的位置

无论是 UPA 还是 APA，在安装的时候都要考虑四个参数，其数学模型的示意图如图 3-15 所示。

1) 参数 1：α。α 是超声波雷达的探测角，一般 UPA 的探测角为 120°左右，APA 的探测角比 UPA 小，大概为 80°。

2) 参数 2：β。β 是超声波雷达检测宽度范围的影响因素之一，该角度一般较小。UPA 的 β 角为 20°左右，APA 的 β 角比较特殊，为 0°。

3) 参数 3：R。R 也是超声波雷达检测宽度范围的影响因素之一，UPA 和 APA 的 R 值差别不大，都在 0.6 m 左右。

4) 参数 4：D。D 是超声波雷达的最大量程。UPA 的最大量程为 2~2.5 m，APA 的最大量程至少是 5 m，目前已有超过 7 m 的 APA 在业内使用。

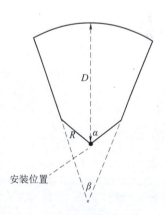

图 3-15　超声波雷达参数

在明确上述四个参数之后，安装已选型好的超声波雷达 KS136/KS136A。用卷尺测量自动驾驶环境感知实训平台离地的高度以及四周的长度，定位 12 个超声波雷达的位置，按照超声波雷达的尺寸大小用工具打孔，依次在自动驾驶环境感知平台的前方、后方以及四周装上 12 个超声波雷达，前、后方各 2 个，两侧各 4 个。安装时注意探头的背面，如图 3 – 16 所示，探头背面的箭头竖直向上。探头箭头方向的（即竖直方向）波束角出厂设置为 60°，与探头箭头方向垂直方向（即水平方向）的波束角出厂设置为 115°。超声波雷达在自动驾驶环境感知实训平台上的安装结构图如图 3 – 17 所示。超声波雷达在自动驾驶环境感知实训平台上的安装实际效果图如图 3 – 18 所示。

图 3 – 16　超声波探头安装方向

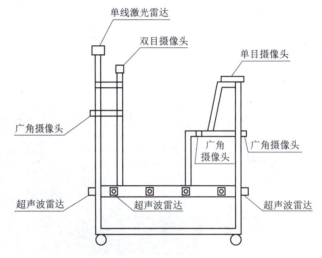

图 3 – 17　超声波雷达在自动驾驶环境感知实训平台上的安装结构图

图 3 – 18　超声波雷达在自动驾驶环境感知实训平台上的安装实际效果图

(2) 线缆连接

超声波雷达探头与线缆连接如图 3-19 所示。探头一端采用防水螺纹连接线缆，插上后请注意旋紧以达防水需要；探头另一端则与主控板上的 CON1，CON2，…，CON12 依次连接。超声波雷达主控板接 12 V 电源。线缆沿着实训台线槽有序布放。

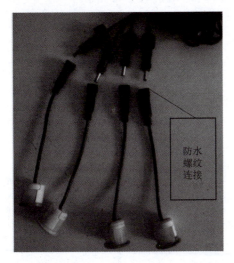

图 3-19　超声波雷达探头与线缆连接

3. 上电检测超声波雷达

在 KS136/KS136A 上电启动时，系统会首先开始自检，自检需要约 1 200 ms。在此自检过程中，KS136/KS136A 将会检测各路探头是否正常插上，检测各配置是否正常，有异常会自动将探头故障位置上报。自检初始化完毕后，如图 3-20 所示，LED 灯会以二进制方式闪烁显示其 8 位串口地址，快闪两下代表 "1"，慢闪一下代表 "0"。（注意：LED 灯闪烁时的绿色亮光可能会刺激到眼睛，请尽量不要近距离直视工作中的 LED 灯，可以使用眼睛的余光来观察其闪烁。）KS136/KS136A 启动后如果收到主机的有效数据指令，LED 灯将立即停止闪烁显示。进入指令探测模式。探测指令发送完成后，KS136/KS136A 将依据探测指令进入相应探测模式，主机此时开启串口中断，未接收到返回的探测结果不能重新发探测指令。KS136/KS136A 使用串口接口与主机通信时，自动响应主机的控制指令。

图 3-20　超声波雷达控制板 LED 显示

任务实施工单：请完成任务工单超声波雷达的装调的相关工作任务。

任务2 超声波雷达的测试

任务描述

超声波雷达数据通信方式、指令格式、读取和解析的方法，超声波雷达数据读取的步骤；如何实现超声波雷达图形化处理方法，实现数据的可视化，理解在实际自动驾驶中超声波雷达的应用。

知识准备

1. 超声波雷达的工作原理

超声波雷达由控制器控制脉冲调制电路产生一定频率的脉冲，脉冲调制电路驱动超声波传感器向一个方向发射超声波，在发射的同时计数器开始计数，超声波在空中传播遇到障碍物时撞击障碍物表面时反射回来，超声波接收器接收到反射后立即停止发射超声波，接收电路接收到超声波信号后将转换成电信号送至控制器进行数据处理，即为超声波雷达的工作原理，如图3-21所示。

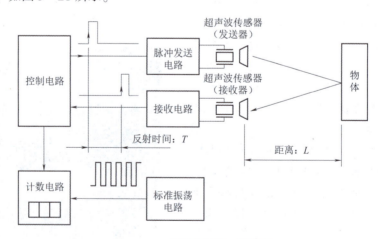

图3-21 超声波雷达工作原理

超声波雷达利用超声波的传播和反射原理来探测目标物体，如图3-22所示。其工作原理可以简单概括为以下几个步骤：

1）发射超声波：超声波雷达通过发射器产生超声波信号。发射器通常采用压电材料或压电陶瓷，施加电压后产生振动，从而产生超声波。

2）超声波传播：发射器发出的超声波信号在空气中传播到达目标物体。超声波的传

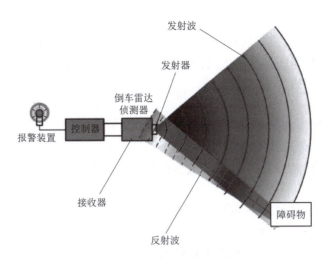

图 3-22 超声波探测物体

播速度通常为声速的几倍,因此可以快速到达目标物体。

3) 目标物体反射:当超声波遇到目标物体时,部分能量会被目标物体吸收,部分能量会被目标物体反射回来。目标物体的形状、材质和表面特性等会影响超声波的反射特性。

4) 接收超声波:接收器接收到目标物体反射回来的超声波信号。接收器通常也采用压电材料或压电陶瓷,接收到的超声波会导致压电材料发生位移,从而转化成电信号。

5) 信号处理:接收到的电信号经过信号处理器进行放大、滤波、数字转换等处理。通过信号处理,可以提取出目标物体的距离、位置、速度等信息。

6) 数据分析和应用:处理后的数据可以通过显示器或记录设备显示或记录。根据具体的应用需求,可以对数据进行进一步的分析和应用,例如目标检测、距离测量、速度测量等。

2. 超声波雷达的技术参数

超声波雷达的技术参数主要有测量距离、测量精度、探测角度、工作频率和工作温度等。

(1) 测量距离

超声波雷达的测量距离取决于其使用的波长和频率:波长越长,频率越小,测量距离越大。测量汽车前后障碍物的短距超声波雷达测量距离一般为 0.15~2.50 m;安装在汽车侧面,用于测量侧方障碍物距离的长距超声波雷达测量距离一般为 0.30~5.0 m。

(2) 测量精度

测量精度是指传感器测量值与真实值的偏差。超声波雷达测量精度主要受被测物体体积、表面形状、表面材料等影响。被测物体体积过小、表面形状凹凸不平、物体材料吸收声波等情况都会降低超声传感器测量精度。测量精度越高,感知信息越可靠。测量精度要求在 ±10 cm 以内。

(3) 探测角度

由于超声波雷达发射出去的超声波具有一定的指向性,波束的截面类似椭圆形,因此探测的范围有一定限度。探测角度分为水平视场角和垂直视场角,水平视场角一般为 ±70°,垂直视场角一般为 ±35°。

(4) 工作频率

工作频率直接影响超声波的扩散和吸收损失、障碍物反射损失、背景噪声,并直接决定传感器的尺寸。一般选择 40 kHz 左右,这样传感器方向性尖锐,且避开了噪声,提高了信噪比。虽然传播损失相对低频有所增加,但不会给发射和接收带来困难。

(5) 工作温度

由于超声波雷达应用广泛,有的应用场景要求温度很高,有的应用场景要求温度很低,因此超声波雷达必须满足工作温度的要求,工作温度一般要求 -30~80 ℃。

博世公司的超声波雷达主要技术参数如表 3-1 所示。

表 3-1 博世公司的超声波雷达主要技术参数

技术参数	参数值
最小测量距离	0.15 m
最大测量距离	5.5 m
目标分辨率	315 cm
水平视场角	±70°(35 dB)
垂直视场角	±35°(35 dB)
尺寸	44 mm × 26 mm
质量	14 g
工作温度	-40~85 ℃
电流消耗	7 mA

任务实施

本实训任务以单步的形式展现了与超声波雷达主机通信的详细过程和指令格式,以及数据解析的方法等。

打开实训平台主机上的"自动驾驶传感器平台软件",双击"超声波雷达实训",如图 3-23 所示。

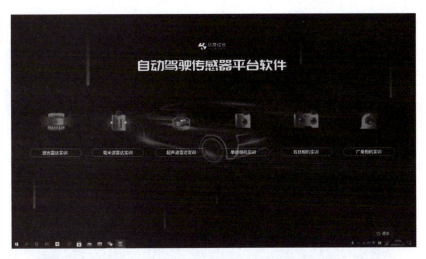

图 3-23　打开超声波雷达实训软件

1. 单探头测试

如图 3-24 所示，从上至下，操作步骤依次为：

步骤 1：打开串口，设置串口波特率为 9 600 kbps；

步骤 2：选择某一路超声波探头（本例选择第 1 路探头），单击"发送"按钮，向超声波主机发送探测指令；

步骤 3：单击"接收"按钮，从超声波主机接收返回数据；

步骤 4：关闭串口。

图 3-24　超声波单探头测试

在以上的实训中，步骤 2 与步骤 3 可以多次进行，每次可查询 1~12 路超声波的某一路。可在步骤 2 的下拉框内选择要查询的超声波路数编号，如图 3-25 所示。

在画面的右侧有发送指令报文格式及接收数据报文格式，如图 3-26 所示。

图3-25　超声波探头路数选择

图3-26　发送指令报文格式及接收数据报文格式

通过以上步骤，可单步读取每一路超声波所探测到的距离。

如图3-26所示，发送指令报文格式：设备地址（十六进制）是E8；指令地址是02；指令标识是10；接收数据报文格式：距离高8位是00；距离低8位是DE；协议约定：距离值（mm）=距离高8位×256+距离低8位。将十六进制转换成十进制，按照协议约定，探头接收到的距离=13×16+14=222（mm）。

2. 数据图形化显示

本实训展现了超声波雷达设备在应用软件开发中的一般展现形式和处理方法。软件的核心是将每一路超声波探测距离的单步执行放到一个线程中进行持续不间断的运行，并采用双缓冲的图形化处理手段，实现数据的可视化表达，如图3-27所示。

在图3-27所示软件界面中单击"Start"按钮开始运行，软件以图形化的方式展现了车辆周围12路超声波雷达的探测距离。当距离小于一定阈值时，表示障碍物的圆点以红色展示；当距离大于一定阈值时，则以绿色表示；以此形式表示障碍物与车之间距离的安全性。

在以上软件的操作中，可以人为在1~12路超声波探头前进行干预，并通过图形化的界面感受距离的变化。

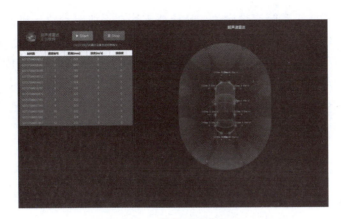

图 3-27　数据图形化显示

3. 数据与控制决策

本实训中将雷达所探测的距离与车辆的行驶决策进行了融合，在车辆与障碍物间的距离不同时，采用不同的行驶速度，保障行车安全，如图 3-28 所示。

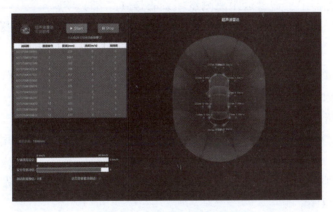

图 3-28　数据与控制决策

可以通过人为干预超声波雷达的探测距离，使得系统对车辆速度进行不同的控制。如图 3-29 所示，探测距离为 184 mm 时，低于安全阈值，车辆与障碍物间的距离已经对行车安全构成了威胁，这时车辆就要采取紧急制动措施。当然实际中车辆行驶的安全性评估是一个比较复杂的数学过程，本系统仅考虑了超声波雷达测量距离这一个变量作为决策的依据，只供示范。

任务实施工单：请完成任务工单超声波雷达的测试的相关工作任务。

回顾练习

超声波雷达是一种使用超声波技术来测量距离和探测目标的传感器。它借助声波的传

播和反射原理来实现测距和障碍物检测。超声波雷达在工业自动化、机器人导航、车辆辅助驾驶等领域得到广泛应用，用于距离测量、障碍物检测、避障等任务。超声波受环境条件（如温度、湿度等）的影响较大，可能会影响其测距精度。超声波的传播距离有限，一般在几米到几十米之间。超声波雷达传感器安装在车辆的前后和两侧，支持车辆获取障碍物有效的短距离数据，能够辅助车辆实现自动泊车、倒车辅助等功能。

练 习

1. 选择题

（1）超声波雷达的特点有（　　）。

A. 分辨率高　　　　B. 探测范围广　　　C. 信息量丰富　　　D. 全天候工作

（2）人耳可以听到的声波的频率一般为（　　）。

A. 10 Hz ~ 20 kHz　　B. 20 Hz ~ 20 kHz　　C. 20 Hz ~ 10 kHz　　D. 30 Hz ~ 20 kHz

（3）超声波的频率为（　　）。

A. 低于 20 Hz　　　B. 20 Hz ~ 20 kHz　　C. 高于 20 Hz　　　D. 高于 20 kHz

（4）以下传感器中，适合近距离测量场景的是（　　）。

A. 超声波雷达　　　B. 激光雷达　　　　C. 毫米波雷达　　　D. 摄像头

2. 填空题

（1）超声波雷达的工作原理是通过_____向外发出超声波，到通过_____接收到发送过来超声波时的时间差来测算距离。

（2）常见的超声波雷达有两种：第一种是 UPA，安装在汽车_____位置上，用于测量汽车前后障碍物；第二种是 APA，安装在汽车_____位置上，用于测量侧方障碍物距离。

（3）超声波测距模仿了（　　）的超声波定位技术，利用超声波发射后遇到障碍物（　　）的原理来工作。

（4）超声波测距方式是将发射信号与回波信号进行比较，得到（　　）、相位或频率的差值，计算出发射与接收信号的（　　），再分别根据机械波在空气中的（　　），计算与障碍物的距离和相对速度。

3. 简述题

请根据图 3-29，简述超声波雷达测距原理。

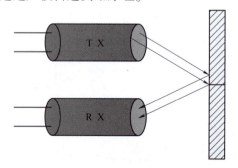

图 3-29　超声波测距原理

项目四

毫米波雷达装调与测试

任务目标：

1. 掌握毫米波雷达的定义和组成；
2. 了解毫米波雷达的特点；
3. 掌握毫米波雷达的原理；
4. 了解毫米波雷达的类型和技术参数；
5. 掌握毫米波雷达的测试方法；
6. 熟悉毫米波雷达的产品及其应用状况。

知识目标：

1. 了解毫米波雷达的工作原理、结构及特点；
2. 熟悉毫米波雷达测速、测距的原理及分类；
3. 熟悉毫米波雷达的技术参数。

能力目标：

1. 能够熟练使用 CAN 通信仪进行毫米波雷达的数据测试。
2. 能够熟练使用所需工具独立完成毫米波雷达装调。

素质目标：

1. 自觉遵守法律、法规以及技术标准规定；
2. 培养动手实践能力，养成做事认真、一丝不苟的习惯；
3. 培养质量意识、安全意识、节能环保意识、规范操作意识及创新意识。

情景导入：

先进驾驶辅助系统是利用环境感知技术采集汽车及其周围环境的动态数据并进行分析处理，通过提醒执行器介入汽车操纵以实现驾驶安全性和舒适性的一系列技术的总称。毫米波雷达在智能网联汽车先进驾驶辅助系统中起什么作用？如何安装毫米波雷达？毫米波雷达有哪些测试标定项目？完成本项目的学习，我们可以得到答案。

任务 1　毫米波雷达的装调

车辆上需要装配毫米波雷达，作为技术人员如何完成毫米波雷达的安装与调试？

1. 毫米波雷达认知

（1）毫米波雷达的工作原理

毫米波雷达（Millimeter Wave Radar）顾名思义就是工作在毫米波频段的雷达。毫米波（Millimeter - Wave，MMW）是指波长为 1~10 mm 的电磁波，对应的频率范围为 30~300 GHz。毫米波介于微波和厘米波之间，兼具有微波雷达和光电雷达的一些优点。同时具有自己的特性：与微波相比，具有体积小、质量轻和分辨率高的优点；与红外线、激光相比，穿透烟、雾、灰尘能力强，传输距离远，具有全天候全天时的特点；性能稳定，不受目标物体形状和颜色的干扰。因此，毫米波雷达很好弥补了红外线传感器、激光雷达、摄像头等其他传感器在车载应用中所不具备的使用场景。目前各个国家对车载毫米波雷达分配的频段各有不同，但主要集中在 24 GHz 和 77 GHz，少数国家（如日本）采用 60 GHz 频段。把毫米波雷达安装在汽车上，可以测量从毫米波雷达到被测物体之间的距离、角度和相对速度等。毫米波雷达外观如图 4-1 所示。

毫米波雷达传输距离远，在传输窗口内大气衰减和损耗低，穿透性强，可以满足车辆对全天气候的适应性的要求，并且毫米波本身的特性，决定了毫米波雷达传感器器件尺寸小、重量轻等特性。毫米波雷达很好地弥补了摄像头、激光雷达、超声波雷达等其他传感器在车载应用中所不具备的使用场景。

毫米波雷达通过天线向外发射毫米波，接收目标反射信号，经后方处理后快速准确地获取汽车周围的物理环境信息（如汽车与其他物体之间的相对距离、相对速度、角度、运动方向等），然后根据所探知的物体信息进行目标追踪和识别分类，进而结合车身动态信

图 4-1　毫米波雷达外观

息进行数据融合，最终通过中央处理单元进行智能处理，经合理决策后，以声、光及触觉等多种方式告知或警告驾驶员，或及时对汽车做出主动干预，从而保证驾驶过程的安全性和舒适性，减少事故发生概率。

　　毫米波雷达测距原理很简单，就是把无线电波（毫米波）发出去，然后接收回波，根据收发的时间差测得目标的位置数据和相对距离。根据电磁波的传播速度，可以确定目标的距离公式为：$s=ct/2$，其中 s 为目标距离，t 为电磁波从雷达发射出去到接收到目标回波的时间，c 为光速。

　　毫米波雷达测速是基于多普勒效应（Doppler Effect）原理。所谓多普勒效应就是，当声音、光和无线电波等振动源与观测者以相对速度 v 运动时，观测者所收到的振动频率与振动源所发出的频率不同。因为这一现象是奥地利科学家多普勒最早发现的，所以称之为多普勒效应。也就是说，当发射的电磁波和被探测目标有相对移动，回波的频率会和发射波的频率不同。当目标向雷达天线靠近时，反射信号频率将高于发射信号频率；反之，当目标远离天线而去时，反射信号频率将低于发射信号频率。由多普勒效应所形成的频率变化叫作多普勒频移，它与相对速度 v 成正比，与振动的频率成反比。如此，通过检测这个频率差，可以测得目标相对于雷达的移动速度，是目标与雷达的相对速度。根据发射脉冲和接收的时间差，可以测出目标的距离。

　　（2）毫米波雷达的组成

　　汽车使用的雷达不像军事雷达体积那么庞大，是小型传感器，可以很容易地安装在前格栅或保险杠下面。毫米波雷达主要由天线、射频组件、信号处理模块以及控制电路等构成，如图 4-2 所示。天线主要用于发射和接收毫米波，由于毫米波波长只有几毫米，而天线长度为波长 1/4 时，天线的发射和接收转换效率最高，因此天线尺寸可以做得很小，同时还可以使用多根天线来构成阵列。目前主流天线方案是采用微带阵列，即在印刷电路PCB 板上，铺上微带线，形成"微带贴片天线"，以满足低成本和小体积的需求。射频组件是毫米波雷达的核心部分，主要负责毫米波信号的调制、发射、接收以及回波信号的解调。收发组件包含了放大器、振荡器、开关、混频器等多个电子元器件，常采用单片微波集成电路（Monolithic Microwave Integrated Circuit，MMIC）。MMIC，属于半导体集成电路的一种技术，能降低系统尺寸、功率和成本，还能嵌入更多的功能。信号处理模块也是毫米波雷达重要的组成部分，通过嵌入不同的信号处理算法，提取从射频前端采集得到的中频信号，获得特定类型的目标信息。信号处理模块一般以 DSP 为核心，实现复杂的数字信号处理算法，满足毫米波雷达的实时性需求。

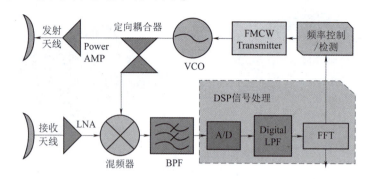

图 4-2 毫米波雷达的系统组成

毫米波雷达在工作状态时，发射模块生成射频电信号，通过天线将电信号转化成电磁波发射出去，接收模块接收到射频信号后，将射频信号转换为低频信号，再由信号处理模块从信号中获取距离、速度和角度等信息。毫米波雷达内部结构如图4-3所示。

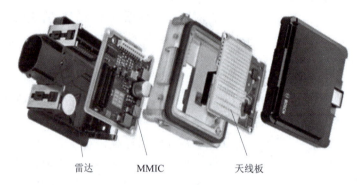

图 4-3 毫米波雷达内部结构

（3）毫米波雷达的特点

根据波的传播理论，频率越高，波长越短，分辨率越高，穿透能力越强，因此传输距离越远，但同时在传播过程的损耗也越大；相对地，频率越低，波长越长，传输距离越近。所以与微波相比，毫米波的分辨率高、指向性好、抗干扰能力强和探测性能好。与红外线相比，毫米波的大气衰减小，对烟雾灰尘具有更好的穿透性，受天气影响小，这些特质决定了毫米波雷达具有全天时全天候的工作能力。

1）毫米波雷达的优点：

①探测距离远：毫米波雷达探测距离远，可达 200 m 以上。

②探测性能好：毫米波波长较短，汽车在行驶中的前方目标一般都是由金属构成的，这会形成很强的电磁反射，其探测不受颜色与温度的影响。

③响应速度快：毫米波的传播速度与光速一样，并且其调制简单，配合高速信号处理系统，可以快速地测量出目标的距离、速度和角度等信息。

④适应能力强：毫米波具有很强的穿透能力，在雨、雪、大雾等恶劣天气依然可以正常工作，而且不受颜色和温度的影响。

⑤抗干扰能力强：毫米波雷达一般工作在高频段，而周围的噪声和干扰处于中低频

区，基本上不会影响毫米波雷达的正常运行。因此，毫米波雷达具有抗低频干扰的特性。

2）毫米波雷达的缺点：

①覆盖区域呈扇形，有盲区。

②无法识别交通标志。

③无法识别交通信号灯。

(4) 毫米波雷达的应用场景

毫米波雷达可以对目标进行有无检测、测距、测速以及方位测量。对于车辆安全来说，最主要的判断依据就是两车之间的相对距离和相对速度信息，特别车辆在高速行驶中，如果两车的距离过近，就容易导致追尾事故。

利用毫米波雷达可以实现自适应巡航控制（ACC）、自动紧急制动（AEB）、前向防撞报警（FCW）、盲区检测、辅助变道（LCA）、后向碰撞预警（RCW）、倒车辅助（RCA）、后方交通穿行提示（RCTA）、车门开启预警（DOW）等高级驾驶辅助系统功能。比较常见的汽车毫米波雷达工作频率在 24 GHz 和 77 GH 附近。24 GHz 雷达系统主要实现近距离探测（SRR），而 77 GHz 系统主要实现远距离探测（LRR）。图 4-4 是毫米波雷达典型应用案例。

前向碰撞预警

自动紧急制动系统

后向碰撞预警系统

变道辅助系统

图 4-4　毫米波雷达典型应用案例

为了满足不同探测距离的需要，车内安装了大量的短距、中距和远距毫米波雷达。不同的毫米波雷达在车辆的前部、车身侧面和后部起着不同的作用，如表 4-1 所示。

表4-1 毫米波雷达的作用

毫米波雷达类型		短程毫米波雷达（SRR）	中程毫米波雷达（MRR）	远程毫米波雷达（LRR）
探测距离/m		<60	100左右	>200
工作频段/GHz		24	77	77
功能	自适应巡航系统	—	前方	前方
	自适应紧急制动系统	—	前方	前方
	前向碰撞预警系统	—	前方	前方
	自动停车辅助系统	侧方	侧方	—
	盲区检测系统	前方、后方	侧方	—
	变道辅助系统	后方	后方	—
	后方碰撞预警系统	后方	后方	—
	行人监测系统	前方	前方	—
	停车开门辅助系统	侧方	—	—

任务实施

毫米波雷达在安装时需要确保其水平角度，横摆角度和俯仰角度均小于0.5°。其中水平角度和俯仰角度可以通过角度尺和重锤等工具进行测量，并通过调整雷达安装结构来满足雷达安装的角度要求。毫米波雷达的横摆角度可以通过在安装载体正前方放置小横截面积的金属障碍物测量，观察毫米波雷达的横向距离，应使其尽可能小。

（1）毫米波雷达的接口

安装前首先识别毫米波雷达端口接头管脚。某型号毫米波雷达的接口定义如图4-5所示。

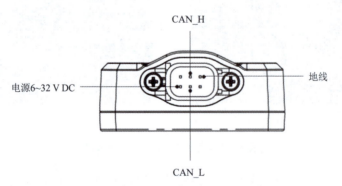

图4-5 某型号毫米波雷达的接口定义

详细接口定义（配置连接线）如表4-2所示。

表4-2 接口定义

序号	定义	范围	线缆颜色
1	CAN_H	-58~58V DC	黄
2	CAN_L	-58~58 V DC	白
3	GND		黑
4	POWER IN	6~32 V DC	红

在前、后向检测及相关应用中，毫米波雷达安装距地面需有0.4~1.5 m的高度，雷达天线面朝正前方，雷达前方不能有金属类物质遮挡。安装示意图如图4-6所示。

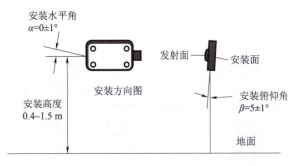

图4-6 安装示意图

（2）毫米波雷达的连接

通过USBCAN适配器，连接PC与毫米波雷达传感器，连接示意图如图4-7所示。

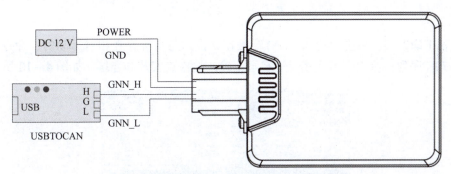

图4-7 毫米波雷达连接示意图

毫米波雷达接通12 V DC电源后，USBCAN盒子的绿灯（POWER）会持续亮，正常工作时，黄灯会持续闪烁。

（3）毫米波雷达的测试

打开CANtest驱动，并按要求配置，界面如图4-8所示。

图 4-8　毫米波雷达测试

单击左上角绿色按钮,如图 4-9 所示,不用修改图中任何参数,单击"确定"按钮。

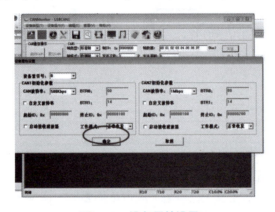

图 4-9　设备属性设置

如若正确连接,单击"启动 CAN1"按钮,雷达与目标存在相对运动时,命令行中会出现 0x70C 序列,否则表示连接或安装不正确,请检查安装和连接,如图 4-10 所示。

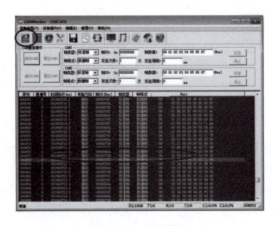

图 4-10　启动按钮

任务实施工单:请完成任务工单毫米波雷达的装调的相关工作任务。

任务 2　毫米波雷达的测试

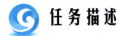

凭借出色的测距测速能力，毫米波雷达被广泛地应用在自适应巡航控制、前向防撞报警、盲区检测、辅助停车、辅助变道等汽车 ADAS 中。如何测试毫米波雷达并发挥其作用？

1. 毫米波测距原理

毫米波雷达是利用多普勒效应测量得出目标的距离和速度，它通过发射源向给定目标发射毫米波信号，并分析发射信号频率和反射信号频率之间的差值，精确测量出目标相对于毫米波雷达的距离和速度等信息。毫米波雷达通过发射模块发射毫米波信号，发射信号遇到目标后经目标的反射会产生回波信号，发射信号与回波信号相比形状相同，时间上存在差值。当目标与毫米波雷达信号发射源之间存在相对运动时，发射信号与回波信号之间除存在时间差外，还会产生多普勒频率。毫米波雷达测量原理示意图如图 4-11 所示，其中，Δf 为调频带宽，f_d 为多普勒频率，f' 为发射信号与反射信号的频率差，T 为信号发射周期，Δt 为发射信号与回波信号的时间间隔。

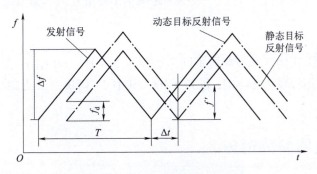

图 4-11　毫米波测量原理示意图

毫米波雷达测量的距离和速度分别为：

$$S = \frac{c\Delta t}{2} = \frac{cTf'}{4\Delta f}$$

$$u = \frac{cf_d}{2f_0}$$

式中：S 为相对距离；u 为相对速度；c 为光速；f_0 为发射信号的中心频率。毫米波雷达的发射天线发射出毫米波信号后，遇到被监测目标反射回来，通过与毫米波雷达并列的接收天线收到同一监测目标反射信号的相位差就可以计算出被监测目标的方位角。方位角测量原理如图 4-12 所示。毫米波雷达发射天线 TX 向目标发射毫米波，两根接收天线 RX1 和 RX2 接收目标反射信号。方位角 α_{AZ} 是将毫米波雷达接收天线 RX1 和接收天线 RX2 之间的几何距离 d，以及两根毫米波雷达天线所收到反射回波的相位差 b，进行三角函数计算得到的值，可以据此知道被监测目标的方位角。

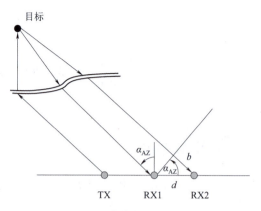

图 4-12 方位角测量原理

2. 毫米波雷达的分类

毫米波雷达可以按照工作原理、探测距离和频段进行分类。

（1）按工作原理分类

毫米波雷达按工作原理的不同可以分为脉冲式毫米波雷达与调频式连续毫米波雷达两类。脉冲式毫米波雷达通过发射脉冲信号与接收脉冲信号之间的时间差来计算目标距离，调频式连续毫米波雷达是利用多普勒效应测量得出不同距离的目标的速度。脉冲式毫米波雷达测量原理简单，但受技术、元器件等方面的影响，实际应用中很难实现。目前，大多数车载毫米波雷达都采用调频式连续毫米波雷达。

（2）按探测距离分类

毫米波雷达按探测距离可分为短程、中程和远程毫米波雷达。短程毫米波雷达一般探测距离小于 60 m，中程毫米波雷达一般探测距离为 100 m 左右，远程毫米波雷达探测距离一般大于 200 m。

（3）按频段分类

毫米波雷达按采用的毫米波频段不同，划分为 24 GHz、60 GHz、77 GHz 和 79 GHz 毫米波雷达。主流可用频段为 24 GHz 和 77 GHz，其中 24 GHz 适合近距离探测，77 GHz 适合远距离探测。

3. 毫米波雷达的参数指标

毫米波雷达的技术参数主要有最大探测距离、距离分辨率、距离测量精度、最大探测速度、速度分辨率、速度测量精度、视场角、角度分辨率和角度测量精度等。

（1）距离

最大探测距离：最大探测距离是指毫米波雷达所能检测目标的最大距离，不同的毫米波雷达，最大探测距离是不同的。

距离分辨率：即多个目标被雷达区分出来的最小距离。

距离精度：用于描述雷达对单个目标距离参数估计的准确度，它是由回波信号的信噪比 SNR 决定的。

（2）速度

最大探测速度：能够探测到障碍物的最大相对速度，一般为 240 km/h。

速度分辨率：速度分辨率随着帧持续时间的增加而提高。

速度测量精度：测量单目标的速度测量精度。

（3）角度

探测视角：能够探测到的视野范围，水平范围一般为 ±60°，垂直视角一般为 ±15°。

角精度：用于描述雷达对单个目标方位角估计的准确度。

最大探测目标数：最大能够探测的目标数量，一般为 24~32 个。

角分辨率：取决于雷达的工作波长和天线口径尺寸和 TX/RX 天线的数量。

任务实施

通过对毫米波雷达的数据读取和解析，并使用图形化处理方法，实现数据的可视化，利用超声波测距和测量移动物体速度的特性和原理，加入实际的控制决策，从而实现毫米波雷达在实际自动驾驶中的应用。

本实训以单步的形式展现了与毫米波雷达通信的详细过程和指令格式，以及数据解析的方法等。

打开实训平台主机上的"自动驾驶传感器平台软件"，双击"毫米波雷达实训"，如图 4-13 所示。

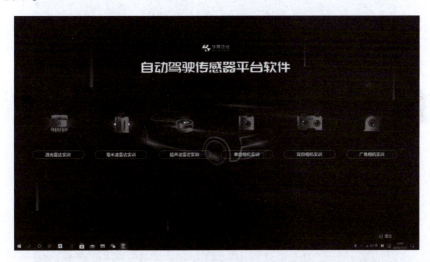

图 4-13 打开毫米波雷达实训软件

打开"数据读取与解析"后，从上至下操作步骤依次为：打开 CAN 设备→初始化 CAN→启动 CAN→数据接收（如图 4-14 所示）。

CAN 设备具有更多的帧类型，比如数据帧、远程帧、扩展帧等，CAN 设备也有多种工作模式，比如只听模式、读写模式等。在实训中应关注与 CAN 设备通信的相关参数。当毫米波雷达返回数据后，数据列表显示如图 4-15 所示。

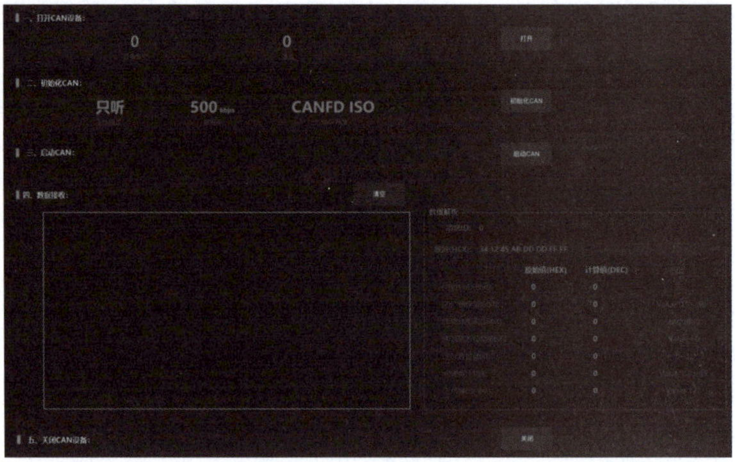

图 4-14 启动 CAN

图 4-15 数据接收

在图 4-15 右侧有针对本毫米波雷达设备返回数据的格式说明，如图 4-16 所示。

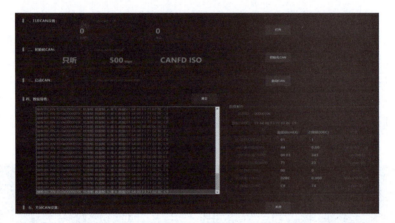

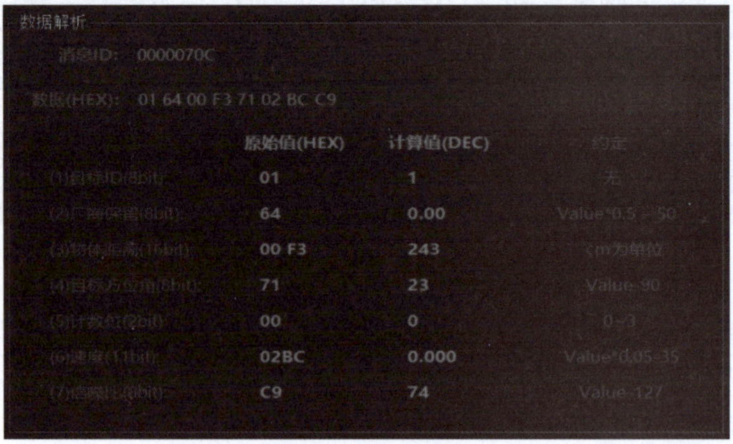

图 4-16 数据格式

当毫米波雷达探测的物体距离有变化时,也可以看到数据的变化,结合协议约定,可以看到数据解析的过程。

将毫米波雷达单步执行的数据通过图形化界面表示出来,如图4-17所示,显示了毫米波雷达测量到的距离、速度和角度。

图4-17 数据图形化显示

任务实施工单:请完成任务工单毫米波雷达的测试的相关工作任务。

 回顾练习

 回　顾

毫米波雷达是一种利用毫米波进行探测和测距的雷达系统。毫米波是位于微波和红外光谱之间的一种电磁辐射,其波长在1 mm到10 mm之间。毫米波雷达通常用于短距离探测和高精度测距,具有较高的分辨率和抗干扰能力。

毫米波雷达通过发射毫米波信号并接收回波,然后通过处理回波信号来获取目标的位置、速度和其他信息。毫米波雷达可以穿透雾、雨、雪等大气条件下的干扰,因此在恶劣天气下也能保持较高的探测性能。

毫米波雷达在军事、航空、航天、汽车、安防等领域都有广泛的应用。在汽车领域,毫米波雷达通常被用于自动驾驶系统或辅助驾驶系统中,用于实现环境感知、障碍物检测、跟车距离测量和行人识别等功能,实现对车辆周围环境的高精度感知和距离测量。

由于毫米波具有较短的波长和较高的频率,因此车载毫米波雷达可以实现更高精度的距离测量和环境感知,同时不受天气条件的影响,具有很强的适应性。车载毫米波雷达不仅可以帮助车辆实现自主导航、避障、自动泊车等功能,还可以用于智能巡航控制系统、盲区监测系统等,提高了车辆的安全性和驾驶舒适性,在自动驾驶、智能交通系统和车辆安全领域有着广泛的应用前景。

练习

1. 选择题

（1）毫米波雷达可以测量目标的（　　）信息。
A. 距离　　　　　B. 速度　　　　　C. 高度　　　　　D. 方位角

（2）目前车载毫米雷达的最大有效探测距离为（　　）m。
A. 150　　　　　B. 200　　　　　C. 250　　　　　D. 300

（3）毫米波雷达发射波的调试方式中，对处理器要求较高的是（　　）。
A. 调频连续波　　B. 调幅连续波　　C. 脉冲波　　　　D. ESR

（4）毫米波雷达的特点有（　　）。
A. 分辨率高　　　B. 探测范围广　　C. 信息量丰富　　D. 全天候工作

（5）下列哪个选项不是毫米波测量的目标信息？（　　）
A. 距离　　　　　B. 位置　　　　　C. 方位角　　　　D. 速度

（6）智能汽车中下面哪几项功能应用了毫米波雷达技术？（　　）
A. 行人检测系统　　　　　　　　　B. 自动刹车辅助系统
C. 前车防碰撞系统　　　　　　　　D. 环视成像系统

2. 填空题

（1）毫米波雷达按采用的毫米波频段不同，划分为_____、_____、_____和_____毫米波雷达。

（2）毫米波雷达发射波的调制方式有_____、_____两种。

（3）毫米波是指波长为_____的电磁波，对应的频率范围为_____。

（4）毫米波雷达按探测距离可分为_____、_____和_____毫米波雷达。

（5）毫米波雷达的结构主要包括_____。

3. 简答题

（1）毫米波雷达的工作原理是什么？

（2）毫米波雷达安装应注意哪些事项？

（3）毫米波雷达在智能网联汽车中的应用场景有哪些？

（4）毫米雷达的特点有哪些？

（5）简述毫米波雷达测量距离、速度和方位角的测量原理。

项目五

激光雷达的装调与测试

任务目标：

1. 掌握激光雷达的定义和组成；
2. 了解激光雷达的特点；
3. 掌握激光雷达的原理；
4. 了解激光雷达的类型和技术参数；
5. 掌握激光雷达的标定方法；
6. 熟悉激光雷达的产品及其应用场景。

知识目标：

1. 认知激光雷达的工作原理、结构及特点；
2. 熟悉激光雷达测速、测距的原理及分类；
3. 熟悉激光雷达的技术参数；
4. 熟悉激光雷达的类型；
5. 掌握激光雷达标定的方法。

能力目标：

1. 能够熟练使用激光雷达安装时所需的工具；
2. 能够熟练使用工具和仪器进行激光雷达的品质检测；
3. 能够独立完成激光雷达安装并牢记注意事项；
4. 能够独立分析激光雷达接收的数据包。

素质目标：

1. 培养独立思考、处理和分析问题的能力；
2. 树立持之以恒、精益求精的工作精神；
3. 具有灵活思维、协同创新的精神。

情景导入：

无人驾驶汽车行驶必备的条件之一是精准定位，高精度感知周围环境。激光雷达利用扫描出来的点云数据绘制高精度地图，达到实时路况及移动物体的高精度感知，并进行精准定位，确定可行驶空间，保障无人驾驶汽车安全行驶。

任务1　激光雷达的装调

任务描述

什么是车载激光雷达？其结构是什么？激光雷达有哪些特点、类型、应用场景？

知识准备

1. 激光雷达的定义

激光是原子（分子）系统受激辐射的光放大，是利用物质受激辐射原理和光放大过程产生出来的一种具有高亮度、高方向性的单色性和相干性的光。激光具有方向性好、单色性好、相干性好、能量集中、亮度最高等特性。

激光雷达（Light Detection and Ranging，LiDAR）是激光探测及测距系统的简称，是一种以激光器为发射光源，采用光电探测技术手段的主动遥感设备。激光雷达是工作在光波频段的雷达，它利用光波频段的电磁波先向目标发射探测信号，然后将其接收到的回波信号与发射信号相比较，从而获得目标的位置（距离、方位和高度）、运动状态（速度、姿态）等信息，实现对目标的探测、跟踪和识别，如图5-1所示。

2. 激光雷达的结构

（1）激光雷达的主要组件

激光雷达一般由以下几个主要组件构成：

1）激光器（Laser）：激光雷达使用激光器产生激光束。常见的激光器类型包括固态激光器、半导体激光器和光纤激光器。激光器产生的激光束通常具有高亮度和窄的方向性。

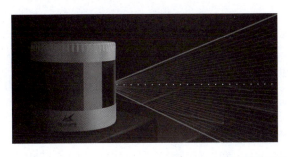

图 5-1 激光雷达及其目标识别

2）发射器（Transmitter）：发射器是用来控制激光束的方向和形状的装置。它通常由一个或多个镜子和透镜组成，可以调整和聚焦激光束，使其具有特定的形状和方向。

3）接收器（Receiver）：接收器用于接收激光束的反射信号。它通常包括一个或多个光电二极管（Photodiode）或光电探测器（Photodetector），用来将反射的光信号转换为电信号。

4）扫描系统（Scanning System）：扫描系统用于控制激光雷达的扫描范围和角度。它通常由电机、驱动器和反射镜组成。通过控制反射镜的角度和速度，激光雷达可以扫描周围环境并获取三维点云数据。

5）控制电路和处理器（Control Circuit and Processor）：控制电路和处理器用于控制激光雷达的工作模式和参数，并对接收到的光信号进行处理和解析。它们可以对数据进行滤波、去噪和特征提取，从而提供更准确的目标识别和距离测量结果。

6）外壳和保护装置（Casing and Protection）：激光雷达通常需要一个外壳来保护其内部组件免受环境影响和物理损坏。外壳通常具有防水、防尘和防震等功能，以确保激光雷达的可靠性和耐用性。

（2）激光雷达的组成

激光雷达的组成如图 5-2 所示，主要由发射系统、接收系统、信号处理与控制系统

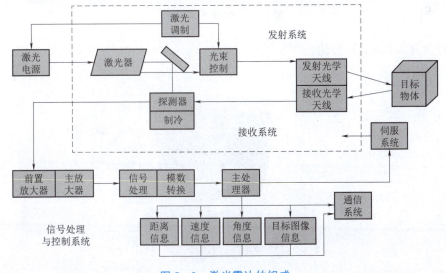

图 5-2 激光雷达的组成

组成。激光雷达的硬件核心是激光器和探测器,软件核心是信号的处理算法。不同类型的激光雷达,其组成是有一定差异的。

1)激光发射系统:激励源周期性地驱动激光器,发射激光脉冲,激光调制器通过光束控制器控制发射激光的方向和线数,最后通过发射光学系统,将激光发射至目标物体。

2)激光接收系统:经接收光学系统,光电探测器接收目标物体反射回来的激光,产生接收信号。

3)信息处理系统:接收信号经过放大处理和数模转换,经由信息处理模块计算,获取目标表面形态、物理属性等特性,最终建立物体模型。

扫描系统,以稳定的转速旋转起来,实现对所在平面的扫描,并产生实时的平面图信息。

激光雷达以激光作为信号源,由激光器发射出的脉冲激光打到地面的车辆、行人、树木、道路、建筑物等物体上引起散射,一部分光波会发射到激光雷达的接收器上,然后测量发射或散射信号到达发射机的时间、信号强弱程度和频率变化等参数,以此来计算往返的时间,从而确定被测目标的距离、运动速度以及方位。脉冲激光不断地扫描目标物,就可以得到目标物上全部目标点的数据,用此数据进行程序处理后,可得到精确的三维立体图像,如图5-3所示。

图5-3 三维立体图像

威力登(Velodyne)公司的机械式激光雷达HDL-64E的外部和内部结构如图5-4和图5-5所示。

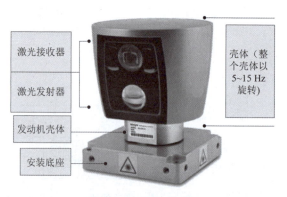

图5-4 机械式激光雷达HDL-64E的外部结构

图 5-5　机械式激光雷达 HDL-64E 的内部结构

3. 激光雷达的分类

（1）按激光雷达按有无机械旋转部件分类

1）机械激光雷达（Mechanical LiDAR）。机械激光雷达是一种激光雷达系统，它使用机械部件（如旋转镜片或扫描器）来扫描激光束以实现环境感知和三维测距。

机械激光雷达通常由激光发射器、接收器和旋转部件组成，如图 5-6 所示。激光发射器发射一束激光束，然后由旋转部件将激光束扫描整个环境。当激光束遇到物体并被反射回来时，接收器会接收到返回的激光信号。通过测量激光从发射到返回的时间差，可以计算出物体与激光雷达的距离。通过不断旋转并扫描激光束，机械激光雷达可以生成一个三维点云数据，表示周围环境的物体位置和形状。

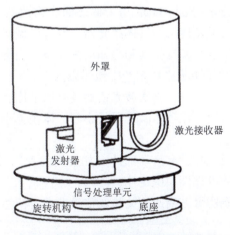

图 5-6　机械激光雷达结构

机械激光雷达具有以下特点：

①较高的测量精度：通过使用旋转部件来扫描激光束，机械激光雷达可以实现较高的测量精度和分辨率。

②较长的测量距离：由于激光束的扫描范围较大，机械激光雷达通常可以实现较长的

测量距离，用于检测远距离的目标。

③复杂的机械结构：机械激光雷达通常需要使用复杂的机械结构来实现激光束的扫描，这可能会导致系统更加复杂、笨重和容易受到振动和机械故障的影响。

机械激光雷达在自动驾驶、机器人导航、环境建模等领域得到广泛应用。然而，由于机械结构的复杂性和易受干扰的特点，机械激光雷达在使用过程中可能面临一些挑战，例如高成本、大功耗、机械部件的磨损和维护等问题。因此，随着技术的发展，越来越多的研究和工程工作致力于开发更先进、更可靠的非机械式激光雷达系统，如固态激光雷达和车载混合固态激光雷达。

机械激光雷达带有控制激光发射角度的旋转部件，体积较大，价格昂贵，测量精度相对较高，一般置于汽车顶部，如图5-7所示。

图5-7 车顶上的机械激光雷达

2) 固态激光雷达（Solid-State LiDAR）。固态激光雷达是一种激光雷达系统，它使用固态激光器作为光源，而不是传统的气体激光器，没有机械运动部件。它可以通过电子控制改变激光束的方向和角度，实现扫描和感知周围环境。固态激光器通常使用半导体材料（如激光二极管或固态激光器芯片）来产生激光束。

相比传统的气体激光雷达系统，固态激光雷达具有以下优点：

①小型化：固态激光器通常比气体激光器更小巧，体积更小，因此可以更容易地集成到车辆和其他设备中。

②可靠性：由于固态激光器没有活动部件（如旋转镜片），因此不容易受到机械振动和磨损的影响，具有更高的可靠性和稳定性。

③快速响应：固态激光器可以快速开关和调整激光束的特性，从而实现更快速的测量和数据采集。

④低功耗：相比气体激光器，固态激光器通常具有较低的功耗，有助于节省能源并延长设备的使用寿命。

固态激光雷达在自动驾驶、机器人导航、环境感知等领域具有广泛的应用。它可以通过测量激光从发射到返回的时间差来计算物体与激光雷达的距离，从而实现精确的距离测量和三维点云数据生成。这些数据可以用于障碍物检测、目标识别、场景重建等应用，为自动驾驶系统提供重要的环境感知能力。

固态激光雷达则依靠电子部件来控制激光发射角度,不需要机械旋转部件。固态式激光雷达具有体积小、功耗低和反应速度快的优点,适用于小型车辆和紧凑空间应用。因尺寸较小,可安装于车体内,如图 5 – 8 所示。

图 5 – 8　固态激光雷达

3）混合固态激光雷达（Hybrid Solid – State LiDAR）。混合固态激光雷达是一种结合了固态激光雷达和其他技术的激光雷达系统。它利用固态激光器产生激光束,并结合其他感知技术来提供更全面的环境感知能力。

混合固态激光雷达的主要特点和优势包括：

①高分辨率：固态激光器具有较高的激光束质量和较小的光斑,可以实现高分辨率的测量和点云生成。

②长距离测量：固态激光器通常能够实现较长的测量距离,用于检测远距离目标。

③低功耗：相比传统的机械激光雷达,固态激光雷达具有较低的功耗和更长的寿命。

④多模态感知：混合固态激光雷达可以结合其他感知技术,如相机、毫米波雷达等,以获得更全面的环境感知能力。通过多个传感器的数据融合,可以提供更精确和可靠的物体检测、识别和跟踪。

⑤自适应扫描模式：混合固态激光雷达可以根据不同的应用场景和需求,灵活地调整激光束的扫描模式和参数,以实现更高效的数据采集和处理。

混合固态激光雷达在自动驾驶、机器人导航、智能交通等领域得到广泛应用。通过结合不同的感知技术,它可以克服固态激光雷达单独应用时的一些局限性,提供更全面和准确的环境感知能力,为智能化系统的决策和控制提供更可靠的数据支持。

混合固态激光雷达没有大体积旋转结构,采用固定激光光源,通过内部玻璃片旋转的方式改变激光光束方向,能实现多角度检测的需要,采用嵌入式安装,如图 5 – 9 所示。

(2) 按激光雷达接线束数量的多少分类

1) 单线束激光雷达（Single – Beam LiDAR）。单线束激光雷达是一种激光源发出的线束是单线的激光雷达系统,它通过发射一束激光束,并接收反射回来的激光信号来实现环境感知和测距。

①单线束激光雷达的工作原理如下：

a. 激光发射：单线束激光雷达通过激光发射器发射一束激光束。激光束的特性包括激光功率、波长和激光束的形状。

b. 激光反射：当激光束遇到物体并被反射回来时,激光雷达的接收器会接收到返回

图 5-9 混合固态激光雷达

的激光信号。

c. 测距计算：通过测量激光从发射到返回的时间差，可以计算出物体与激光雷达之间的距离。这种距离计算方法称为"时间差测量法"（Time of Flight，TOF）。

②单线束激光雷达具有以下特点：

a. 简单和经济：相比多线束激光雷达或固态激光雷达等复杂系统，单线束激光雷达具有较简单的结构和较低的成本。

b. 较低的分辨率：由于只使用一束激光束来感知环境，单线束激光雷达的分辨率可能较低，无法提供细致的物体形状和表面细节。

c. 适用于特定场景：单线束激光雷达通常适用于一些特定的应用场景，如距离测量、障碍物检测等。

单线束激光雷达在一些应用中仍然具有一定的价值，特别是在需要进行简单的距离测量和障碍物检测的情况下。然而，对于需要高分辨率和准确性的应用，如自动驾驶和机器人导航等领域，多线束激光雷达或固态激光雷达等更先进的系统可能更为合适。

单线束激光雷达如图 5-10 所示。单线束激光雷达扫描一次只产生一条扫描线，获得的数据为 2D 数据，如图 5-11 所示。具有测量速度快，数据处理量少等特点，多被应用于安全防护等领域。

图 5-10 单线束激光雷达

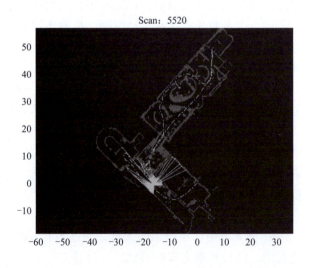

图 5-11 单线束激光雷达扫描获得的二维图

2) 多线束激光雷达（Multi-Beam LiDAR）。多线束激光雷达是一种激光雷达系统，它通过同时发射多个激光束来实现环境感知和测距。

①多线束激光雷达的工作原理如下：

a. 多束发射：多线束激光雷达通过多个激光发射器同时发射多个激光束。每个激光束的特性包括激光功率、波长和激光束的形状。

b. 激光反射：当每个激光束遇到物体并被反射回来时，激光雷达的接收器会接收到返回的多个激光信号。

c. 多个测距计算：通过测量每个激光从发射到返回的时间差，可以计算出物体与多线束激光雷达之间的距离。这种距离计算方法可以提供更高的分辨率和准确性。

②多线束激光雷达具有以下特点：

a. 高分辨率：通过同时使用多个激光束，多线束激光雷达可以提供更高的分辨率，可以获取更精细的物体形状和表面细节。

b. 多目标检测：多线束激光雷达可以同时探测和测量多个目标物体，可以提供更全面的环境感知能力。

c. 较高的成本：相比单线束激光雷达或其他简单的传感器，多线束激光雷达通常具有较高的成本。

多线束激光雷达在自动驾驶、机器人导航、地图绘制等领域得到广泛应用。通过提供更高分辨率和准确性的距离测量，它可以更精确地感知和理解环境，为智能化系统的决策和控制提供更可靠的数据支持。

多线束激光雷达（32线）如图5-12所示。多线束激光雷达可产生多条扫描线。目前，市场上多线束激光雷达有4线、8线、16线、32线、64线和128线之分，多线束激光雷达可以识别物体的高度信息并获取周围环境的3D扫描图，主要应用于无人驾驶领域，如图5-13所示。

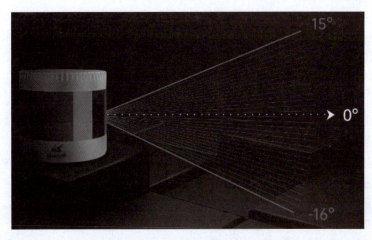

图5-12　多线束激光雷达（32线）

图 5-13 多线束激光雷达点云图

(3) 按激光雷达发射波类型分类

1) 脉冲波激光雷达 (Pulsed Wave LiDAR)。脉冲波激光雷达是一种使用脉冲激光光束进行测量的激光雷达系统。它通过发送高能量的短脉冲光束，然后测量返回激光脉冲的时间延迟和强度来确定目标的距离、反射率和其他特征。

①脉冲波激光雷达的工作原理如下：

a. 发射：激光雷达发送短脉冲光束，光束经过激光器发射出去。

b. 接收：光束照射到目标物体上，一部分光束被目标物体反射回来。

c. 接收回波：接收器接收到反射回来的光束，将其转化为电信号。

d. 时间延迟测量：通过测量从发送到接收器接收到回波的时间延迟，可以计算出目标与激光雷达之间的距离。

e. 强度测量：接收器还可测量回波的强度，从而判断目标物体的反射率和其他特征。

②脉冲波激光雷达具有以下特点：

a. 高精度：使用脉冲波形式的激光脉冲，可以实现较高的测量精度和分辨率。

b. 长测距范围：脉冲波激光雷达通常具有较长的测距范围，可达数百米到几千米。

c. 多目标分辨：由于脉冲激光具有较高的功率，可以同时探测和测量多个目标。

d. 适应多种环境：脉冲波激光雷达可以在不同环境条件下工作，包括日间、夜间、低光照等。

脉冲波激光雷达在自动驾驶、环境感知、测绘、机器人导航等领域具有广泛应用，并且随着技术的发展，其测量精度和性能不断提高。

2) 连续波激光雷达 (Continuous Wave LiDAR)。连续波激光雷达是一种使用连续波激光信号进行测量的激光雷达系统。与脉冲波激光雷达不同，连续波激光雷达持续发送激光信号，并通过测量返回信号的频率来确定目标的距离和速度。

①连续波激光雷达的工作原理如下：

a. 发射：激光雷达发送连续的激光信号，光束经过激光器发射出去。

b. 接收：光束照射到目标物体上，一部分光束被目标物体反射回来。

c. 接收回波：接收器接收到返回的光束，并将其转化为电信号。

d. 频率测量：连续波激光雷达通过测量返回信号的频率来计算目标与激光雷达之间的距离。频率差（也称为多普勒效应）可以确定目标的速度。

e. 数据处理：通过处理接收到的信号，可以获得目标的距离、速度和其他特征信息。

②连续波激光雷达具有以下特点：

a. 高速测量：由于连续波激光雷达可以持续发送激光信号，因此可以实现高速的测量和监测。

b. 速度测量：通过多普勒效应，连续波激光雷达可以测量目标的速度，并用于动态目标追踪和运动分析。

c. 实时性：连续波激光雷达的测量结果几乎是实时的，适用于需要即时反馈和控制的应用。

d. 距离测量精度较低：由于连续波激光雷达测量距离是通过频率测量计算得出的，相比脉冲波激光雷达，其测量精度较低。

连续波激光雷达广泛应用于交通监测、速度测量、气象科学、运动追踪和一些需要实时性和速度测量的应用场景。

3）混合型激光雷达（Hybrid LiDAR）。混合型激光雷达是一种结合了脉冲波激光雷达和连续波激光雷达的激光雷达系统。它同时使用脉冲波和连续波两种激光信号，以获得更全面的目标信息。

混合型激光雷达通过在一个系统中集成脉冲波激光器和连续波激光器，以及相应的接收器和信号处理单元，实现了两种激光雷达的功能。

①混合型激光雷达的工作原理如下：

a. 发射：混合型激光雷达同时发送脉冲波和连续波两种激光信号。

b. 接收：光束照射到目标物体上，一部分光束被目标物体反射回来。

c. 脉冲波测量：接收器接收到脉冲波的回波，并测量其时间延迟以及强度，用于测量目标的距离、反射率和其他特征。

d. 连续波测量：接收器接收到连续波的回波，并测量其频率变化，用于测量目标的距离和速度。

e. 数据处理：通过结合脉冲波和连续波的测量结果，可以获得更全面的目标信息，如距离、反射率、速度和其他特征。

②混合型激光雷达综合了脉冲波和连续波的优点，具有以下特点：

a. 高精度距离测量：脉冲波激光雷达可以提供高精度的距离测量，适用于需要较高测量精度的应用。

b. 实时速度测量：连续波激光雷达可以实现实时的速度测量，适用于需要及时获取目标速度的应用。

c. 多目标分辨：混合型激光雷达可以同时探测和测量多个目标，具有较高的目标分辨能力。

d. 适应复杂环境：混合型激光雷达在不同环境条件下均可工作，包括日间、夜间、低光照等。

混合型激光雷达在自动驾驶、智能交通、机器人导航、环境感知等领域具有广泛应用，可以提供更全面、准确的目标信息，帮助实现高级驾驶辅助系统和智能化应用的需求。

4. 车载激光雷达的特点

车载激光雷达的频率通常在红外光范围内。车载激光雷达主要用于自动驾驶和安全辅助系统，以实时感知周围环境和障碍物。

车载激光雷达的频率一般在几百兆赫兹到几千兆赫兹之间。常见的频率范围包括 850 nm、905 nm 和 1 550 nm，其中，905 nm 的频率最为常见，因为它在红外光谱中的传输特性较好，并且可以达到较长的探测范围。

车载激光雷达的频率选择是根据其应用和设计需求来确定的。高频率的激光雷达可以提供较高的分辨率和精度，但通常探测范围较短；低频率的激光雷达可以实现较远的探测范围，但可能牺牲一些分辨率和精度。

（1）车载激光雷达的优点

1）探测范围广：探测距离可达 300 m 以上。

2）高精度：车载激光雷达可以提供非常精确的距离测量，通常可以达到亚厘米级的精度，这使得车辆可以准确地感知和测量周围环境，从而实现精确的定位和导航。

3）高分辨率：激光雷达可以获得极高的距离、速度和角度分辨率。距离分辨率可达 0.1 m；角度分辨率能达 10 m/s；角度分辨率不低于 0.1 rad，能分辨 3 km 距离内相距 0.3 m 的两个目标，并可同时跟踪多个目标。激光雷达可以生成高密度的点云数据，能够详细地描述目标物体的形状和轮廓，这对于车辆的环境感知和障碍物检测非常重要，可以帮助车辆准确地识别并规避障碍物。

4）多目标检测：车载激光雷达可以同时探测和跟踪多个目标物体，对于复杂的交通场景和动态障碍物的检测非常有效。这使得车辆能够及时做出反应，避免与其他车辆或行人发生碰撞。

5）信息量丰富：可直接获取探测目标的距离、角度、反射强度、速度等信息，生成目标多维度图像。

6）高速度：激光雷达可以在极短的时间内完成多个距离测量，可以实现快速的环境感知和障碍物检测。这使得车辆能够快速地对周围环境做出反应，提高驾驶安全性和响应能力。

7）无需物理接触：车载激光雷达可以通过发射和接收激光束进行非接触式测量，避免了与目标物体的物理接触和干扰。这减少了激光雷达的磨损和损坏风险，提高了设备的寿命和可靠性。

8）天候影响较小：可全天候工作。激光主动探测，不依赖于外界光照条件或目标本身的辐射特性，它只需发射自己的激光束，通过探测发射激光束的回波信号来获取目标信息。激光雷达对于雨、雪、雾等天气条件的影响较小，相比其他传感器（如摄像头）更具稳定性。这使得车辆在恶劣天气条件下仍能有效地感知和检测周围环境。

综上所述，车载激光雷达具有高精度、高分辨率、多目标检测、高速度、无需物理接触和天候影响较小等一系列优点，这使得它在自动驾驶、智能交通系统和车辆安全方面有着广泛的应用前景。

(2) 车载激光雷达的缺点

1）成本高昂：车载激光雷达的制造成本较高，使得它在商用车辆和消费级市场的应用受到一定限制。尽管近年来价格有所下降，但仍然相对昂贵。

2）体积和重量大：车载激光雷达通常比较大且较重，需要占用车辆的一定空间。这可能对车辆的设计和布局产生限制，并影响车辆的整体性能和操控性。

3）视野受限：激光雷达通常具有有限的视野范围，无法全方位覆盖整个周围环境。这可能导致车辆在某些方向上的盲区，需要结合其他传感器来进行补充。

4）透明物体探测能力有限：激光雷达主要通过测量光的反射来感知和检测目标物体，对于透明物体（如玻璃、水等）的探测能力相对较弱。这可能导致对于某些障碍物的探测和识别存在困难。

5）处理复杂场景的能力受限：在复杂的交通场景中，激光雷达可能会受到光线反射、遮挡和多路径干扰等因素的影响，导致数据处理和目标识别的困难。这需要结合其他传感器和算法来提高识别准确性和鲁棒性。

6）需要较高的维护和校准：激光雷达需要定期的维护和校准，以确保其性能和精度。这可能需要额外的时间和资源投入来保持设备的良好运行状态。

7）不易识别交通标志和交通信号灯。

尽管车载激光雷达存在一些缺点，但随着技术的不断发展，这些问题正在逐渐得到解决。未来的车载激光雷达可能会更加小型化、轻量化，价格更为亲民，同时具备更强大的功能和性能。

5. 车载激光雷达的应用场景

车载激光雷达在自动驾驶和智能交通系统中有广泛的应用场景（如图 5-14 所示），具体体现在以下几个方面：

1）障碍物检测和避障：车载激光雷达可以提供精确的周围环境感知和障碍物检测，帮助车辆识别和避免与其他车辆、行人、建筑物或其他障碍物的碰撞。它可以检测到静态和动态障碍物，帮助车辆做出及时安全的决策。

2）路面和车道检测：车载激光雷达可以帮助车辆识别和检测路面的状况，包括道路标线、路障、坑洼等。它还可以提供车道线的精准位置信息，帮助车辆进行车道保持和车道变换。

3）盲区检测：激光雷达可以帮助车辆检测和识别盲区，特别是在后方和侧方。它可以提供车辆周围的全景视图，帮助驾驶员意识到其他车辆或行人的存在，避免盲区事故的发生。

4）自主停车和泊车辅助：车载激光雷达可以提供高精度的距离测量和障碍物检测，帮助车辆进行自主停车和泊车。它可以准确地感知停车位和周围障碍物的位置和距离，使得车辆能够安全、高效地完成停车操作。

5）路径规划和导航：车载激光雷达可以提供详细的环境地图和障碍物信息，这对于车辆的路径规划和导航非常重要。它可以帮助车辆选择最佳的路径，避免拥堵和危险区域，并进行精确的车辆定位。

6）交通流量监测和管理：车载激光雷达可以用于监测和识别道路上的车辆数量、速度和密度等交通流量信息。这有助于交通管理部门进行交通流量预测、拥堵管理和优化交通信号控制。

车载激光雷达在自动驾驶、智能交通系统和车辆安全方面具有广泛应用的潜力，可以提高车辆的安全性、舒适性和效率。

图 5 – 14　车载激光雷达的应用场景
（a）高精度电子地图；（b）障碍物检测与识别；（c）可行空间检测；（d）精准定位和路径跟踪

任务实施

激光雷达作为自动驾驶实现中最重要、必不可少的传感器之一，其重要性不言而喻，激光雷达更多应用在行人探测、障碍物探测（小目标探测）、前方障碍物探测及地图构建等方面上。根据实际运用场景选择合适的激光雷达并进行正确的安装。

1. 激光雷达外观认知

本次实训有两款激光雷达，一款是自动驾驶环境感知传感器平台上的 LS01D 单线束激光雷达，如图 5 – 15 和图 5 – 16 所示。另一款是自动驾驶小车车顶上的 RS – LiDAR – 16，如图 5 – 17 和图 5 – 18 所示。

图 5-15 自动驾驶感知平台上的 LS01D 单线束激光雷达

图 5-16 LS01D 单线束激光雷达外观

图 5-17 自动驾驶小车上的 RS-LiDAR-16

图 5-18 RS-LiDAR-16 外形

2. 激光雷达安装操作

（1）单线束激光雷达的安装要求

单线束激光雷达的安装要求包括选择适当位置、调整安装角度、保持稳定性、避免遮挡物和环境光干扰等。合理的安装，可以确保激光雷达能够准确、可靠地进行目标检测和测量。具体的安装要求还应根据具体的激光雷达型号、车辆或设备的特点和使用场景进行调整。单线束激光雷达的安装要求主要包括以下几个方面：

1）安装位置：激光雷达应安装在车辆或设备的适当位置，以确保其能够清晰地探测到周围环境的目标。一般来说，安装在车辆的高处可以提供更广阔的视野，但也要考虑到安装的稳定性和不影响车辆行驶的因素。

2）安装角度：激光雷达的安装角度对于目标检测和测量的精度和可靠性至关重要。一般来说，激光雷达的安装角度应尽可能垂直于地面，以确保激光束能够达到较远的距离。具体的安装角度可以根据实际需求和使用场景进行调整。

3）稳定性：激光雷达在安装过程中需要保持稳定，以确保其能够准确地测量目标的位置和距离。安装时要注意使用可靠的固定装置，如螺栓或支架，确保激光雷达不会晃动或摇摆。

4）遮挡物：安装激光雷达时要确保周围没有遮挡物，如车身零件、天线、挡泥板等，以免影响激光雷达的视野和测量能力。同时，还要避免与其他传感器或设备的干扰，如摄像头、雷达等。

5）环境光干扰：激光雷达对环境光的敏感程度较高，因此安装时要避免直接受到强光照射，如阳光、车灯等。可以通过遮挡或调整安装角度来减少环境光的干扰。

（2）多线束激光雷达的安装要求

多线束激光雷达的安装要求包括选择适当的位置和数量、调整安装角度、保持稳定性、避免遮挡物和环境光干扰、精确对齐等。合理的安装，可以确保多线束激光雷达能够提供准确、可靠的目标检测和测量结果。具体的安装要求还应根据具体的多线束激光雷达型号、车辆或设备的特点和使用场景进行调整。多线束激光雷达的安装要求主要包括以下几个方面：

1）安装位置和数量：多线束激光雷达通常由多个线束组成，每个线束包含多个激光发射器和接收器。安装时需要确保每个线束的安装位置合理，并且相互之间没有遮挡物。根据需要，可以选择在车辆前后、左右或顶部等不同位置安装多个线束，以覆盖更广泛的视野。

2）安装角度：多线束激光雷达的安装角度需要根据具体需求和使用场景进行调整。一般来说，每个线束的安装角度应尽可能垂直于地面，以确保激光束能够达到较远的距离并获得准确的测量结果。

3）稳定性：多线束激光雷达的安装需要保持稳定，以确保每个线束的激光束方向和位置保持一致。可以使用可靠的固定装置，如螺栓或支架，来固定每个线束，并确保它们不会晃动或摇摆。

4）遮挡物：安装多线束激光雷达时需要确保周围没有遮挡物，如车身零件、天线、挡泥板等，以免影响激光雷达的视野和测量能力。每个线束之间也要避免相互遮挡，以保证整个视野没有死角。

5）环境光干扰：多线束激光雷达对环境光的敏感程度较高，因此安装时要避免直接受到强光照射，如阳光、车灯等。可以通过遮挡或调整安装角度来减少环境光的干扰。

6）精确对齐：多线束激光雷达的线束之间需要精确对齐，以确保它们的测量结果能够在相同坐标系下进行比较和融合。安装时需要仔细调整每个线束的方向和位置，以确保它们在同一平面上，并且相互之间没有偏差。

（3）LS01D 单线束激光雷达安装

根据自动驾驶感知实训平台的高度，确定单线束激光雷达的安装位置，确保激光雷达能够清晰地探测到周围环境的目标。LS01D 标准配置采用 3.3 V 电平的 UART 串口作为通信接口，此次实训将 UART 串口转换为 USB 接口与主控机连接，按图 5-19 所示，固定安装孔位，连接通信与供电端口。

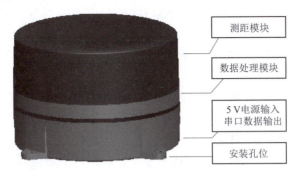

图 5-19　LS01D 激光雷达外部接口示意图

LS01D 激光雷达通信方式如图 5-20 所示。

图 5-20　LS01D 激光雷达通信方式

（4）RS-LiDAR-16 安装

1）激光雷达标定原理。由于激光雷达封装的数据包仅为水平旋转角度和距离参量，为了呈现三维点云图的效果，将极坐标下的角度和距离信息转化为笛卡儿坐标系下的 x、y、z 坐标，如图 5-21 所示，它们的转换关系如下式所示：

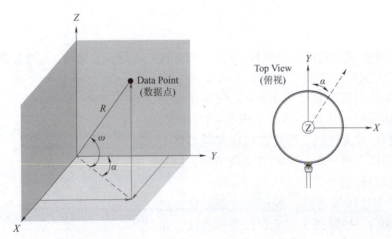

图 5-21　雷达极坐标和 XYZ 坐标映射

$$\begin{cases} x = r\cos(\omega)\sin(\alpha) \\ y = r\cos(\omega)\cos(\alpha) \\ z = r\sin(\omega) \end{cases}$$

式中：r 为实测距离；ω 为激光的垂直角度；α 为激光的水平旋转角度；x，y，z 为极坐标投影到 X，Y，Z 轴上的坐标。

激光雷达与车体为刚性连接，两者间的相对姿态和位移固定不变，为了建立车体和激光雷达之间的相对坐标关系，需要对激光雷达的安装进行简单的标定，并使激光雷达数据从激光雷达坐标统一转换至车体坐标上。

激光雷达标定的目的是求解激光雷达测量坐标系相对于其他测量坐标系的变换关系，以便获取障碍物相对本车的距离、速度、角度等信息。

车体坐标系（X，Y，Z）与激光雷达坐标系（X'，Y'，Z'）的关系如图 5-22 所示。

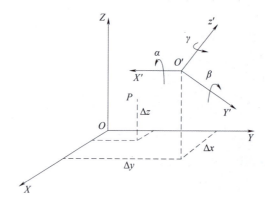

图 5-22 车体坐标系与激光雷达坐标系的关系

选定车体坐标 X 轴为激光雷达扫描角度为零时车体的指向，Z 轴指向车体上方，XYZ 轴构成右手系，激光雷达所有的扫描点在同一个几何平面 S 上，将扫描点 P 投影到坐标面和坐标轴，如图 5-23 所示，从而得到扫描点 P 在车体坐标系中的坐标。

$$c = \begin{bmatrix} x \\ y \\ z \end{bmatrix} = \begin{bmatrix} \rho\cos\theta\cos\alpha_0 \\ \rho\sin\theta \\ h_0 - \rho\cos\theta\sin\alpha_0 \end{bmatrix}$$

式中：ρ 是扫描点到激光雷达的距离；θ 是扫描角度；α_0 是安装俯角；h_0 是安装高度。

2）激光雷达固定。RS-LiDAR-16 安装在自动驾驶小车车顶，安装高度为 1.5 m；安装角度为平行于水平面安装，无倾斜角，如图 5-17 所示，激光雷达安装位置无遮挡。激光雷达在其他车体上的安装根据不同应用要求，可调节安装角度，但是会失去部分探测长度。

3）激光雷达线缆连接。激光雷达固定在自动驾驶小车顶端后，按照图 5-24 进行线缆连接。在配备接口盒子一同使用的时候，设备供电要求电压范围为 DC 9~32 V，推荐使用 DC

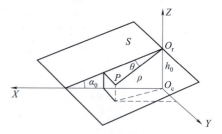

图 5-23 扫描点 P 投影坐标面和坐标轴

12 V。如果不使用接口盒子给连接雷达的端子供电,必须使用经过稳压的 DC 12 V。设备工作状态下功耗约为 9 W(典型值)。RS – LiDAR – 16 从主机下壳体侧面引出缆线(电源/数据线)的另一端使用了标准的 SH1.25 接线端子,接线端子针脚序号如图 5 – 25 所示。用户使用 RS – LiDAR – 16 可将 SH1.25 端子插入 Interface BOX 接口盒(激光雷达适配器)中对应的位置。

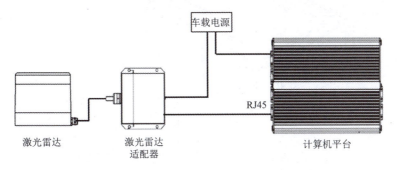

图 5 – 24　RS – LiDAR – 16 连线示意图

序号	电缆颜色	描述	数量
1	蓝色	GPS REC	1
2	绿色	GPS 脉冲	1
3	红色	+12V+	1
4	黄色	12V	1
5	白色	GND(搭铁)	1
6	黑色	GND(搭铁)	1
7	棕色	以太网接收负(RX-)	1
8	棕白色	以太网接收正(RX+)	1
9	橙色橙	以太网发射负(TX-)	1
10	白色	以太网发射正(TX+)	1

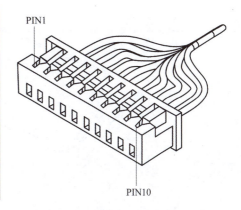

图 5 – 25　接线端子针脚号

Interface BOX 接口连接网线、电源线。网络接口用网线与电脑网口连接,电源接口连接电源,如图 5 – 26 所示。

RS – LiDAR – 16 出厂默认接驳 Interface BOX。RS – LiDAR – 16 附件 Interface BOX 具有电源指示灯及各类接口,可接驳电源输入、网线及 GPS 输入线。其端口包含设备电源输入(DC 5.5 – 2.1 母座)、RS – LiDAR – 16 数据输出(RJ45 网口座)以及 GPS 设备输入(SH1.0 – 6P 母座)。目前有两种外观的 Interface BOX 历史版本,其上各接口都一样,只是盒子外观不一样。Interface BOX 各接口相对应的位置及针脚定义如图 5 – 27 所示。

图 5 – 26　网线、电源线连接

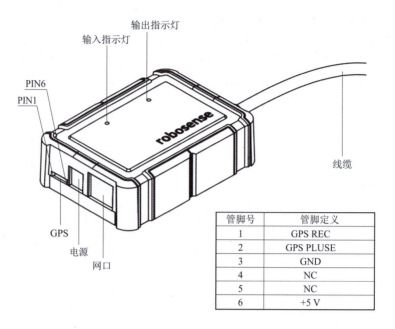

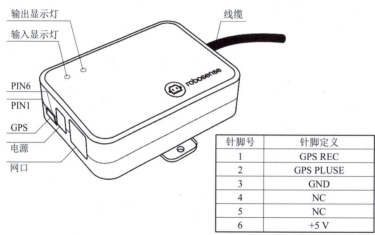

图 5-27　Interface BOX 各接口对应的位置及针脚定义

RS-LiDAR-16 的"地"与外部系统连接时，外部系统供电电源负极（"地"）与 GPS 系统的"地"必须为非隔离共地系统。电源正常输入时，红色电源输入指示灯亮起；电源正常输出时，绿色电源输出指示灯亮起。当输入指示灯点亮，输出指示灯暗灭时，Interface BOX 进入保护状态。如输入指示灯及输出指示灯同时暗或灭时，请检查电源输入是否正常，如电源输入正常，即 Interface BOX 可能已经损坏，请返厂维修。

3. 网络配置

RS-LiDAR-16 与电脑之间的通信采用以太网介质，使用 UDP 协议。RS-LiDAR-16 网络参数可配置，出厂默认采用固定 IP 和端口号模式。出厂默认网络配置表如表 5-1 所示。

表 5-1 出厂默认网络配置表

设备	IP 地址	MSOP 包端口号	DIFOP 包端口号
RS-LiDAR-16	192.168.200	6699	7788
电脑	192.168.102		

设备默认 MAC 地址是在工厂初始设置的,但是设备 MAC 地址可根据需求改动。使用设备的时候,需要把电脑的 IP 设置为与设备同一网段上。例如,192.168.1.x,子网掩码为 255.255.255.0。若不知设备网络配置信息,请将主机子网掩码设置为 0.0.0.0 后连接设备并使用 Wireshark(网络封包分析软件)抓取设备输出包进行分析。RS-LiDAR-16 和电脑之间的通信协议主要分三类,设备协议一览表如表 5-2 所示。主数据流输出协议(MSOP),将激光雷达扫描出来的距离、角度、反射率等信息封装成包输出给电脑;设备信息输出协议(DIFOP),将激光雷达当前状态的各种配置信息输出给电脑;用户配置写入协议(UCWP),用户可以根据自己需求,重新修改激光雷达的某些配置参数。

表 5-2 设备协议一览表

(协议/包)	简写	功能	类别	包大小	发送间隔
主数据输出协议 (Main Data Stream Output Protocol)	MSOP	扫描数据输出	UDP	1 248 byte	约 1.2 ms
设备信息输出协议 (Device Information Output Protocol)	DIFOP	设备信息输出	UDP	1 248 byte	约 100 ms
用户配置写入协议 (User Configuration Write Protocol)	UCWP	配置设备参数输入	UDP	1 248 byte	INF

4. 激光雷达测试

(1) LS01D 激光雷达测试

打开激光雷达实训软件,如图 5-28 所示。

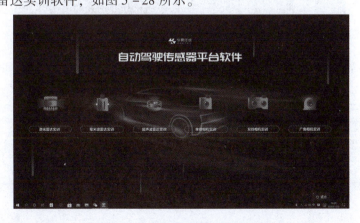

图 5-28 打开激光雷达实训软件

在图 5-29 所示界面上，打开串口；向激光雷达发送探测指令；激光雷达能够接收返回数据即可证明硬件连接无问题，激光雷达可以正常工作。至此，激光雷达安装完成。

图 5-29　数据显示

（2）RS-LiDAR-16 测试

将 RS-LiDAR-16 用网线和电脑连接，接通电源，并随激光雷达附送的点云显示软件能够解析数据包和设备包信息，显示 3D 点云数据，如图 5-30 所示，通过可视化界面，用户可以重置雷达参数。

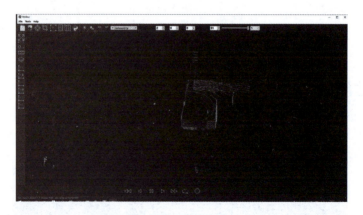

图 5-30　实时采集数据显示

在使用 RS-LiDAR-16 的过程中，我们会遇到一些常见问题，表 5-3 列举了 RS-LiDAR-16 部分常见问题及其解决方法。

表 5-3　RS-LiDAR-16 部分常见问题及其解决方法

问题	解决方法
Interface Box 上面红色指示灯灯不亮或闪烁	检查输入电源连接和极性是否正常； 检查输入电源的电压和电流是否满足要求（12 V 电压输入条件下，输入电流≥2 A）
Interface Box 上面红色指示灯亮，绿色指示灯不亮或闪烁	检查 Interface Box 与设备端的连接线是否松动
设备电机不旋转	检查 Interface Box 上面指示灯是否正常，确认电源输入是否正常； 检查 Interface Box 与设备端的连接线是否松动
设备在启动时不断重启	检查输入电源连接和极性是否正常； 检查输入电源的电压和电流是否满足要求（12 V 电压输入条件下，输入电流≥2 A）
设备内部旋转，但是没有数据	检查网络连接是否正常； 确认电脑端网络配置是否正确； 使用另外的软件（例如 Wireshark）检查数据是否被接收； 关闭防火墙和其他可能阻止网络的安全软件； 检查电源供电正常

任务实施工单：请完成任务工单激光雷达的装调的相关工作任务。

任务 2　激光雷达的测试

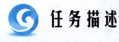

任务描述

激光雷达在无人驾驶汽车中起什么作用，是如何工作的？激光雷达有哪些技术参数，激光雷达如何进行标定？

 知识准备

1. 激光雷达的工作原理

激光雷达是一种通过发送激光束并测量返回的激光信号来实现环境感知和测距的技术。其工作原理如下：

激光发射：激光雷达通过激光器发射一束激光束。激光器通常使用激光二极管或固态激光器等光源。

激光反射：当激光束遇到物体时，一部分激光会被反射回来或散射。这些返回的激光信号可以是直接反射回来的激光束，也可以是散射到其他方向后再回到激光雷达的激光信号。

接收激光信号：激光雷达使用接收器来接收返回的激光信号。接收器通常使用光电二极管或光电探测器等元件来转换激光信号为电信号。

时间测量：激光雷达通过测量从激光发射到激光返回的时间（往返时间）来计算物体与激光雷达之间的距离。这种距离计算方法通常称为"时间差测量法"。

角度测量：激光雷达还可以通过控制激光束的发射和接收方向来测量物体的角度信息。这样可以获得物体在水平和垂直方向上的位置。

数据处理：激光雷达会将测得的距离和角度信息转换为点云数据。点云数据可以描述物体的位置、形状和表面特性。

激光雷达的工作原理可以实现高精度的三维环境感知和测距。它在自动驾驶、机器人导航、地图制作、遥感等领域得到广泛应用。激光雷达的性能受到激光功率、波长、角度分辨率、测量范围和数据处理算法等因素的影响。

（1）激光雷达测距原理

激光雷达的测距原理是通过测算激光发射信号与激光回波信号的往返时间，从而计算出目标的距离。首先，激光雷达发出激光束，激光束碰到障碍物后被反射回来，被激光接收系统进行接收和处理，从而得知激光从发射至被反射回来并接收之间的时间，即激光的飞行时间，根据飞行时间，可以计算出障碍物的距离，如图 5-31 所示。

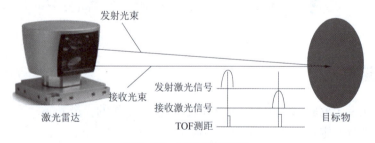

图 5-31 TOF 测距原理

根据所发射激光信号的不同形式，激光测距方法有脉冲测距法、干涉测距法和相位测距法等。

1)脉冲测距法。用脉冲法测量距离时,首先激光器发出一个光脉冲,同时设定的计数器开始计数,当接收系统接收到经过障碍物反射回来的光脉冲时停止计数,计数器所记录的时间就是光脉冲从发射到接收所用的时间。光速是一个固定值,所以只要得到发射到接收所用的时间就可以算出所要测量的距离。脉冲法激光的测距原理如图 5 – 32 所示。

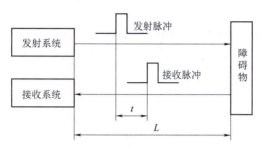

图 5 – 32　脉冲法激光的测距原理

设 c 为光在空气中传播的速度,$c = 3 \times 10^8$ m/s,光脉冲从发射到接收的时间为 t,则待测距离为 $L = ct/2$。时间间隔 t 的确定是测距的关键,实际的脉冲激光雷达利用时钟晶体振荡器和脉冲计数器来确定时间 t。时钟晶体振荡器用于产生固定频率的电脉冲振荡 $T = 1/f$,脉冲计数器的作用就是对晶体振荡器产生的脉冲计数 N,如图 5 – 33 所示。

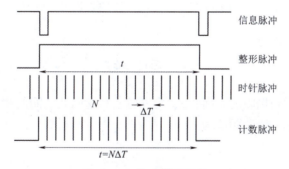

图 5 – 33　脉冲测距原理

脉冲式激光测距所测得距离比较远,发射功率较高,一般从几瓦到几十瓦不等,最大射程可达几十千米。脉冲激光测距的关键之一是对激光飞行时间的精确测量。激光脉冲测量的精度和分辨率与发射信号带宽或处理后的脉冲宽度有关,脉冲越窄,性能越好。

2)干涉测距法。干涉测距法的基本原理是利用光波的干涉特性而实现距离测量的方法。根据干涉原理,产生干涉现象的条件是两列有相同频率、相同振动方向的光相互叠加,并且这两列光的相位差固定。干涉法激光的测距原理如图 5 – 34 所示,通过激光器发射出一束激光,通过分光镜分为两束相干光

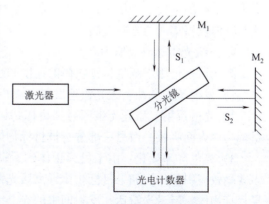

图 5 – 34　干涉法激光的测距原理

波,两束光波各自经过反射镜 M_1 和 M_2 反射回来,在分光镜处又汇合到一起。由于两束光波的路程差不同,通过干涉后形成的明暗条纹也不同,因此传感器将干涉条纹转换为电信号之后就可以实现测距。干涉法测距技术虽然已经成熟,并且测量精度较高,但是一般用在测量距离的变化中,不能直接测量距离,所以干涉测距一般应用于干涉仪、测振仪、陀螺仪中。

3) 相位测距法。相位法激光的测距原理是利用发射波和返回波之间形成的相位差来测量距离的。首先经过调制的频率通过发射系统发出一个正弦波的光束,然后通过接收系统接收经过障碍物之后反射回来的激光。只要求出这两束光波之间的相位差,便可通过此相位差计算出待测距离。相位法激光的测距原理如图 5-35 所示。

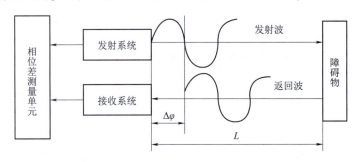

图 5-35 相位法激光的测距原理

激光从发射到接收的时间为:

$$t = \frac{\Delta\varphi}{\omega} = \frac{\Delta\varphi}{2\pi f}$$

式中:t 为激光从发射到接收的时间;$\Delta\varphi$ 为发射波和返回波之间的相位差;ω 为正弦波角频率;f 为正弦波频率。待测距离为:

$$L = \frac{1}{2}ct = \frac{c\Delta\varphi}{4\pi f}$$

相位测距法因其精度高、体积小、结构简单、昼夜可用的优点,被公认为是最有发展潜力的距离测量技术。相比其他类型的测距方法,相位测距法朝着小型化、高稳定性、方便与其他仪器集成的方向发展。

(2) 激光雷达测速原理

激光雷达可用于测量目标物体的速度和运动。激光雷达测速的原理如下:

1) 发射激光脉冲:激光雷达发射一束短脉冲的激光光束,该光束照射到目标物体上。

2) 光的反射:激光光束照射到目标物体表面后,会被目标物体反射。一部分光会被目标物体表面吸收,而另一部分会被目标物体表面反射回激光雷达。

3) 光的频率变化:由于目标物体的运动,反射回来的光的频率会发生变化,这是由多普勒效应引起的。如果目标物体远离激光雷达,反射回来的光会被拉长,频率降低;如果目标物体靠近激光雷达,反射回来的光会变短,频率升高。

4) 接收和分析:激光雷达接收到反射回来的光,并通过光电探测器将其转换为电信号。然后,通过分析这些电信号的频率变化,可以计算出目标物体的速度。

激光雷达在测速时会受到目标物体表面的反射率、角度、形状和运动方向等因素的影响。

因此，在实际应用中需要对这些因素进行适当的校准和补偿，以提高测量精度和准确性。

激光雷达测速的方法主要有两大类，一类测速是基于激光雷达测距原理实现的，如图5-36所示。即以一定时间间隔连续测量目标距离，用两次目标距离的差值除以时间间隔就可以得到目标的速度值，速度的方向根据距离差值的正负就可以确定。这种方法系统结构简单，测量精度有限，只能用于发射激光较强的硬目标。

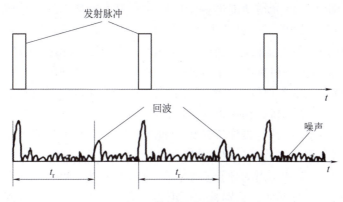

图5-36 激光雷达测距原理

另一类测速方法是利用多普勒频移，如图5-37所示。多普勒频移是指当目标与激光雷达之间存在相对速度时，接收回波信号的频率与发射信号的频率之间会产生一个频率差，这个频率差就是多普勒频移。当目标向着激光雷达运动时速度增加，回波信号频率提高，也就是激光雷达与被测目标的距离减小；反之速度减小，回波信号的频率降低，激光雷达与被测目标距离增大。所以只要能够测量多普勒频移，就可以确定目标与激光雷达的相对速度。对于车载激光雷达，就可以根据自身车速推算出被测目标的速度。基于多普勒效应，激光雷达可以测量目标物体沿光线方向的速度，并且可以识别目标物体是在远离激光雷达还是靠近激光雷达。这种测速方法常用于交通监控、运动测量、无人驾驶和航空航天等领域。

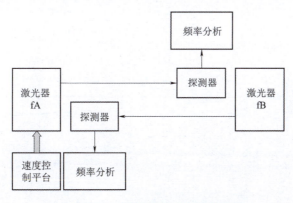

图5-37 多普勒频移测速示意图

2. 激光雷达的技术指标

激光雷达技术指标主要有最大探测距离、测距精度、距离分辨率、测量帧频、数据采样率、视场角、角度分辨率、波长等。

1）最大探测距离：激光雷达能够探测的最大距离，通常以米为单位。不同型号的激光雷达具有不同的探测距离，一般可达几十米到几千米。最大探测距离通常需要标注基于某一个反射率下的测得值，如白色反射体大概70%反射率，黑色物体7%~20%反射率。

2）测距精度：对同一目标进行重复测量得到的距离值之间的误差范围。激光雷达测量距离的精度，通常以米为单位。测距精度越高，激光雷达能够提供越准确的距离信息。

3）距离分辨率：两个目标物体可区分的最小距离。

4）测量帧频：测量帧频与摄像头的帧频概念相同，激光雷达成像刷新帧频会影响激光雷达的响应速度，刷新率越高，响应速度越快。

5）数据采样率：每秒输出的数据点数，等于帧率乘以单幅图像的点云数目。通常数据采样率会影响成像的分辨率，特别是在远距离，点云越密集，目标呈现就越精细。

6）角度分辨率：扫描的角度分辨率，等于视场角除以该方向所采集的点云数目。因此本参数与数据采样率直接相关。角度分辨率分为水平分辨率和垂直分辨率。水平分辨率：激光雷达的水平方向上的角度分辨率，即每个测量点之间的角度间隔。水平分辨率越小，激光雷达能够提供越详细的环境信息。垂直分辨率：激光雷达的垂直方向上的角度分辨率，即每个测量点之间的角度间隔。垂直分辨率越小，激光雷达能够提供越详细的环境信息。

7）视场角：激光雷达能够覆盖的水平和垂直角度范围。视场角又分为垂直视场角和水平视场角，是激光雷达的成像范围。视场角越大，激光雷达能够覆盖的区域就越广。RS-LiDAR-16在垂直方向的角度范围是-15°~15°，角度间隔为2°均匀分布。将16个激光器定义为16路通道，与真实的垂直角度对应关系如图5-38所示。

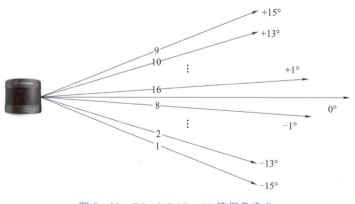

图5-38　RS-LiDAR-16俯仰角定义

8）波长：激光雷达所采用的激光波长。波长会影响雷达的环境适应性和对人眼的安全性。

深圳市镭神智能系统有限公司生产的机械式激光雷达 C16、C32 型主要参数如表 5 – 4 所示。

表 5 – 4　镭神激光雷达参数

参数		参数值	
型号		C16 – ×××A 型	C32 – ×××A 型
测距方式		脉冲式	脉冲式
激光波段		905 nm	905 nm
激光等级		1 级（人眼安全）	1 级（人眼安全）
激光通道		16 路	32 路
信号传输方式		无线功率与信号传输	无线功率与信号传输
最大测程		150 m（反射率为 70%）	200 m 反射率为 30%
最小测程		0.5 m	0.5 m
测距精度		±3 cm	±3 cm
数据获取速度		最高 32 万点/s	最高 64 万点/s
视场角	垂直	±15°	–16.5°~9.5°
	水平	360°	360°
角度分辨率	垂直	2°	1°
	水平	5 Hz：0.09°；10 Hz：0.18°；20 Hz：0.36°	5 Hz：0.09°；10 Hz：0.18°；20 Hz：0.36°
通信接口		以太网对外通信	以太网对外通信
供电范围		9~48 V DC	9~48 V DC
尺寸		ϕ120 mm×110 mm	ϕ120 mm×110 mm
重量		约 1 500 g	约 1 600 g

RS – Ruby Plus 全新旗舰级 128 线激光雷达是由全球领先的智能激光雷达系统科技企业 RoboSense（速腾聚创）面向 L4 + 自动驾驶打造，RS – Ruby Plus 128 线激光雷达能同时发射和接收 128 束激光束，实现更高密度的环境感知。RS – Ruby Plus 128 线激光雷达采用全新的机械式激光雷达架构与技术平台，与上一代 RS – Ruby 相比，体积降低 52%，重量降低 50%，功耗下降 33%，且性能获得提升。RS – Ruby Plus 128 线激光雷达的测距能力突破到 240 m@10% 反射率，超出同类产品 20%，结合最高 0.1°角分辨率，在垂直方向和水平方向提供更密集的点云信息，实现 200 m 外的行人和车辆检测，大幅增加高速驾驶的响应时间。与此同时，RS – Ruby Plus 128 线激光雷达的更强的地面检测能力和的反射率表现相互加成，获得远 85 m 超长车道线检测能力，具有更广的水平视场和更高的垂直分辨率，能够覆盖更广泛的环境，并更准确地识别和测量目标，包括车辆、行人、障碍物等。RS – Ruby Plus 128 线激光雷达的主要参数如表 5 – 5 所示。

表 5-5 RS-Ruby Plus 128 线激光雷达的主要参数

参数	参数值	参数	参数值
线数	128	激光波长	905 nm
激光安全等级	1 级（人眼安全）	盲区	≤0.4 m
测距能力	250 m（240 m@10%反射率）	精度（典型值）	2 cm
水平视场角	360°	垂直视场角	40°（-25°~+15°）
水平角分辨率	[均衡模式] 0.2°/0.4° [高性能模式] 0.1°/0.2°	垂直角分辨率	0.1°
帧率	10 Hz/20 Hz	转速	600/1 200（r/min）(10/20 Hz)
UDP 数据包内容	三维空间坐标、反射强度、时间戳等	输出数据协议	UDP packets over Ethernet
出点数（单回波）	[均衡模式] 约 2 304 000 pts/s [高性能模式] 4 608 000 pts/s	出点数（双回波）	[均衡模式] 约 4 608 000 pts/s [高性能模式] 约 9 216 000 pts/s
产品功率	[均衡模式] 27 W [高性能模式] 30 W	车载以太网输出	1000Base-T1
工作电压	9~32 V	工作温度	-40~+60 ℃
防护等级	IP67、IP6K9K	储存温度	-40~+85 ℃
尺寸	φ125 mm×H128 mm	时间同步	$GPRMC with 1pps, PTP&gPTP
重量（不包含数据线）	1 850±50 g		

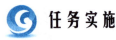

任务实施

1. 激光雷达参数识读

LS01D 激光雷达是深圳市镭神智能公司生产的单线束激光雷达，采用 5 V 供电，系统工作电流典型值为 300 mA。该激光雷达可以实现 8 m 范围内 360°二维平面扫描，产生空间的平面点云地图信息用于地图测绘、自主定位导航、智能设备避障等方面。LS01D 激光雷达采样率可扫描，频率可调整。默认每秒采样 3 600 点，扫描频率 10 Hz，角度分辨率为 1°。扫描频率最高可设置为 11 Hz，每秒采样点数最高达 4 000。LS01D 激光雷达的参数如表 5-6 所示。

表 5-6　LS01D 激光雷达的参数

参数	参数值
测量角度	360°
测量距离	8 m
角度分辨率	1°
测量频率	3 600 Hz，最高可到 4 000 Hz
测量精度	测量物体在 1 m 以内时小于 10 mm，在 1 m 以外时小于实际距离的 1%
扫描频率	默认 10 Hz（3~11 Hz 可调）
抗环境光强度	20 000 lx
电源	5 V
通信接口	URAT（可用 USB、蓝牙等接口）
重量	197 g
外形尺寸	ϕ80 mm × H54.66 mm

RS-LiDAR-16 是深圳速腾聚创科技有限公司已经量产的 16 线激光雷达，采用混合固态激光雷达方式，集合了 16 线激光头，测量距离 150 m 以上，测量精度 2 cm 以内，出点数高达 320 000 点/s，水平测角 360°，垂直测角 30°，垂直角分辨率 2°，5 Hz、10 Hz、20 Hz 产品的水平角分辨率分别是 0.09°、0.18°和 0.38°。内置 16 组激光元器件通过 360°旋转，进行实时 3D 成像，提供精确的三维空间点云数据及物体反射率，让机器获得可靠的环境信息，为定位、导航、避障等提供有力的保障，主要用于自动驾驶汽车环境感知、机器人环境感知、无人机测绘等领域。RS-LiDAR-16 的参数如表 5-7 所示。

表 5-7　RS-LiDAR-16 的参数

参数	参数值
线数	16
激光波长	905 nm
激光安全等级	1 级（人眼安全）
探测距离	0.2~150 m（目标反射率 20%）
距离精度	±2 cm
水平视场角	360°
垂直视场角	-15°~+15°
水平角分辨率	0.1°/0.2°/0.4°（5 Hz/10 Hz/20 Hz）

续表

参数	参数值
垂直角分辨率	2.0°
帧率	5 Hz/10 Hz/20 Hz
转速	300 rpm/600 rpm/1 200 rpm(5 Hz/10 Hz/20 Hz)
出点数	32 万点/s(单回波),64 万点/s(双回波)
UDP 数据包内容	三维空间坐标、反射强度、时间戳等
以太网输出	100 Mbps
输出数据协议	UDP packets over Ethernet
工作电压	9 – 32 V DC
工作温度	–30 ~ +60 ℃
产品功率	9 W
储存温度	–40 ~ +85 ℃
防护等级	IP67
尺寸	ϕ109 mm × H80.7 mm
重量	约 0.87 kg(不包含数据线)

2. 激光雷达工作原理探究

(1) LS01D 激光雷达测距

LS01D 激光雷达采用了激光三角测距原理,如图 5 – 39 所示,利用镭神智能团队开发的高频图像采集处理系统,默认工作的测量频率为每秒 3 600 点,用户定制最高可达

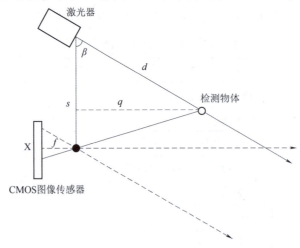

图 5 – 39　LS01D 激光雷达三角测距原理

4 000 点/s。每次测距过程中，LS01D 的脉冲调制激光器发射红外激光信号，该激光信号照射到目标物体后产生反射光斑，该反射光斑经过一组光学透镜由 LS01D 的图像采集处理系统接收。经过 LS01D 的内嵌信号处理模块实时解算，目标物体与 LS01D 雷达的距离值以及相对方位角度值将从通信接口中输出。在机械旋转模块的带动下，LS01D 的高频核心测距模块将顺时针旋转，从而实现对周围环境 360°扫描测距。

（2）RS – LiDAR – 16 测距

RS – LiDAR – 16 采用 TOF 法测距。TOF 脉冲测距法（Time of Flight Pulsed Ranging）是一种常见的激光雷达测距方法，也是 TOF 测量原理的一种具体实现方式，如图 5 – 40 所示。它通过发送短脉冲的激光束，测量激光从发射到返回的时间差来计算物体与激光雷达之间的距离。TOF 脉冲测距法的工作原理如下：激光器发射一个短脉冲的激光束；激光束照射到目标物体上，并被物体反射回来；接收器接收到返回的激光信号；接收器记录下激光从发射到返回的时间差，即往返时间；根据光速和时间差，可以计算出物体与激光雷达之间的距离。

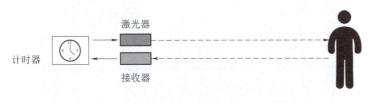

图 5 – 40　TOF 测距原理

3. 激光雷达数据读取解析

（1）LS01D 单线束激光雷达数据读取解析

1）激光雷达数据读取。本实训以单步的形式展现了与激光雷达通信的详细过程和指令格式，以及数据解析的方法等。如图 5 – 41 所示，从上至下的操作步骤依次为：

图 5 – 41　激光雷达单步数据显示

步骤1：打开串口；
步骤2：向激光雷达发送探测指令；
步骤3：从激光雷达接收返回数据；
步骤4：关闭串口。

在实训中，步骤2与步骤3可以多次进行，每次所接收的都是发送指令时雷达所探测的360°范围内的物体距离。在画面的右侧有发送的指令格式及接收数据的格式说明，如图5-42所示。

图5-42 数据格式

图5-42是在与激光雷达通信时，各个步骤所发送和接收的数据格式解析。实训中，也可以用显示计算值的方式显示数据，这样将原始数值转换为计算值显示，更加直观，如图5-43所示。

图5-43 数据显示

2）激光雷达数据图形化显示。本实训展现了激光雷达设备在应用软件开发中的一般展现形式和处理方法。软件的核心是将每一路超声波探测距离的单步执行放到一个线程中进行持续不间断的运行,并采用双缓冲的图形化处理手段,实现数据的可视化表达,如图 5-44 所示。

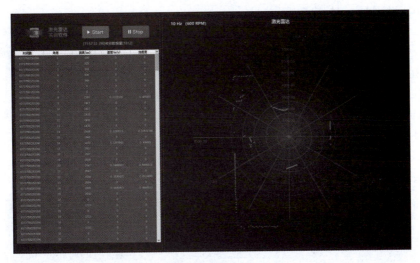

图 5-44 数据可视化表达

在图 5-44 软件界面中单击"Start"按钮开始运行,软件以图形化的方式展现了车辆周围 360°的物体探测距离。当物体距离小于一定阈值时,表示障碍物的圆点以红色展示;当距离大于一定阈值时,则以绿色表示;以此形式表示障碍物与车辆之间距离的安全性。

3) 激光雷达数据与控制决策。本实训中将雷达所探测的 360°范围内物体的距离与车辆的行驶决策进行了融合,在车辆与障碍物间的距离不同时,采用不同的行驶速度,保障行车安全。

如图 5-45 所示,软件部分通过对数据的分析处理,可计算出所探测的物体数量,当前正在移动的物体数量及最近的距离值。可以通过人为干预激光雷达的探测距离,使得系

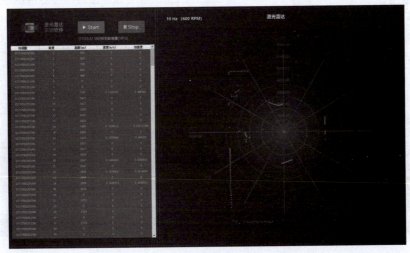

图 5-45 激光雷达数据与决策控制

统对车辆速度进行不同的控制。当然实际中车辆行驶的安全性评估是一个比较复杂的数学过程，本系统仅考虑了雷达测量距离这一个变量作为决策的依据，只供示范。

（2）RS-LiDAR-16 数据解析

RS-LiDAR-16 连接设备后，解析数据包获得旋转角、测距信息、以及校准反射率；依据激光雷达的旋转角、测距信息以及垂直角度计算 XYZ 坐标值；根据需求存储数据，可读取设备当前状态配置信息；根据需求重新配置以太网、时间、转速信息。具体操作步骤如下：

1）双击图 5-46 所示图标，打开实训平台主机上的"自动驾驶传感器平台软件"。

图 5-46　启动软件

2）双击"激光雷达实训"，如图 5-47 所示。

图 5-47　打开激光雷达实训

3）选择 RS-LiDAR-16 后单击"OK"按钮，如图 5-48 所示。

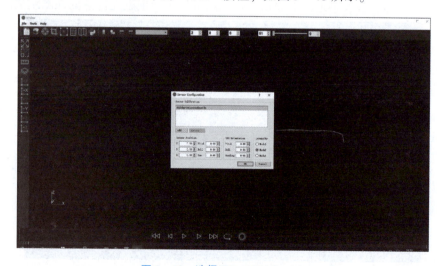

图 5-48　选择 RS-LiDAR-16

我们可以看到激光雷达扫描图,如图 5-49 所示。扫描图以点云的方式清晰地呈现车体周围物体的三维图像。

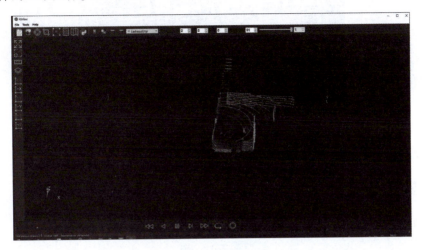

图 5-49　RS-LiDAR-16 激光雷达扫描后获得的数据包

RS-LiDAR-16 扫描后获得的数据包如图 5-50 所示,激光雷达数据包输出点云的角度值、距离值、强度值、时间戳等测量数据。数据包的数据采用小端模式,数据包包括 42 Byte 以太网包头和 1 206 Byte 的有效载荷,长度 1 248 Byte。水平角度值 Azimuth 表示数据块 2 组 16 次激光发射第一次发射测距时的角度值,回波强度表示被测物体的能量反射特性,强度值代表 0~255 个不同反射物的强度等级。

图 5-50　数据包与点云数据显示

自动驾驶小车上的 RS-LiDAR-16 扫描的真实场景如图 5-51 所示,与激光雷达扫描图对比,可以清晰地识别车身周边的物体。

图 5-51 扫描的真实场景

任务实施工单：请完成任务工单激光雷达的测试的相关工作任务。

回　顾

车载激光雷达是一种安装在车辆上的激光雷达系统，用于感知和测量周围环境。它利用激光束扫描环境，通过测量激光束反射回来的时间和强度来获取环境信息。车载激光雷达具有高精度、大范围感知、多模态感知和实时性等特点。

车载激光雷达的主要组件包括激光发射器、接收器、扫描机构、控制单元和数据处理输出等。激光发射器发出短脉冲的激光束，接收器接收反射回来的光，并测量时间和强度。通过控制扫描机构的旋转，可以实现对周围环境的全方位扫描，获取三维点云数据。控制单元负责系统操作和数据处理，将数据输出给车辆系统进行决策和控制。

车载激光雷达的应用广泛，主要用于自动驾驶、智能交通和车辆安全等领域。它可以实现障碍物检测、目标跟踪、地图构建、定位导航等功能。由于其高精度和全方位感知的能力，车载激光雷达已成为自动驾驶汽车和智能交通系统中不可或缺的传感器之一，为实现安全、高效的交通系统发挥重要作用。然而，车载激光雷达也面临着受环境影响、成本较高等挑战，对于其进一步发展和应用还需要不断的技术突破和改进。

1. 选择题

(1) 激光雷达的特点有（　　）。
A. 分辨率高　　　B. 探测范围广　　　C. 信息量丰富　　　D. 全天候工作
(2) 下列哪个选项不是激光雷达测量的目标信息？（　　）
A. 距离　　　B. 速度　　　C. 位置　　　D. 方位角
(3) 智能汽车中下面哪几项功能应用了激光雷达技术？（　　）
A. 自动刹车辅助系统　　　　　　B. 前车防碰撞系统
C. 环视成像系统　　　　　　　　D. 行人检测系统

(4) 按激光发射波分类，不包括（   ）。
A. 调制波激光雷达 B. 脉冲激光雷达
C. 连续波激光雷达 D. 混合型激光雷达
(5) 激光雷达每旋转一周收集到的所有反射点坐标的集合就形成了（   ）。
A. 二维坐标   B. 点云   C. 三维坐标   D. 三维图像
(6) 激光雷达可以识别（   ）。
A. 车辆   B. 行人   C. 红绿灯   D. 交通标志
(7) 激光雷达按照有无机械旋转部件分为（   ）。
A. 机械激光雷达 B. 固态激光雷达
C. 混合固态激光雷达 D. 多线束激光雷达
(8) 通过激光雷达进行目标检测，可以获得目标的（   ）。
A. 距离   B. 方位角   C. 高度   D. 速度

2. 判断题

(1) 混合固态激光雷达无机械旋转部分。（   ）
(2) 激光雷达的成像范围与视场角无关。（   ）
(3) 激光雷达检测目标属于主动探测，不依赖于外界光照条件。（   ）

3. 简述题

(1) 简述激光雷达的工作原理。
(2) 简述激光雷达测量距离、速度和方位角的原理。
(3) 试列举激光雷达在智能驾驶汽车上的应用。
(4) 根据图 5-52 激光雷达极坐标与 XYZ 坐标映射图，计算出 Data Point 的 xyz 值。

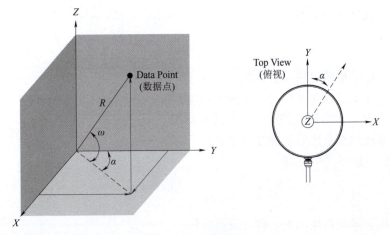

图 5-52　坐标映射图

项目六

定位与惯性导航传感器装调与测试

任务目标：

1. 掌握全球定位系统、北斗卫星导航系统的概念、组成、原理、特点；
2. 了解车载导航系统的应用。

知识目标：

1. 了解全球常见的卫星导航系统；
2. 掌握北斗卫星导航系统的组成及定位与原理；
3. 掌握 GPS 卫星导航系统的组成及定位原理；
4. 认知惯性导航系统的组成及分类；
5. 了解各导航系统的差异。

能力目标：

1. 掌握组合导航系统优点、硬件安装方法；
2. 掌握组合导航系统 GPS 定位、RTK 定位设置方法；
3. 能够独立完成组合导航安装并牢记注意事项；
4. 掌握通过计算机软件获取组合导航系统的高精度定位信息、姿态信息的方法。

素质目标：

1. 培养独立思考、处理和分析问题的能力；

2. 树立持之以恒、精益求精的工作精神；
3. 具有灵活思维、协同创新的精神。

情景导入：

未来无人驾驶汽车将是一个移动的办公场所。无人驾驶汽车在行驶时首先要知道自己在哪里，这就需要进行导航定位。

任务1　定位与惯性导航传感器装调与测试

 任务描述

无人驾驶车辆的组合导航系统部件损坏，需要进行检测更换，作为一名技术员，如何完成组合导航的装调？

 知识准备

1. 组合导航系统概述

组合导航是一种通过结合多种导航传感器和数据源来提高导航精度和可靠性的技术。它的历史发展可以追溯到20世纪初，当时人们使用地面标记、指南针和地图等传统方法进行导航。然而，这些方法在精度和可靠性方面存在局限性。

随后，在第二次世界大战期间，惯性导航系统（INS）得到了广泛应用。INS利用陀螺仪和加速度计等传感器来测量飞行器的加速度和角速度，并通过积分计算飞行器的位置和速度，大大提高了飞行器的导航精度和可靠性。

然而，真正的里程碑是在20世纪70年代末至80年代初，美国发展出了全球定位系统（GPS）。GPS利用卫星发射的信号来确定接收器的位置，并提供高精度的定位信息。GPS的引入使组合导航系统的导航精度得到了显著提高。

随着科技的进步，组合导航系统开始引入多种传感器，并将它们的数据进行融合，以进一步提高导航精度和可靠性。除了INS和GPS，还包括地图数据、车速传感器、气压计、罗盘等传感器。这种多传感器融合的方法成为组合导航的重要发展方向。

近年来，随着自动驾驶技术的兴起，组合导航系统在自动驾驶汽车中得到了广泛应用。自动驾驶汽车依赖组合导航系统来实时定位和导航，以确保安全和准确地行驶。

组合导航系统的历史发展经历了从传统导航方法到电子设备的转变，再到卫星技术的引入以及其他传感器的融合。它在航空、海洋、汽车等领域的导航和定位中发挥着重要作用，并不断推动着导航技术的发展和创新。

组合导航是一种利用多种不同类型的传感器和技术,结合各自的优势和特点,以获得更准确和可靠的导航信息的方法。它通过同时使用惯性测量单元(IMU)、全球卫星导航系统(GNSS)和其他辅助传感器,如地图数据、视觉传感器等,来实现精确的导航和定位。

组合导航的原理是将各种传感器的测量结果进行融合和组合,以消除各个传感器的误差和不确定性,从而提供更准确和可靠的导航信息。例如,IMU 可以测量车辆的加速度和角速度,以推断车辆的位置和姿态变化;GNSS 可以通过接收卫星信号来确定车辆的大致位置;而地图数据和视觉传感器可以提供更详细和精确的地理信息和环境感知。

组合导航的关键是利用滤波和融合算法来处理多传感器的数据,并进行误差校正和状态估计。通过不断地更新和优化车辆的位置、速度和姿态等状态信息,组合导航可以在各种复杂和动态的环境中实现高精度的导航和定位。

组合导航利用多种传感器和技术的优势,通过数据融合和算法处理,提供更准确和可靠的导航信息,为无人驾驶车辆、航空航天和海洋导航等领域提供重要支持和应用。

2. 全球卫星导航系统

全球卫星导航系统是一种利用卫星进行全球导航定位的技术系统,可以提供全球范围内的导航、定位和时间同步服务。全球主要的卫星导航系统包括 BDS、GLONASS、GPS 和 GALILEO,如图 6-1 所示。

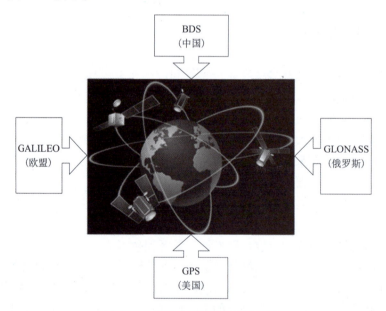

图 6-1 全球主要的卫星导航系统

1) BDS:由中国自主研发的卫星导航系统,已经完成全球组网,具备全球覆盖能力,如图 6-2 所示。

2) GLONASS:由俄罗斯开发和维护的卫星导航系统,旨在提供全球范围的导航、定位和时间服务,如图 6-3 所示。

3) GPS：由美国空军开发和维护的卫星导航系统，是目前全球最主要、最广泛应用的卫星导航系统，如图6-4所示。

4) GALILEO：由欧洲空间局（ESA）和欧洲联盟共同开发和维护的卫星导航系统，旨在为欧洲提供独立的全球导航服务，如图6-5所示。

图6-2 BDS

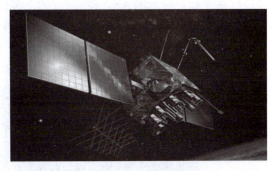

图6-3 GLONASS

图6-4 GPS

图6-5 GALILEO

这些系统通过在地球轨道上部署一系列卫星，以及地面的接收器设备，实现导航定位功能。卫星发射信号包含了卫星的精确位置和时间信息，接收器接收到多颗卫星的信号后，通过解算这些信号的时间差和卫星的位置数据，可以计算出接收器的位置。

全球卫星导航系统的应用十分广泛。在民航领域，飞机可以利用卫星导航系统确定自身的位置和航向，实现精确的导航。在智能手机和车载导航中，也可以使用卫星导航系统来提供实时的定位和导航服务。此外，卫星导航系统还在军事、交通、航海、测绘、农业等领域有重要的应用。

全球卫星导航系统的发展不断推动着导航定位技术的进步。随着新的卫星系统的建设和卫星定位技术的不断创新，全球卫星导航系统将继续为人们提供更准确、可靠的导航和定位服务。

3. 北斗卫星导航系统的认知

（1）北斗卫星导航系统发展历程

北斗卫星导航系统是中国自主研发的全球卫星导航系统，旨在提供全球覆盖、高精度、高可靠的定位、导航和时间服务。自1994年启动以来，北斗卫星导航系统经历了多次卫星发射和系统升级，已经成为世界上四大卫星导航系统之一。北斗卫星导航系统的发展经历了以下几个阶段：

第一阶段是研发和试验阶段，建设北斗一号系统，又叫北斗卫星导航试验系统，实现卫星导航从无到有（如图6-6所示）。自1994年启动北斗计划以来，中国国家航天局开始了北斗卫星导航系统的研究和开发工作。2000年，首颗北斗一号试验星成功发射，标志着北斗卫星导航系统的初步建设开始。随后于2003年，北斗二号试验星发射成功，系统性能得到进一步提升。

图6-6 北斗一号系统

第二阶段是区域服务阶段，建设北斗二号系统，从有源定位到无源定位，区域导航服务亚太。2007年，北斗二号系统的首颗正式导航卫星发射，开始提供区域服务，为中国及周边地区的用户提供导航和定位服务。这一阶段的发展使北斗卫星导航系统得到了初步的验证和应用，如图6-7所示。

图6-7 北斗二号系统

第三阶段是全球服务阶段，建设北斗三号系统，实现全球组网。随着2012年北斗三号试验星的发射成功，北斗卫星导航系统的性能进一步提高。2015年，首颗北斗三号组网卫星发射成功，开始提供全球服务。随着系统的完善，北斗卫星导航系统开始为全球用户提供精确的导航、定位和短报文通信服务，如图6-8所示。

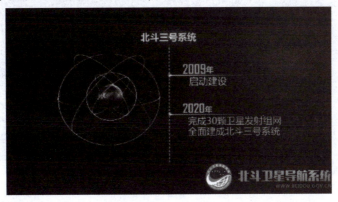

图6-8 北斗三号系统

第四阶段是常态化运行阶段。到了2020年，北斗三号卫星组网完成，系统开始进入常态化运行阶段，北斗卫星导航系统具备全球服务能力，有35颗北斗卫星在轨运行。在这一阶段，北斗卫星导航系统将持续提供高精度、高可靠的导航和定位服务，满足用户不断增长的需求，如图6-9所示。

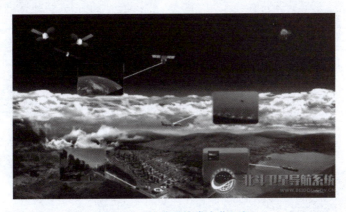

图6-9 北斗系统常态化运行

北斗卫星导航系统经过多年的研发和升级，系统性能不断提升，服务范围逐步扩大，为用户提供全球范围的导航和定位服务。

（2）北斗卫星导航系统的组成

北斗卫星导航系统由一系列卫星、地面控制系统和用户终端组成，如图6-10所示。

北斗卫星导航系统提供定位、导航、授时和短报文等功能，具有全球覆盖能力，如图6-11所示。

北斗卫星导航系统广泛应用于交通、航空、海洋、农业、测绘、资源勘探、通信和公共安全等领域。在民航领域，北斗卫星导航系统可以提供高精度的导航服务，提升飞行安全性。在农业领域，北斗卫星导航系统可以用于精准播种、施肥和农田管理，提高农业生产效率。

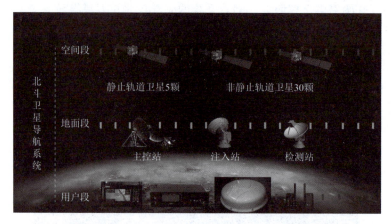

图6-10 北斗卫星导航系统

图6-11 北斗卫星导航系统定位图

1)北斗卫星导航系统由以下几个主要组成部分构成：

①北斗导航卫星：北斗卫星导航系统的核心组成部分是一系列的导航卫星。这些卫星以不同的轨道方式运行，包括地球同步轨道（GEO）、倾斜地球同步轨道（IGSO）和中地球轨道（MEO）。它们向地面用户发送导航信号，提供全球定位、导航和时间服务，如图6-12所示。

②地面控制系统：地面控制系统是北斗卫星导航系统的核心，负责卫星的控制、导航信号的传输和卫星轨道的管理。地面控制系统由多个控制中心、测控站和数据处理中心组成，如图6-13所示。

③用户终端：用户终端是北斗卫星导航系统的接收设备，用于接收卫星信号，并通过算法进行定位和导航。用户终端可以是移动设备、车载设备、航空设备等，用于不同领域

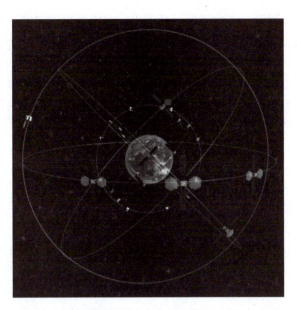

图 6-12 北斗导航卫星

图 6-13 北斗地面控制系统

的应用。

④数据链路：北斗卫星导航系统通过数据链路将卫星信号和导航数据传输到用户终端。数据链路可以是卫星通信链路、地面通信链路或者其他无线通信链路。

⑤应用服务平台：北斗卫星导航系统还提供应用服务平台，为用户提供定位、导航、授时等服务。应用服务平台可以是云平台、数据中心或者其他服务器系统。

这些组成部分相互配合，共同构成了完整的北斗卫星导航系统，为用户提供准确、可靠的定位和导航服务。

2）北斗卫星导航系统已经完成全球组网，具备全球覆盖能力。以下是北斗系统的部署情况：

①卫星数量：北斗三号全球卫星导航系统的在轨运行服务卫星共 45 颗，包括 15 颗北斗二号卫星和 30 颗北斗三号卫星，当前北斗卫星导航系统运行连续稳定，全球范围水平定位精度约 1.52 m，垂直定位精度约 2.64 m；测速精度优于 0.1 m/s，授时精度优于 20 μs。

②卫星轨道：北斗卫星分布在不同的轨道上，其中地球同步轨道卫星位于赤道上方的高度约为35 786 km，倾斜地球同步轨道卫星则分布在北纬55°左右，高度约为35 800 km。

③地面控制系统：北斗系统在中国境内建设了多个地面控制中心和测控站，用于卫星的控制、导航信号的传输和卫星轨道的管理。此外，北斗卫星导航系统还与其他国家和地区合作，在全球范围内建设了一系列的测控站，确保全球卫星信号的连续覆盖。

④用户终端：北斗卫星导航系统已经广泛应用于多个领域，包括交通运输、航空航天、测绘勘探、农业、渔业、应急救援等，用户终端包括车载终端、手持终端、航空设备、船舶设备等，用户终端数量已逐渐增加。

⑤国际合作：北斗卫星导航系统与其他卫星导航系统，如美国的GPS、俄罗斯的GLONASS、欧盟的GALILEO等进行了合作和互操作，以提供更加全面和可靠的导航服务。

(3) 北斗卫星导航系统的工作原理

1) 北斗卫星导航系统的工作原理基于卫星信号的传播和接收机的信号处理，通过多个卫星的信号测量和计算，确定用户终端的位置和导航信息。

①卫星发射和部署：北斗卫星导航系统将一系列卫星发射到预定的轨道上，这些卫星分布在不同的轨道上，包括地球同步轨道卫星和倾斜地球同步轨道卫星。这些卫星通过地面控制系统进行定位、导航和轨道控制。

②卫星信号发射：北斗卫星通过发射天线向地球发射导航信号。导航信号包括载波信号和导航数据，其中载波信号是位置测量的基础，而导航数据包含了卫星的状态信息、精确时间、轨道参数等。

③用户接收机接收信号：用户终端上的北斗接收机接收卫星发送的信号。接收机内部的天线接收信号，并将其转换成电信号。

④信号处理：接收机对接收到的信号进行处理和解码。这包括对信号进行解调、载波相位跟踪、数据解码等操作。接收机根据接收到的多个卫星信号的特性，计算出用户终端的位置、速度和时间。

⑤位置计算和导航显示：接收机通过对多个卫星信号的测量，使用三角定位或多普勒效应等方法计算用户终端的位置。接收机还可以通过对信号的扩频码进行解码，获取卫星发送的导航数据和精确时间信号。最后，接收机将计算得到的位置和导航信息传输到用户终端设备，如导航仪、手机等，用户可以通过这些设备显示自己的位置、导航路线和导航指引。

2) 北斗卫星导航系统的定位原理主要基于三角测量原理和卫星信号接收原理。

①三角测量原理。北斗卫星导航系统由一组地面控制站和一系列卫星组成。地面控制站通过测量卫星发射的信号到达时间，以及接收器接收到信号的时间，计算出信号传播的时差。由于信号传播速度是已知的，因此可以通过时差推算出接收器与卫星之间的距离。通过同时测量至少三颗卫星的距离，可以得到接收器的三维坐标。

②卫星信号接收原理。北斗卫星导航系统的卫星发射信号包括导航信号和辅助信号。导航信号是由卫星发射的特定频率的无线电信号，包含了卫星的位置和时间信息。接收器通过接收到的导航信号，解算出卫星的位置和时间，并计算出接收器的位置。辅助信号是由地面控制站发射的信号，用于提供卫星的状态和系统的辅助信息，以确保接收器能够准确接收到卫星信号。

北斗卫星导航系统的定位原理可以简单总结为以下几个步骤：首先，接收器接收到卫星发射的导航信号和辅助信号；然后，接收器通过解算导航信号中的信息，计算出卫星的位置和时间；接着，通过测量卫星信号的传播时差，推算出接收器与卫星之间的距离；最后，通过同时测量至少三颗卫星的距离，计算出接收器的三维坐标，实现定位。

北斗卫星导航系统的定位原理基于先进的测量和计算技术，能够实现高精度的定位，这种定位技术在交通、航空、军事、灾害救援等领域具有重要的应用价值，为社会发展和人们的生活提供了便利和安全保障。

北斗卫星导航系统通过卫星、地面站和用户终端的相互配合和协作实现定位和导航。卫星通过与地面站的通信，向用户终端提供精确的定位和导航信息。地面站负责控制和管理卫星，并将卫星的信息传输给用户终端。用户终端通过接收卫星信号，确定自己的位置和导航信息。这样，整个北斗系统就能够提供全球定位、导航和时间服务。

(4) 北斗卫星导航系统的特点

北斗卫星导航系统具有全球覆盖、高精度定位、多模式导航、高可靠性和稳定性、兼容性和互操作性、多样化应用以及国家自主掌握核心技术等优点，为用户提供可靠的定位和导航服务，如图 6-14 所示。

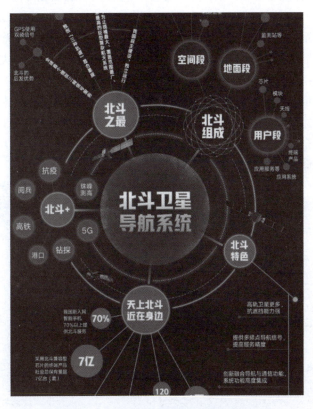

图 6-14　北斗卫星导航系统的特点

1) 全球覆盖能力：北斗卫星导航系统是全球卫星导航系统，能够提供全球范围内的定位和导航服务。无论用户身处何地，都可以随时获得准确的定位和导航信息。

2) 高精度定位：北斗卫星导航系统提供的定位精度可以达到几米甚至更高水平。对于需要高精度定位的应用，如测绘、精确农业、交通运输等，北斗卫星导航系统能够提供可靠的定位支持。

3）多模式导航：北斗卫星导航系统支持多种导航模式，如单点定位、差分定位、实时动态定位等。用户可以根据自身需求选择合适的模式，满足不同应用场景的导航需求。

4）高可靠性和稳定性：北斗卫星导航系统采用多星工作方式，多颗卫星相互配合，提高了系统的可靠性和稳定性；即使某颗卫星发生故障或失效，其他卫星仍能提供定位和导航服务，减少了系统的单点故障风险。

5）兼容性和互操作性：北斗卫星导航系统与其他全球卫星导航系统兼容，并能与其他导航系统实现互操作。用户可以同时使用多个导航系统的信号，提高定位和导航的可靠性和精度。

6）多样化应用：北斗卫星导航系统广泛应用于交通运输、航空航天、农业、渔业、地质勘探、灾害预警等领域。无论是车辆导航、航空导航、渔船定位还是农业机械自动驾驶，北斗卫星导航系统都能提供可靠的定位和导航支持。

7）国家自主掌握核心技术：北斗卫星导航系统是中国自主研发的卫星导航系统，国家对其技术拥有自主知识产权和控制权。这意味着北斗系统的发展和应用能够更好地满足国家的战略需求。

北斗卫星导航系统的部署已经取得了重大进展，为用户提供了全球范围内的高精度定位和可靠的定位导航服务，广泛应用于交通运输、农业、地质勘探、灾害预警等领域。未来，北斗卫星导航系统还将继续完善和提升服务能力。

如图6-15所示，利用北斗/GNSS高精度定位和高精度地图等技术手段，联通车辆终端、手持终端，构建"云-网-端"体系架构的矿山一体化智能监管平台，形成矿山三维实景构建、矿山安全监测、运输车辆调度管理以及矿山资产监控等能力，实现矿产从开采到运输、通关、仓储和销售的全流程时空数据集中监管。

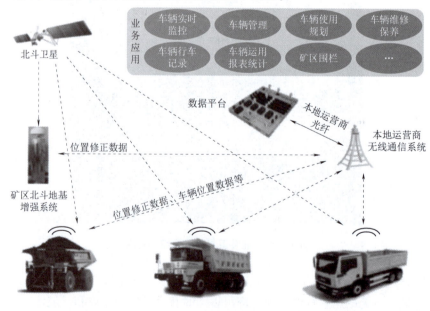

图6-15 北斗智慧矿区应用

4. GPS 的认知

GPS 是一种广泛应用于导航和定位领域的卫星导航系统。
(1) GPS 的组成
GPS 由三部分组成：卫星部分、控制部分和用户接收器部分，如图 6-16 所示。

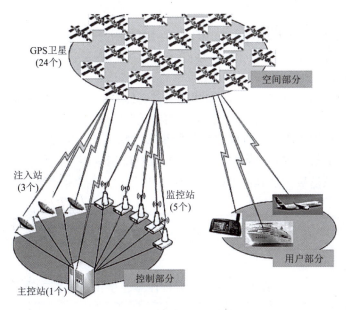

图 6-16　GPS 的组成

1）卫星部分。GPS 由 24 颗工作卫星和数颗备用卫星组成。这些卫星分布在 6 个不同的轨道上，每个轨道上有 4 颗卫星。这种均匀分布的方式确保了全球范围内的覆盖。这些卫星在轨道上运行，每隔大约 12 小时绕地球运行一圈。

2）控制部分。GPS 的控制中心位于美国，由美国空军负责管理和控制整个系统。控制中心负责监控和管理卫星的状态、轨道参数和时钟精度。控制中心还负责向卫星发送指令来校准和维护卫星的状态。

3）用户接收器部分。用户接收器是 GPS 的最后一环，它是用于接收和处理卫星信号的设备。用户接收器可以根据接收到的卫星信号来计算自身的位置、速度和时间。用户接收器通常由天线、接收器和处理器组成。天线用于接收卫星信号，接收器用于解码和测量信号，处理器用于计算接收器的位置和提供导航信息。用户接收器可以是手机、车载导航设备、航空器导航设备等。

用户接收器通过接收多颗卫星的信号，进行三角测量计算来确定自身的位置。接收器需要接收到至少 4 颗卫星的信号才能进行准确定位。当接收器接收到卫星信号后，它会计算信号传输的时间差，根据这些时间差和卫星的位置信息来计算出自身的位置。

GPS 的组成包括卫星部分、控制部分和用户接收器部分。这些部分相互配合，共同实现了全球范围内的定位、导航和定时服务。

(2) GPS 的定位原理

GPS 的定位原理主要基于卫星信号发送和接收的原理。接收器接收到至少 4 颗卫星发射的信号,解析信号中的位置和时间信息,计算信号的传播时间和传播距离,通过三角测量法确定接收器的位置。

1) GPS 由一组地面控制站和一系列卫星组成。地面控制站负责监测卫星的状态、位置和时间信息,并校准系统的时间。卫星定期向地球发送导航信号,其中包含着卫星的位置和时间信息。

2) 接收器接收到至少 4 颗卫星发射的信号。每颗卫星的信号都包含着卫星的识别码、位置信息和时间信息。接收器通过解析这些信号,可以确定每颗卫星的位置和时间。同时,接收器也会记录下信号的接收时间。

3) 接收器通过比较信号的接收时间和卫星发送信号的时间,计算出信号的传播时间。由于信号的传播速度已知(光速),可以通过传播时间和速度计算出信号的传播距离。通过至少 4 颗卫星的传播距离,可以确定接收器相对这些卫星的位置。

4) 通过三角测量法,接收器可以将自身的位置确定为卫星之间的交汇点。通过持续接收和计算多组卫星信号,接收器可以实时跟踪其位置,并提供准确的定位信息。

(3) GPS 的定位

GPS 的定位可以分为实时定位和差分定位两种。实时定位适用于普通用户,精度在几米到十几米之间;差分定位通过参考站点进行修正,可以获得更高精度的定位结果,适用于测绘、工程测量等领域。

1) 实时定位是指通过接收卫星信号并实时计算,得出接收器的准确位置。这种定位方式适用于普通用户,只需要一个 GPS 接收器即可实现定位。实时定位的精度通常在几米到十几米之间,可以满足大多数日常应用的需求。

2) 差分定位是一种通过对接收器信号进行精确处理的方法,以提高定位精度。差分定位需要额外的参考站点或基准站点,在这些站点处进行高精度的定位测量,并将测量结果与接收器的测量结果进行比较和修正。通过差分处理,可以消除信号传播过程中的误差,提高定位精度。差分定位的原理是通过比较接收器和参考站点的测量差异,计算出接收器的位置修正值,从而得到更精确的定位结果,如图 6-17 所示。

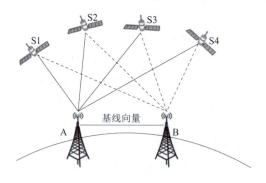

图 6-17 差分定位示意图

差分定位主要有两种方式:实时差分定位和后处理差分定位。实时差分定位是在实时接收器上进行数据处理和修正,以实现即时的高精度定位。后处理差分定位是将接收器的观测数据保存下来，后期使用专门的软件进行数据处理和修正，得到更精确的定位结果。后处理差分定位精度更高，通常可以达到几厘米甚至更高的级别。

差分定位主要应用于需要更高精度定位的领域，比如测绘、工程测量、航空导航等。通过差分定位，可以获得更准确的位置信息，为工程和科学研究提供支持。

GPS 的定位原理是一种高精度的定位技术，广泛应用于航空、交通、军事、导航等领域。它不受地理位置、天气或时间的限制，为人们提供了准确、可靠的定位服务，并为许多领域带来了便利和安全。图 6-18 所示是车载 GPS 的工作过程。

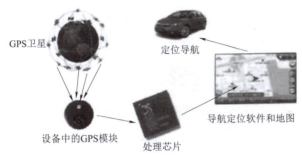

图 6-18　车载 GPS 的工作过程

(4) GPS 的特点

GPS 具有全球覆盖、高精度定位、实时性、多功能性和开放性等特点。这些特点使得 GPS 成为现代社会中不可或缺的重要工具，为各类应用场景提供了可靠的定位和导航服务。GPS 具有以下特点：

1) 全球覆盖。由于 GPS 卫星分布在轨道上，遍布全球各个地区，因此 GPS 可以在全球范围内提供定位和导航服务。无论是在陆地、海洋还是空中，只要有接收器能够接收到卫星信号，就能够使用 GPS 进行定位和导航。

2) 高精度定位。GPS 具有很高的定位精度，普通民用设备的定位误差可达数米以内，军用级别的设备定位精度更高，甚至可以达到亚米级别。这种高精度的定位能够满足不同领域的定位和导航需求，例如车辆导航、航空器导航、军事作战等。

3) 实时性。GPS 能够提供实时的定位和导航信息。用户接收器可以随时接收到卫星的信号，并通过处理器计算出自身的位置和速度。这种实时性能够满足用户快速准确地获取定位信息的需求，且对于需要动态导航的应用场景尤为重要。

4) 多功能性。GPS 不仅可以提供定位和导航服务，还可以提供时间同步服务。由于 GPS 卫星具有高精度的原子钟，因此用户接收器可以通过接收卫星信号来获取准确的时间。这对于需要精确时间同步的应用领域，如金融交易、通信网络同步等，具有重要意义。

5) 开放性。GPS 是一个开放的全球性导航系统，任何拥有合法接收器的用户都可以使用 GPS 提供的导航和定位服务。这种开放性促进了 GPS 技术的广泛应用和发展，并为各行各业提供了便利和机遇。

GPS 具有全球覆盖、高精度、实时性、多功能性、可靠性和低成本等特点，使其成为现代导航和定位领域应用最广泛的一种技术。

5. 惯性导航系统的认知

（1）惯性导航系统的定义

惯性导航是一种基于惯性测量单元的导航系统。惯性测量单元通常由加速度计（Accelerometers）和陀螺仪（Gyroscopes）等惯性传感器组成，用于测量物体在空间中的加速度和角速度，如图 6-19 所示。

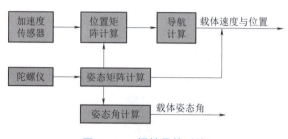

图 6-19 惯性导航系统

加速度计是一种用于测量物体加速度的传感器。它可以测量物体在各个轴向上的加速度变化。当物体处于静止状态时，加速度计的测量值为 0；而当物体加速或减速时，加速度计将测量到相应的数值。

陀螺仪则用于测量物体的旋转速度。它可以测量物体在各个轴向上的角速度变化。通过测量物体的旋转速度，陀螺仪可以推算出物体的角度变化。

惯性导航系统利用加速度计和陀螺仪不断测量和积分的数据，可以推算出物体的位置、速度和方向。然而，传感器本身存在一定的误差和漂移，随着时间的推移，这些误差会逐渐累积。为了解决这个问题，惯性导航系统通常与其他导航系统（如 GPS）结合使用，以校正误差并提高导航精度。

惯性导航系统在航空航天、军事、汽车导航等领域有广泛的应用。在航空航天领域，惯性导航系统可以在飞机失去 GPS 信号的情况下，提供可靠的导航信息。在军事领域，惯性导航系统可以用于导弹制导、战斗机飞行控制等任务。在汽车导航领域，惯性导航系统可以提供车辆的位置和方向信息，帮助驾驶员确定最佳路线。

（2）惯性导航系统的组成

惯性导航系统（Inertial Navigation System，INS）是一种利用惯性力学原理来实现导航定位的技术系统。它不依赖于外部参考物体或信号，而是通过测量和集成加速度计和陀螺仪的数据来确定位置、速度和方向。惯性导航系统通常由以下几个主要组件组成，如图 6-20 所示。

1）加速度计：用于测量系统在三个轴向上的加速度。加速度计可以分为三轴加速度计和单轴加速度计两种类型。

2）陀螺仪：用于测量系统绕三个轴向的角速度。陀螺仪可以分为三轴陀螺仪和单轴陀螺仪两种类型，常用的是三轴陀螺仪，如图 6-21 所示。

3）导航计算单元（Navigation Computing Unit）：负责接收、处理和计算加速度计和陀螺仪的输出数据，推导系统的位置、速度和方向。

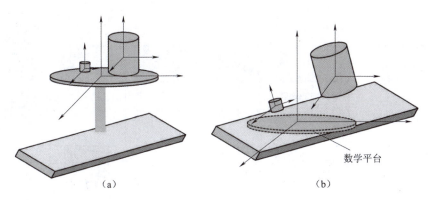

图 6 – 20 惯性导航系统的组成
(a) 平台式惯性导航系统；(b) 捷联式惯性导航系统

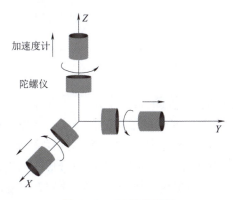

图 6 – 21 三轴陀螺仪

4）数据融合器（Data Fusion Unit）：将惯性导航系统的输出数据与其他导航系统的数据进行融合，通过滤波算法来提高导航精度和稳定性。

5）外部参考系（External Reference System）：用于校正和校验惯性导航系统的输出结果。

6）电源系统（Power Supply）：为惯性导航系统提供电力支持，通常使用电池或航空电源。

（3）惯性导航系统的工作原理

惯性导航系统的工作原理基于惯性原理，即牛顿第一定律，即物体在没有外力作用下会保持匀速直线运动或静止的状态。惯性导航系统利用加速度计和陀螺仪测量系统的加速度和角速度，通过测量载体在惯性参考系的加速度，将其对时间进行积分，且将其变换到导航坐标系中，就能得到在导航坐标系中的速度、偏航角和位置等信息。惯性导航系统属于推算导航方式，即从一已知点的位置根据连续测得的运动体航向角和速度推算出其下一点的位置，因而可连续测出运动体的当前位置。惯性导航系统中的陀螺仪用来形成一个导航坐标系，使加速度计的测量轴稳定在该坐标系中，并给出航向和姿态角；加速度计用来测量运动体的加速度，经过对时间的一次积分得到速度，速度再经过对时间的一次积分即可得到位移。具体的工作原理如图 6 – 22 所示。

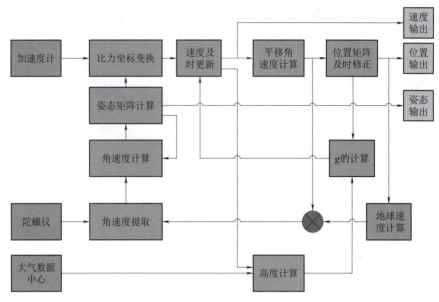

图 6-22　惯性导航系统工作原理

1）加速度计测量：加速度计通过测量系统在三个轴向上的加速度来推导系统的速度和位移变化。加速度计会产生三个轴向的加速度信号，通常以模拟信号形式输出。

2）陀螺仪测量：陀螺仪通过测量系统绕三个轴向的角速度来推导系统的角度变化。陀螺仪会产生三个轴向的角速度信号，通常以模拟信号形式输出。

3）数据处理：加速度计和陀螺仪的输出信号经过放大、滤波和去偏操作后，输入导航计算单元中进行数据处理。导航计算单元使用运动学和动力学算法对加速度和角速度进行积分运算，以推导出系统的速度和位移变化。

4）数据融合：导航计算单元的输出数据可以与其他导航系统（如 GPS、罗盘等）的数据进行融合。数据融合器使用融合算法，例如互补滤波、扩展卡尔曼滤波等，将惯性导航系统的输出数据与其他导航系统的数据进行融合，提高导航精度和稳定性。

5）外部参考：惯性导航系统的输出结果可以通过外部参考系统进行校正和校验。常见的外部参考系统包括 GPS、地面标志物、罗盘等。

(4) 惯性导航系统的特点

惯性导航系统具有以下特点：

1）高灵敏度：惯性导航系统能够实时测量系统的加速度和角速度，提供快速、精确的导航数据。

2）独立性：惯性导航系统不依赖外部参考物体或信号源，可以在无 GPS 信号或其他导航设备的环境下独立运行。

3）实时性：惯性导航系统能够实时更新和输出导航数据，适用于实时应用，如导弹制导、飞行控制等。

4）高精度：惯性导航系统的测量误差较小，能够提供较高的导航精度。然而，长时间使用会导致误差累积，需要与其他导航系统结合使用来提高精度。

5）强鲁棒性：惯性导航系统不受外界环境的影响，如天气、地形等因素，适用于恶劣环境下的导航应用。

6）小型化：随着技术的发展，惯性导航系统的体积和重量逐渐减小，可以适应更多的应用场景。

然而，惯性导航系统也存在一些局限性，主要是误差累积和漂移问题。惯性导航系统的测量误差会随着时间的推移而累积，导致导航精度下降。此外，由于惯性传感器的漂移问题，长时间使用会导致导航数据的漂移，需要通过外部参考系统进行校正。因此，惯性导航系统通常与其他导航系统（如 GPS、罗盘）结合使用，以提高精度和稳定性。

6. 组合导航系统的认知

车载组合导航系统是一种集成了多种导航技术和传感器的系统，用于提供车辆的精确定位、导航和定位服务。它通过结合全球定位系统、惯性测量单元、车载传感器（如车速传感器、陀螺仪等）和地图数据等，实现对车辆位置、方向和运动状态的实时估计和跟踪。某型号组合导航如图 6-23 所示。

车载组合导航系统的工作原理是将不同类型的数据进行融合和组合，通过传感器融合算法和滤波算法，将各个传感器的数据进行优化和整合，从而提高车辆位置和姿态的精确度和稳定性，如图 6-24 所示。这种融合的过程可以利用传感器之间的互补性，减少数据误差和不确定性，提高导航系统的性能和鲁棒性。

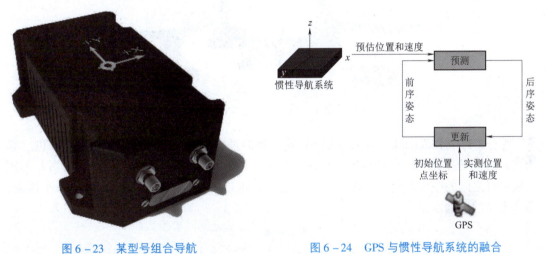

图 6-23　某型号组合导航　　　　图 6-24　GPS 与惯性导航系统的融合

车载组合导航系统的主要功能包括：

1）车辆定位和导航：通过结合 GPS 和车载传感器数据，可以实现车辆的高精度定位和导航。系统能够提供准确的车辆位置、速度和方向等信息，并根据用户需求提供导航指引和路径规划。

2）姿态和运动估计：通过使用车载传感器和惯性测量单元，系统能够实时估计车辆的姿态（包括横滚、俯仰和偏航角）和运动状态（包括加速度、角速度和角加速度）。

3）增强现实导航：车载组合导航系统可以通过结合地图数据和传感器信息，提供增强现实导航功能。用户可以通过车载显示屏或头部显示器等设备，实时看到道路、交通标志和导航指示等信息,从而提高驾驶安全性和便利性。

4)地图匹配和纠偏:车载组合导航系统可以通过与地图数据的比对和匹配,实现车辆位置的纠偏和校正。这样可以提高车辆定位的准确度和可靠性,特别是在 GPS 信号不好或存在多路径效应时。

车载组合导航系统广泛应用于汽车导航、自动驾驶和车辆管理等领域,为驾驶员和车辆提供高精度的定位和导航服务,提高驾驶安全性和行驶效率。

任务实施

1. 定位导航系统认知

本次实训使用的定位导航系统是基于差分 GPS 原理的双天线 GNSS,如图 6-25 所示。

图 6-25 双天线 GNSS

差分 GPS(Differential GPS,DGPS)是一种通过参考站(基准站)和用户接收机(移动站)之间的差异来提高 GPS 定位精度的技术,如图 6-26 所示。它通过测量参考站和用户接收机之间的距离差异,并将这些差异应用于用户接收机的观测数据,从而减小误差,提高定位的准确性。

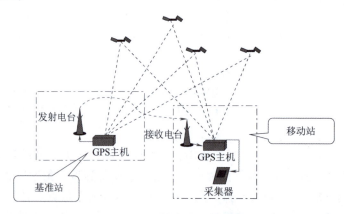

图 6-26 差分 GPS 原理图

差分 GPS 通常包括位置差分和距离差分。其中距离差分又分为两类，即伪距差分和载波相位差分。RTK（Real - Time Kinematic）技术就是采用实时动态载波相位差分技术。如百度、小马等公司产品均采用这项技术。RTK 技术是实时处理两个基准站载波相位观测量的差分方法，即将基准站采集的载波相位发送给用户接收机，通过求差解算得到坐标，载波相位差分定位示意图如图 6 - 27 所示。

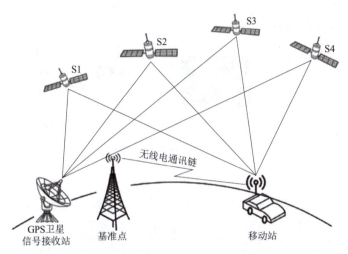

图 6 - 27　载波相位差分定位示意图

2. 定位导航设备连线

（1）GPS 基准站接线

GPS 基准站主要由 GNSS 天线、电台天线、太阳能电池板（电源）、基准站模块等组成，如图 6 - 28 所示。

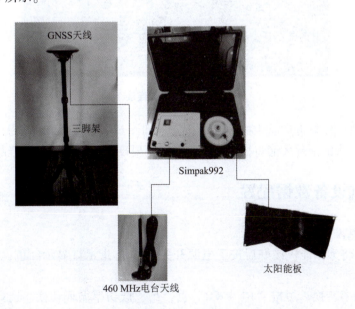

图 6 - 28　GPS 基准站组成

(2) GPS 移动站接线

GPS 移动站主要包括两根 GNSS 天线、4G 天线、电台天线、GNSS 模块等,其接线如图 6-29 所示。安装时 X 轴方向需要与车辆的前进运动方向一致,不能反装。GNSS 天线不能有遮挡,视野需要开阔,能直接看到天上的卫星。一般是主天线在前方,从天线在后方。

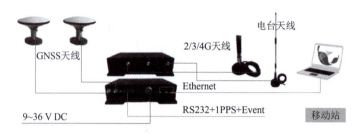

图 6-29 GPS 移动站接线

(3) 线缆连接

将相应的线缆插入对应的插座里。LEMO 插头和产品的插座上都有一个红点,将两个红点对好(如图 6-30 所示)后才能插入,如果插入时受到阻力,请检查线缆是否正确,插座与插头的红点是否对好,不要强硬插入,以免造成损坏;不同的线缆使用不同针数的接插件,防止插错。

图 6-30 线缆连接

拔线缆时要捏住靠近产品主机的接头部分(如图 6-30 所示),因为接插件有自锁装置,只有捏住插头的前部才能将插头拔下来。请不要硬拽线缆,以免对产品造成损坏。

3. 定位导航设备数据配置

(1) GPS 基准站配置

1) 开机。将太阳能板接好后按下电源开关。PWR 指示灯显示红色,表示电压正常,能正常工作。

2) 高低功率转换。短按"RF PWR"键,高、低功率循环切换。选择高功率,数码管显示"H";选择低功率,数码管显示"L"。

3)发射信道切换。短按"RDO CH"键,1~8通道进行递增式循环切换,数码管显示当前通道号。

4)数据发送指示。发送数据时,面板 TX 指示灯闪烁,如表 6-1 所示。

表 6-1 指示灯状态

LED 名称	含义
PWR(电台)	电源灯,上电后显示红色
TX	数据发送灯,电台发数时闪烁
PWR(GNSS)	电源灯,上电后黄色常亮
SAT	收星指示灯,收星时闪烁
RTK	定位指示灯,定位后闪烁

5)如图 6-31 所示,通过以下步骤确定基准点。
①打开浏览器输入基站 IP:192.168.0.200;
②输入账号 admin;
③输入密码 nuogeng.com.cn;
④单击"Receiver Configuration→Reference Station→Here→OK"。

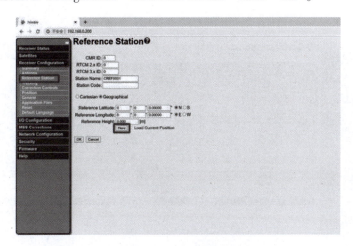

图 6-31 确定基准点

6)注意事项:操作过程中注意先接电台天线再打开电源开关;先按"BAT SW"键打开电源再充电;充电时须按控制盒上的"SET"键关闭基准站主机。注意:如果外接供电时,供电需为直流 12 V,额定电流不小于 2 A;电台频道需与接收端一致;基准站应远离大功率设备并保持天线周围无遮挡,离地高度最好大于 2 m。

(2)GPS 移动站配置

GPS 移动站设备正确连接并上电后,可以通过串口工具发送命令来配置电台的参数。按照以下要求来连接和配置:

1)登录 RGpak982 网络配置页面,如图 6-32 所示。IP 地址:192.168.0.200;用户名:admin;密码:nuogeng.com.cn。

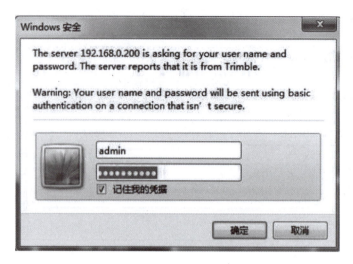

图 6-32 登录界面

2）配置 I/O Configuration-Port Configuration。通过线缆公头 COM1 配置电台。在配置电台的时候，COM1 需要禁止输出语句。如果 COM1 有设置输出，需要把输出的语句关掉，如图 6-33 所示。

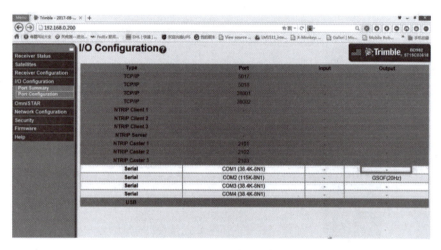

图 6-33 配置界面

4. 定位导航设备数据采集

在主控机桌面打开 GPS 数据采集软件，如图 6-34 所示。

单击"Start"按钮运行，如图 6-35 所示。

图 6-34 打开 GPS 数据采集软件

图 6-35 单击"Star"按钮运行

启动 GPS 的数据接收，如图 6-36 所示。

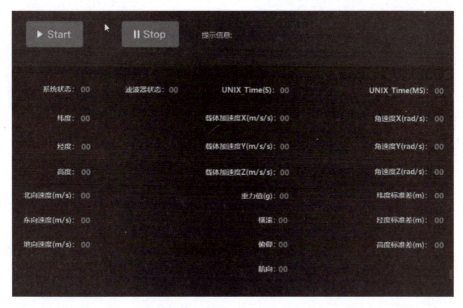

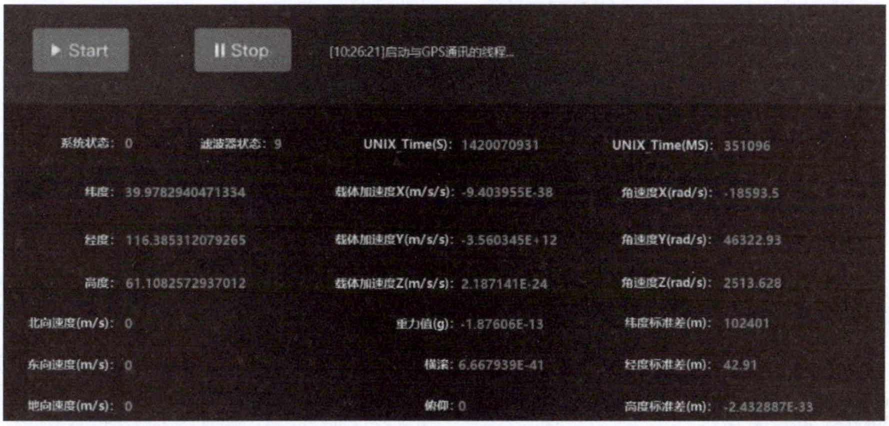

图 6-36 GPS 的数据接收

在车辆采集 GPS 数据的过程中，该软件一直处于运行状态，直到最后走完全程路径，将车辆停下来。单击"Stop"按钮停止数据接收，并且会将采集的路径数据文件保存至默认文件夹，如图 6-37 所示。

根据采集的路径数据文件，可以生成 GPS 点数据文件，如图 6-38 所示。

任务实施工单：请完成任务工单定位与惯性导航传感器的装调与测试的相关工作任务。

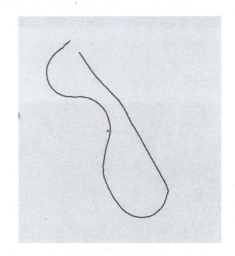

图 6-37 采集数据保存

图 6-38 GPS 点数据

回顾练习

全球卫星导航系统是一种基于卫星定位技术的导航系统，由多个国家或地区共同建设和运营。目前全球广泛使用的 GNSS 系统包括 GPS、GLONASS、GALILEO 和 BDS 等。组合导航系统是一种将多个定位技术结合起来的导航系统，通过同时使用多种不同类型的定位传感器（如 BDS、GPS、惯性测量单元等）和融合算法，提供更准确、可靠的定位和导航功能，如地图显示、路线规划、导航指引、交通信息等，为用户提供更好的出行体验和安全保障。

练 习

1. 填空题

(1) 全球四大卫星导航系统指的是_____、_____、_____和_____。

(2) 惯性导航系统是利用_____和_____来计算载体相对位置的一种定位技术。

(3) 完全依靠运动载体自主地完成导航任务，不依赖于任何外部输入信息，也不向外输出信息的定位系统是_____。

2. 问答题

(1) 全球卫星定位系统有哪些特点？

(2) 北斗卫星导航定位系统有哪些特点？

(3) 北斗卫星导航定位系统的定位原理是什么？

(4) 全球卫星定位系统与北斗卫星定位系统的区别是什么？

(5) 惯性导航定位系统有哪些作用？

项目七

环境感知传感器的目标识别

任务目标：

掌握车辆识别的目的和方法、行人识别的目的和方法、交通标志识别的目的和方法、交通信号灯识别的目的和方法、道路识别的目的和方法。

知识目标：

1. 掌握车辆识别技术；
2. 掌握行人识别技术；
3. 掌握交通标志识别技术；
4. 掌握交通信号灯识别技术；
5. 掌握道路识别技术。

能力目标：

1. 能用 MATLAB 对图像中的车辆进行识别；
2. 能用 MATLAB 对图像中的行人进行识别；
3. 能用 MATLAB 对图像中的交通标志进行识别；
4. 能用 MATLAB 对图像中的交通信号灯进行识别；
5. 能用 MATLAB 对图像中的道路进行识别。

素质目标：

1. 培养独立思考、处理和分析问题的能力；
2. 树立持之以恒、精益求精的工作精神；

3. 具有灵活思维、协同创新的精神。

情景导入：

车辆自动驾驶时，需要对主车周围其他车辆、行人、交通标志、交通信号灯和道路等目标进行识别，以保障自动驾驶车辆安全行驶。自动驾驶汽车目标识别如图 7-1 所示。

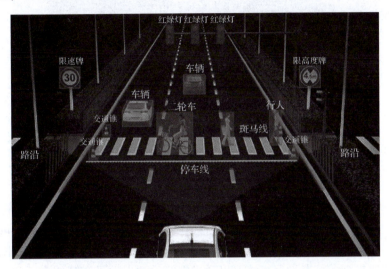

图 7-1　自动驾驶汽车目标识别

任务描述

什么是车辆识别、行人识别、交通标志识别、交通信号灯识别和道路识别技术？这些目标识别的方法是什么？这些目标的识别能否用 MATLAB 实现？

知识准备

1. 车辆识别技术

车辆识别技术是一种通过使用各种传感器和图像处理算法来自动检测、识别和跟踪车辆的技术。它可以通过识别车辆的特征和行为来实现车辆的自动分类和识别，如图 7-2 所示。

车辆识别技术的实现主要依靠传感器和图像处理算法。常见的传感器包括摄像头、雷

图7-2 车辆和车道线识别

达和激光雷达等,用于获取车辆的图像或距离信息。

图像处理算法是车辆识别的核心部分,它通过分析车辆图像的特征和行为来进行识别。常用的图像处理算法包括特征提取、目标检测和机器学习等。特征提取可以提取图像中与车辆相关的特征,如车辆的颜色、形状和纹理等。目标检测算法可以在图像中检测到车辆的位置和边界框。机器学习算法可以通过训练模型来学习车辆的特征和行为,从而实现更准确的识别。

车辆识别技术在交通管理、智能交通系统和安防领域等有广泛的应用。

交通管理:车辆识别技术可以用于交通流量监测和拥堵管理。通过对车辆进行识别和跟踪,可以实时监测道路上的车辆数量和速度,帮助交通管理部门做出合理的交通调度和优化交通流。

智能交通系统:车辆识别技术可以用于智能交通系统的构建。通过识别和跟踪车辆,可以实现自动收费、车辆定位和交通违规监测等功能,提高交通系统的效率和安全性。

安防领域:车辆识别技术可以用于车辆的实时监控和追踪,帮助警方追踪犯罪嫌疑车辆和解决交通事故等问题。

车辆识别可以使用视觉传感器、毫米波雷达和激光雷达。

MATLAB 提供了车辆检测器及检测函数,用于车辆识别。

(1) ACF 车辆检测器

聚合通道特征(Aggregate Channel Features,ACF)是将多个通道特征结合到一起形成一种聚合特征,结合多通道特征包含的信息,能够高效描述车辆特征。

vehicleDetectorACF 为基于聚合通道特性的车辆检测器函数,其调用格式如下:

detector = vehicleDetectorACF

detector = vehicleDetectorACF(modelName)

其中:modelName 为模型名称;detector 为 AFC 车辆检测器。

模型名称分为全视图(Full-View)模型和前后视图(Front-Rear-View)模型。全视图模型使用的训练图像是车辆的前、后、左、右侧的图像,前后视图模型仅使用车辆前后侧的图像进行训练。

[实例1] 利用 ACF 车辆检测器识别图像中的车辆

步骤如下：

1）在 MATLAB 命令行窗口输入以下程序实现功能。

```
1  detector = vehicleDetectorACF('front-rear-view');   %ACF 车辆检测器
2  I = imread('car3.png');                              %读取原始图像
3  [bboxes,scores] = detect(detector,I);                %检测图像中车辆
4  I = insertObjectAnnotation(I,'rectangle',bboxes,scores...  %将识别结果标注在图像上
       'FontSize',30);
5  imshow(I)                                            %显示识别结果
```

2）分别读取图 7-3 中的原始图像，得到 ACF 车辆识别结果，如图 7-4 所示，图中数字代表识别置信度。

图 7-3　原始图像

图 7-4　基于 ACF 车辆检测器的车辆识别

（2）RCNN 车辆检测器

RCNN（Region-based Convolutional Neural Networks）是一种结合区域提名（Region Proposal）和卷积神经网络（CNN）的目标检测方法。vehicleDetectorFasterRCNN 为基于 RCNN 的车辆检测器函数，其调用格式为：

detector = vehicleDetectorFasterRCNN

detector = vehicleDetectorFasterRCNN（modelName）

其中：modelName 为模型名称，模型名称为全视图模型，即使用的训练图像是车辆的前、后、左、右侧的图像，detector 为 RCNN 车辆检测器。

[实例2] 利用 RCNN 车辆检测器检测车辆

步骤如下：

1）在 MATLAB 命令行窗口输入以下程序实现功能。

```
1  fasterRCNN = vehicleDetectorFasterRCNN('full-view');    %RCNN 车辆检测器
2  I = imread('car1.jpg');                                  %读取原始图像
3  [bboxes,scores] = detect(fasterRCNN,I);                  %识别图像中车辆
4  I = insertObjectAnnotation(I,'rectangle',bboxes,scores...  %将识别结果标注在图像上
       'FontSize',40);
5  imshow(I)                                                %显示识别结果
```

2）读取图 7-5 原始图像，得到 RCNN 车辆识别结果，如图 7-6 所示。

图 7-5 原始图像

图 7-6 基于 RCNN 车辆检测器的车辆识别（一）

3）更换原始图像，车辆识别结果如图 7-7 所示。

图 7-7 基于 RCNN 车辆检测器的车辆识别（二）

2. 行人识别技术

随着智能交通系统和安防监控的发展，行人识别技术逐渐成为热门的研究领域。行人识别技术的目标是通过计算机视觉和模式识别方法，对图像或视频中的行人进行检测和分类。

行人识别是无人驾驶中的关键技术之一，是确保行人安全和无人驾驶车辆稳定性的关键。通过传感器的数据采集、行人检测与跟踪、行人分类与行为分析等技术手段，帮助自

动驾驶系统感知和理解周围环境中的行人，从而做出相应的决策和规划。

(1) 常用的行人识别技术

1) 基于目标检测的方法：这些方法使用计算机视觉中的目标检测算法来检测和定位行人。常见的目标检测算法包括级联分类器（Cascade Classifier）、基于特征的分类器（如HOG+SVM）和深度学习模型（如Faster R-CNN、YOLO、SSD等）。这些方法通过对图像或视频进行扫描和分类来确定行人的位置和边界框。

2) 基于特征的方法：这些方法使用图像的特征来描述和识别行人。常用的特征包括颜色、纹理、形状等。例如，可以使用方向梯度直方图（HOG）特征来描述行人的边缘和纹理信息，然后使用机器学习算法（如SVM）对特征进行分类。

3) 基于深度学习的方法：深度学习在行人识别中取得了很大的成功。可以使用预训练的深度学习模型如卷积神经网络（CNN）来提取特征，并使用全连接层和Softmax进行行人分类。同时，也可以使用深度学习模型进行行人检测和定位。

4) 基于运动的方法：这些方法使用行人在视频序列中的运动信息来进行识别。可以使用光流算法来估计行人的运动向量，然后使用运动特征和机器学习算法来识别行人。

5) 基于深度学习模型的行人检测与跟踪：一种比较流行的方法是将行人检测和跟踪结合起来，通过将深度学习模型（如Faster R-CNN）与跟踪算法（如卡尔曼滤波器）相结合，实现对行人进行准确的检测和连续跟踪。

这些方法可以根据具体的应用场景和需求来选择和应用。在无人驾驶中，行人识别技术的准确性和实时性都非常重要，因此需要综合考虑算法的性能和计算资源的限制。

尽管行人识别技术在无人驾驶中已经取得了显著的进展，但仍存在一些挑战。例如，复杂的场景和光照条件、行人与其他目标的相似性以及行人的姿态变化等问题都会对识别效果产生影响。为了克服这些挑战，未来的发展方向包括进一步改进算法的准确性和鲁棒性、引入更多的传感器和数据源，以及更好地进行数据集的收集和标注等。

行人识别可以采用视觉传感器、毫米波雷达和激光雷达，其中最常用的是视觉传感器。安装在车辆上的视觉传感器采集前方场景的图像信息，通过一系列复杂的算法分析处理这些图像信息，实现对行人的识别。基于视觉传感器的行人识别如图7-8所示。

图7-8 基于视觉传感器的行人识别

(2) MATLAB 提供的行人检测器及检测函数

1) ACF 行人检测器。peopleDetectorACF 为基于聚合通道特性的行人检测器函数，其调用格式如下：

detector = peopleDetectorACF

detector = peopleDetectorACF（name）

其中：name 为模型名称；detector 为 AFC 行人检测器。

[实例3] 利用 ACF 行人检测器识别图像中行人

步骤如下：

①在 MATLAB 命令行窗口输入以下程序实现功能。

```
1   I = imread('xrc2.jpg');                                    %读取原始图像
2   [bboxes,scores] = detectPeopleACF(I);                      %识别图像中行人
3   I = insertObjectAnnotation(I,'rectangle',bboxes,scores);   %将识别结果标注在图像上
4   imshow(I)                                                  %显示识别结果
```

I 为输入图像，bboxes 为检测到的目标位置，scores 为检测置信度分数。

②把原始图像作为输入，行人识别结果如图 7-9 所示，图框中数字代表检测置信度。

(a)   (b)

图 7-9　基于 ACF 行人检测器的行人识别（一）
(a) 原始图像；(b) 行人识别图像

③更换原始图像，行人识别结果如图 7-10 所示。

(a)   (b)

图 7-10　基于 ACF 行人检测器的行人识别（二）
(a) 原始图像；(b) 行人识别图像

2）基于 HOG 特征识别图像中的行人。vision.PeopleDetector 为基于 HOG 特征检测行人的函数，其调用格式如下：

peopleDetector = vision.PeopleDetector

peopleDetector = vision.PeopleDetector（model）

peopleDetector = vision.PeopleDetector（Name，Value）

其中：model 为模型名称；Name 和 Value 用于设置属性；peopleDetector 为行人检测器。

[实例 4] 基于 HOG 特征检测行人

步骤如下：

①在 MATLAB 命令行窗口输入以下程序实现功能。

```
1  peopleDetector = vision.PeopleDetector;              %HOG 行人检测器
2  I = imread('xr2.jpg');                                %读取原始图片
3  [bboxes,scores] = peopleDetector(I);                  %识别图像中行人
4  I = insertObjectAnnotation(I,'rectangle',bboxes,scores); %将识别结果标注在图像上
5  imshow(I)                                             %显示识别结果
```

I 为输入图像，bboxes 为检测到的目标位置，scores 为检测置信度分数。

②把原始图像作为输入，行人识别结果如图 7-11 所示，图框中数字代表检测置信度。

（a）　　　　　　　　　　　　　　（b）

图 7-11　基于 HOG 特征的行人识别（一）
(a) 原始图像；(b) 行人识别图像

③更换原始图像，行人识别结果如图 7-12 所示。

（a）　　　　　　　　　　　　　　（b）

图 7-12　基于 HOG 特征的行人识别（二）
(a) 原始图像；(b) 行人识别图像

3）利用视觉传感器识别视频中的行人。

[实例 5] 利用视觉传感器识别和跟踪视频中的行人

过程如下：定义摄像机内部参数和安装位置；加载预先训练的行人检测器；设置多目标跟踪器；运行每个视频帧的检测器；计算检测跟踪任务的成本；用识别结果更新跟踪器；在视频中显示跟踪结果。

步骤如下:
①在 MATLAB 命令行窗口输入以下程序实现功能。

```matlab
1    d = load('TrackingDemoMonoCameraSensor.mat','sensor');    %加载配置好的摄像机
2    detector = peopleDetectorACF;                              %ACF 行人检测器
3    pedWidth = [0.5,1.5];                                      %行人宽度范围
4    detector = configureDetectorMonoCamera(detector,d.sensor,pedWidth);
                                                                %配置目标检测器
5    [tracker,positionSelector] = setupTracker();               %初始化目标跟踪器
6    videoFile = 'xr1.mp4';                                     %视频文件
7    videoReader = VideoReader(videoFile);                      %视频阅读器
8    videoPlayer = vision.DeployableVideoPlayer();              %视频显示器
9    currentStep = 0;                                           %当前步为0
10   snapshot = [];                                             %快照
11   snapTimeStamp = 107;                                       %快照时间戳
12   cont = hasFrame(videoReader);                              %视频帧
13   while cont                                                 %循环开始
14       currentStep = currentStep + 1;                         %更新帧计数器
15       frame = readFrame(videoReader);                        %阅读下一帧
16       detections = detectObjects(detector,frame,currentStep);%运行目标识别
17       if currentStep = =1                                    %如果当前步等于1
18       costMatrix = zeros(0,numel(detections));               %成本矩阵
19       [confirmedTracks, ~ ,allTracks] = updateTracks(tracker,...%更新跟踪器
                 detections,currentStep,costMatrix);
20       else                                                   %否则
21         costMatrix = detectionToTrackCost(allTracks,detections,...%计算跟踪成本
                    positionSelector,tracker.AssignmentThreshold);
22       [confirmedTracks, ~ ,allTracks] = updateTracks(tracker,...%更新跟踪器
                 detections,currentStep,costMatrix);
23       end                                                    %结束
24       confirmedTracks = removeNoisyTracks(confirmedTracks,...%去掉远处的行人跟踪
                    positionSelector,d.sensor.Intrinsics.ImageSize);
25       frameWithAnnotations = insertTrackBoxes(frame,...      %插入跟踪注释
                    confirmedTracks,positionSelector,d.sensor);
26       videoPlayer(frameWithAnnotations);                     %显示带注释的方框
27       if currentStep = = snapTimeStamp                       %判断当前时间
28           snapshot = frameWithAnnotations;                   %快照
29       end                                                    %结束
30       cont = hasFrame(videoReader)&&isOpen(videoPlayer);     %关闭退出条件
31   end                                                        %循环结束
32   if ~isempty(snapshot)                                      %判断是否有快照
33       imshow(snapshot)                                       %显示快照
34   end                                                        %结束
```

利用视觉传感器识别视频中的行人还需要以下函数:

a. setupTracker 函数。setupTracker 函数是创建一个基于卡尔曼滤波的多目标跟踪器。

```
1    function [tracker,positionSelector] = setupTracker()
2    tracker = multiObjectTracker('FilterInitializationFcn',@initBboxFilter,...
                        'AssignmentThreshold',0.999,'NumCoastingUpdates',5,...
                        'ConfirmationParameters',[3,5],'HasCostMatrixInput',true);
3        positionSelector = [1,0,0,0,0,0,0,0;0,0,1,0,0,0,0,0;0,0,0,0,1,0,0,0;0,0,0,0,0,0,1,0];
4    end
```

b. initBboxFilter 函数。initBboxFilter 函数是定义一个卡尔曼滤波器来过滤边界框测量。

```
1    function filter = initBboxFilter(Detection)
2        dt = 1;
3        cvel = [1,dt;0,1];
4        A = blkdiag(cvel,cvel,cvel,cvel);
5        G1d = [dt^2/2;dt];
6        Q1d = G1d*G1d';
7        Q = blkdiag(Q1d,Q1d,Q1d,Q1d);
8        H = [1,0,0,0,0,0,0,0;0,0,1,0,0,0,0,0;0,0,0,0,1,0,0,0;0,0,0,0,0,0,1,0];
9        state = [Detection.Measurement(1);0;Detection.Measurement(2);0;...
                    Detection.Measurement(3);0;Detection.Measurement(4);0];
10       L = 100;
11       stateCov = diag([Detection.MeasurementNoise(1,1),L,Detection.MeasurementNoise(2,2),L,...
                    Detection.MeasurementNoise(3,3),L,Detection.MeasurementNoise(4,4),L]);
12       filter = trackingKF('StateTransitionModel',A,'MeasurementModel',H,'State',state,'StateCovariance',...
                                                stateCov,'MeasurementNoise',Detection.MeasurementNoise,'ProcessNoise',Q);
13   end
```

c. detectObjects 函数。detectObjects 是识别图像中行人的函数。

```
1    function detections = detectObjects(detector,frame,frameCount)
2        bboxes = detect(detector,frame);
3        L = 100;
4        measurementNoise = [L,0,0,0;0,L,0,0;0,0,L/2,0;0,0,0,L/2];
5        numDetections = size(bboxes,1);
6        detections = cell(numDetections,1);
7        for i = 1:numDetections
8            detections{i} = objectDetection(frameCount,bboxes(i,:), ...
                    'MeasurementNoise',measurementNoise);
9        end
10   end
```

d. removeNoisyTracks 函数。removeNoisyTracks 函数的功能是去除跟踪噪声。如果跟踪的预测边界框太小,则将其视为噪声,通常这意味着这个人离得很远。

```
1    function tracks = removeNoisyTracks(tracks,positionSelector,imageSize)
2        if isempty(tracks)
3            return
4        end
5        positions = getTrackPositions(tracks,positionSelector);
6        invalid = (positions(:,1)<1|positions(:,1)+positions(:,3)>imageSize(2)|...
                   positions(:,3)<=5|positions(:,4)<=10);
7        tracks(invalid) = [];
8    end
```

e. insertTrackBoxes 函数。insertTrackBoxes 函数表示在图像中插入边框，并显示跟踪行人的位置。

```
1    function I = insertTrackBoxes(I,tracks,positionSelector,sensor)
2        if isempty(tracks)
3            return
4        end
5        labels = cell(numel(tracks),1);
6        bboxes = getTrackPositions(tracks,positionSelector);
7        for i = 1:numel(tracks)
8            box = bboxes(i,:);
9            xyImageLoc = [box(1)+box(3)/2, box(2)+box(4)];
10           xyImageLoc(1) = min(max(xyImageLoc(1),1),size(I,2));
11           xyImageLoc(2) = min(xyImageLoc(2),size(I,1));
12           xyVehicle = imageToVehicle(sensor,xyImageLoc);
13           labels{i} = sprintf('x=%.1f,y=%.1f',xyVehicle(1),xyVehicle(2));
14       end
15       I = insertObjectAnnotation(I,'rectangle',bboxes,labels,'Color','yellow',...
16           'FontSize',10,'TextBoxOpacity',.8,'LineWidth',2);
17   end
```

f. detectionToTrackCost 函数。detectionToTrackCost 函数用于计算识别到跟踪分配的自定义成本。

```
1    function costMatrix = detectionToTrackCost(tracks,detections,positionSelector,threshold)
2        if isempty(tracks)||isempty(detections)
3            costMatrix = zeros(length(tracks),length(detections));
4            return
5        end
6        trackBboxes = getTrackPositions(tracks,positionSelector);
7        trackBboxes(:,3) = max(eps,trackBboxes(:,3));
8        trackBboxes(:,4) = max(eps,trackBboxes(:,4));
9        allDetections = [detections{:}];
10       bboxes = reshape([allDetections(:).Measurement],4,length(detections))';
11       costMatrix = 1-bboxOverlapRatio(trackBboxes,bboxes);
12       costMatrix(costMatrix(:)>threshold) = Inf;
13   end
```

②单击"Run"按钮运行程序,可以看到视频中的行人识别,如图 7-13 所示。

图 7-13　视觉传感器识别视频中的行人

4)识别图像中的人脸。

[实例 6] 识别图像中的人脸

步骤如下:

①在 MATLAB 命令行窗口输入以下程序实现功能。

```
1  faceDetector = vision.CascadeObjectDetector;              %人脸检测器
2  I = imread('xr3a.jpg');                                    %读取原始图像
3  bboxes = faceDetector(I);                                  %检测图像中人脸
4  IFaces = insertObjectAnnotation(I,'rectangle',bboxes,'Faces');%将检测结果标注在图
像上
5  imshow(IFaces)                                             %显示检测结果
```

②把原始图像作为输入,人脸识别结果如图 7-14 所示。

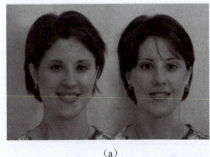
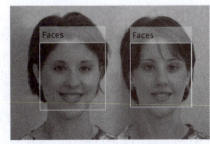

(a)　　　　　　　　　　　　　　　(b)

图 7-14　人脸识别(一)

(a)原始图像;(b)人脸识别图像

③更换原始图像,人脸识别结果如图7-15所示。

(a) (b)

图7-15 人脸识别(二)
(a) 原始图像;(b) 人脸识别图像

3. 交通标志识别技术

交通标志是道路交通管理的重要组成部分,对无人驾驶车辆的安全行驶和规范驾驶起到关键作用。交通标志识别技术能够通过计算机视觉和机器学习方法来自动检测、分类和理解道路上的交通标志。

(1) 常用的交通标志识别技术

1) 基于颜色和形状的方法:这些方法利用交通标志的颜色和形状特征进行识别。通过对图像进行颜色分割和形状匹配,可以从场景中提取出交通标志的特征,然后使用模式匹配算法或机器学习算法对标志进行分类。

2) 基于特征提取和机器学习的方法:这些方法使用计算机视觉中的特征提取和机器学习方法来识别交通标志。常见的特征提取方法包括 HOG(方向梯度直方图)、SIFT(尺度不变特征变换)和 SURF(加速稳健特征)。然后,可以使用机器学习算法(如支持向量机、随机森林等)将提取的特征与标志类别进行匹配和分类。

3) 基于深度学习的方法:近年来,深度学习技术在交通标志识别中取得了很大的突破。可以使用预训练的深度学习模型(如卷积神经网络)来提取图像特征,并使用全连接层和 Softmax 进行标志的分类。深度学习模型具有强大的特征提取和分类能力,可以处理复杂的交通标志场景。

4) 基于图像分割的方法:这些方法通过对图像进行分割,将交通标志与背景区分开来。常用的图像分割算法包括基于边缘的分割(如 Canny 算法)、基于阈值的分割和基于区域的分割。分割后的交通标志可以进一步进行特征提取和分类。

5) 基于深度学习模型的交通标志检测与识别:一种流行的方法是将交通标志检测和识别结合起来,通过将深度学习模型(如 Faster R-CNN、YOLO 等)与目标检测算法相结合,实现对交通标志的准确检测和分类。

在实际应用中,可以根据具体的应用场景和需求来选择和应用交通标志识别技术,同时还要考虑到光照变化、遮挡和尺度变化等因素的影响,并保证识别的准确性和实时性。

无人驾驶中的交通标志识别技术是确保车辆安全行驶和遵守交通规则的重要环节。通过图像处理和特征提取的方法，结合传统的机器学习算法和深度学习算法，无人驾驶车辆可以实时感知和识别交通标志，从而做出相应的决策和规划。

为了保障汽车安全行驶，道路上有各种交通标志，交通标志示例如图 7-16 所示。

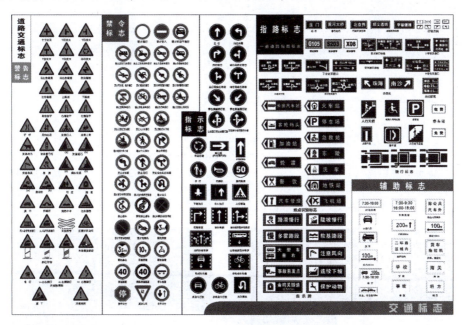

图 7-16 交通标志示例

交通标志具有鲜明的色彩特征，因此要实现对交通标志图像的有效分割和识别，颜色是一个重要信息，选择合适的颜色空间对其加以分析和提取，将有助于系统检测的实时性和准确性。

交通标志识别主要使用视觉传感器，对应无人驾驶汽车，也可以利用激光雷达。

（2）交通标志检测

通过训练目标检测器进行各种交通标志的检测。

1) ACF 目标检测器。trainACFObjecDetector 为训练 ACF 目标检测器的函数，其调用格式如下：

detector = trainACFObjectDetector（trainingData）

detector = trainACFObjectDetector（trainingData, Name, Value）

其中：trainingData 为地面真实训练数据（图像）；Name 和 Value 为指定的附加选项；detector 为 ACF 目标检测器。

[实例 7] 训练 ACF 目标检测器识别图像中的停车标志

步骤如下：

①在 MATLAB 命令行窗口输入以下程序实现功能。

```
1   imageDir = fullfile(matlabroot, 'toolbox', 'vision',...    %定义文件路径
        'visiondata', 'stopSignImages');
2   addpath(imageDir);                                          %添加路径
```

```
3    load('stopSignsAndCars.mat');                               %加载停车标志训练
数据
4    stopSigns = stopSignsAndCars(:,[1,2]);                      %提取图像文件名和
停车标志
5    stopSigns.imageFilename = fullfile(toolboxdir('vision'),...%把图像文件添加
到完整路径上
     'visiondata',stopSigns.imageFilename);
6    acfObjectDetector = trainACFObjectDetector(stopSigns,...%训练ACF停车标
志检测器
     'NegativeSamplesFactor',2);
7    I = imread('tc1.jpg');                                      %读取图像
8    [bboxes,scores] = detect(acfObjectDetector,I);              %检测停车标志
9    I = insertObjectAnnotation(I,'rectangle',bboxes,scores);    %标志识别结果
10   imshow(I)                                                   %显示识别结果
```

②把原始图像作为输入，停车标志识别输出结果如图 7-17 所示。

(a)   (b)

图 7-17 使用 ACF 目标检测器识别停车标志（一）
(a) 原始图像；(b) 停车标志识别图像

③更换原始图像，限速标志识别输出结果如图 7-18 所示。

(a)   (b)

图 7-18 使用 ACF 目标检测器识别停车标志（二）
(a) 原始图像；(b) 限速标志识别图像

2) RCNN 目标检测器。trainFastRCNNObjectDetector 为训练快速的 RCNN 目标检测器的函数，其调用格式如下：

trainedDetector = trainFastRCNNObjectDetector（trainingData，network，options）

trainedDetector = trainFastRCNNObjectDetector（trainingData，checkpoint，options）

trainedDetector = trainFastRCNNObjectDetector（trainingData，detector，options）

trainedDetector = trainFastRCNNObjectDetector（＿＿＿，'RegionProposalFcn'，proposalFcn）

trainedDetector = trainFastRCNNObjectDetector（＿＿＿，Name，Value）

[trainedDetector，info] = trainFastRCNNObjectDetector（＿＿＿）

其中：trainingData 为地面真实训练数据；network 为网络名称；options 为训练选项；checkpoint 为保存检测器检查点；detector 为以前训练更快的 RCNN 检测器；proposalFcn 为区域建议函数；Name 和 Value 为指定的附加选项；trainedDetector 为训练快速的 RCNN 目标检测器；info 为训练信息。

深度学习训练快速 R-CNN（卷积神经网络区域）目标检测器可以用于检测多个对象类。

[实例8] 训练快速 RCNN 目标检测器识别图像中的停车标志

步骤如下：

①在 MATLAB 命令行窗口输入以下程序实现功能。

```matlab
1    data = load('rcnnStopSigns.mat','stopSigns','fastRCNNLayers');     %加载训练数据
2    stopSigns = data.stopSigns;                                          %提取停车图像数据
3    fastRCNNLayers = data.fastRCNNLayers;                                %提取RCNN数据
4    stopSigns.imageFilename = fullfile(toolboxdir('vision'), ...         %添加到完整路径
         'visiondata',stopSigns.imageFilename);
5    rng(0);                                                              %设种子为0
6    shuffledIdx = randperm(height(stopSigns));                           %随机打乱训练数据
7    stopSigns = stopSigns(shuffledIdx,:);                                %整理训练数据
8    imds = imageDatastore(stopSigns.imageFilename);                      %创建图像数据集
9    blds = boxLabelDatastore(stopSigns(:,2:end));                        %创建盒式标签数据集
10   ds = combine(imds,blds);                                             %合并数据集
11   ds = transform(ds,@ (data)preprocessData(data,[920,968,3]));         %对图像预处理
12   options = trainingOptions('sgdm','MiniBatchSize',10, ...             %设置网络训练选项
         'InitialLearnRate',1e-3,'MaxEpochs',10,'CheckpointPath',tempdir);
13   frcnn = trainFastRCNNObjectDetector(ds,fastRCNNLayers,options, ...   %训练R-CNN检测器
         'NegativeOverlapRange',[0,0.1],'PositiveOverlapRange',[0.7,1]);
14   img = imread('tc2.jpg');                                             %读取测试图像
15   [bbox,score,label] = detect(frcnn,img);                              %运行图像识别
16   detectedImg = insertObjectAnnotation(img,'rectangle',bbox,score);    %插入标注
17   imshow(detectedImg);                                                 %显示识别结果
18   function data = preprocessData(data,targetSize)                      %预处理数据函数开始
19       scale = targetSize(1:2)./size(data{1},[1,2]);                    %调整目标大小
20       data{1} = imresize(data{1},targetSize(1:2));                     %图像数据
21       bboxes = round(data{2});                                         %调整边框大小
22       data{2} = bboxresize(bboxes,scale);                              %边框数据
23   end                                                                  %结束
```

②把原始图像作为输入,停车标志识别输出结果如图 7-19 所示。这种训练可能需要几十分钟。

(a) (b)

图 7-19 使用 RCNN 目标检测器识别停车标志 (一)
(a) 原始图像;(b) 停车标志识别图像

③更换原始图像,限速标志识别输出结果如图 7-20 所示。

(a) (b)

图 7-20 使用 RCNN 目标检测器识别停车标志 (二)
(a) 原始图像;(b) 限速标志识别图像

3) 目标检测器训练数据。objecDetectorTrainingData 为目标检测器创建训练数据的函数,其调用格式如下:

[imds, blds] = objectDetectorTrainingData (gTruth)

trainingDataTable = objectDetectorTrainingData (gTruth)

_____ = objectDetectorTrainingData (gTruth, Name, Value)

其中:gTruth 为地面真实数据;imds 为图像数据存储的训练数据;blds 为盒式标签数据存储的训练数据;trainingDataTable 为训练数据表;Name 和 Value 为指定的附加选项。

[实例9] 创建训练数据识别图像中的停车标志

步骤如下:

①在 MATLAB 命令行窗口输入以下程序实现功能。

```
1   imageDir = fullfile(matlabroot, 'toolbox', 'vision',...    %定义文件路径
        'visiondata','stopSignImages');
2   addpath(imageDir);                                          %添加路径
3   load('stopSignsAndCarsGroundTruth.mat', ...                 %加载地面真实数据
    'stopSignsAndCarsGroundTruth')
4   stopSignGroundTruth = selectLabels(...                      %选择停车标志数据
        stopSignsAndCarsGroundTruth,'stopSign');
```

```
5   trainingData = objectDetectorTrainingData(stopSignGroundTruth);   %创建训练数据
6   summary(trainingData)                                              %汇总训练数据
7   acfDetector = trainACFObjectDetector(trainingData,...              %训练ACF目标检测器
        'NegativeSamplesFactor',2);
8   I = imread('tc3.jpg');                                             %读取测试图像
9   bboxes = detect(acfDetector,I);                                    %识别停车标志
10  annotation = acfDetector.ModelName;                                %定义标签
11  I = insertObjectAnnotation(I,'rectangle',bboxes,annotation);       %插入方框和标签
12  imshow(I)                                                          %显示识别结果
```

②把原始图像作为输入，停车标志识别输出结果如图7-21所示。

(a) (b)

图7-21 创建训练数据检测停车标志

(a) 原始图像；(b) 停止标志识别图像

③更换原始图像，交通标志识别输出结果如图7-22所示。

(a) (b)

图7-22 创建训练数据检测交通标志

(a) 原始图像；(b) 交通标志识别图像

4. 交通信号灯识别技术

交通信号灯识别是指通过计算机视觉技术和人工智能算法，分析图像或视频中的交通信号灯，对交通场景中的信号灯进行自动检测和识别，实现交通流量控制和智能交通系统的发展。该技术可以帮助驾驶员和自动驾驶系统准确判断红绿灯状态，从而做出相应的行驶决策。

（1）交通信号灯识别的主要步骤

1）图像获取：通过摄像头或者其他传感器获取交通场景的图像或视频。

2）目标检测：使用计算机视觉算法对图像进行处理，检测图像中的交通信号灯目标。

3）信号灯分类：对目标进行分类，判断交通信号灯的颜色状态，通常分为红灯、绿灯和黄灯。

4）决策与输出：根据识别结果，交通驾驶员或自动驾驶系统可以根据交通信号灯的状态做出相应的行驶决策，如停车、加速或减速等。

交通信号灯识别技术在智能交通系统和自动驾驶领域有着重要的应用，它能够提高交通安全性，减少交通事故的发生，同时也为自动驾驶汽车提供了重要的环境感知功能。

（2）交通信号灯识别系统

交通信号灯识别系统利用计算机视觉和机器学习技术，通过对交通信号灯进行检测、分类和识别，实现交通流量控制和交通信号灯智能化管理的目标。交通信号灯识别系统由图像采集设备、图像处理模块、特征提取模块、分类识别模块和状态判断模块组成。通过以下步骤可以实现交通信号灯识别：

1）图像采集：使用摄像头或其他图像采集设备获取道路上的交通信号灯图像或视频。

2）图像预处理：对采集到的图像进行预处理，包括去噪、图像增强和图像分割等步骤，以提高后续处理的准确性和效果。

3）特征提取：从预处理后的图像中提取交通信号灯的特征，包括颜色、形状、纹理等。常用的特征提取方法包括直方图特征、形状描述子和纹理特征等。

4）分类识别：利用机器学习算法或深度学习算法对提取的特征进行分类和识别，将交通信号灯图像分类为红灯、绿灯或黄灯。

5）状态判断：根据分类结果判断交通信号灯的当前状态，以便进行相应的交通流量控制或指导。

（3）交通信号灯识别方法

交通信号灯识别是交通管理和智能交通系统中的重要技术之一。通过对交通信号灯进行检测、分类和识别，可以实现交通流量控制和交通信号灯智能化管理的目标。常见的交通信号灯识别方法如下：

1）基于颜色的方法。基于颜色的交通信号灯识别方法是最常见的方法之一，根据交通信号灯的颜色（红、绿、黄）来进行识别。通过图像采集设备获取道路上的交通信号灯图像，然后通过颜色阈值分割，提取出交通信号灯的颜色区域，再根据颜色区域来判断信号灯的状态。这种方法简单且实时性较好，但对光照变化和噪声干扰较敏感。

2）基于形状的方法。基于形状的交通信号灯识别方法是通过提取交通信号灯的形状特征来进行识别。首先对交通信号灯图像进行预处理，包括图像增强和边缘检测等步骤。然后通过形状描述子提取交通信号灯的形状特征，如圆形、椭圆形等。最后利用机器学习算法对提取的特征进行分类和识别。这种方法对光照变化和颜色变化的影响较小，但对交通信号灯的形状要求较高。

3）基于深度学习的方法。基于深度学习的交通信号灯识别方法是近年来的研究热点。通过使用深度学习模型，如卷积神经网络、循环神经网络等，对大量的交通信号灯图像进行训练和学习，从而实现对信号灯的分类和识别。这种方法具有较高的准确率和鲁棒性，对光照变化和噪声干扰具有较好的鲁棒性，但需要大量的训练样本和计算资源。

4）基于多传感器融合的方法。基于多传感器融合的交通信号灯识别方法是通过同时利用多种传感器（如摄像头、激光雷达等）获取的信息来进行识别。通过融合不同传感器的数据，可以提高交通信号灯识别的准确性和鲁棒性。例如，可以将摄像头获取的图像信息和激光雷达获取的距离信息进行融合，从而实现对信号灯的精确识别。

交通信号灯识别方法各有优劣，可以根据具体的应用场景和需求选择适合的方法。

[实例10] 利用 MATLAB 图像处理对交通信号灯进行识别

原始图像如图 7-23 所示，具体步骤如下：读取原始图像；颜色空间转换；绘制直方图；统计直方图中的红、绿、黄像素点；输出红黄绿像素点的个数；输出识别结果。

  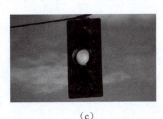

(a) (b) (c)

图 7-23 交通信号灯原始图像

(a) 红灯；(b) 绿灯；(c) 黄灯

在 MATLAB 命令行窗口输入以下程序实现功能。

```
1    [filename,filepath] = uigetfile('jpg','输入要识别的信号灯');    %输入信号灯
2    file = strcat(filepath,filename);                              %定义信号灯文件
3    Image_f = imread(file);                                        %读取信号灯文件
4    subplot(2,2,1)                                                 %设置图像位置
5    imshow(Image_f)                                                %显示原始图像
6    title('原始图像')                                                %原始图像标注
7    hsv_f = rgb2hsv(Image_f);                                      %将 RGB 转换成 HSV
8    H = hsv_f(:,:,1)*255;                                          %提取 H
9    S = hsv_f(:,:,2)*255;                                          %提取 S
10   V = hsv_f(:,:,3)*255;                                          %提取 V
11   subplot(2,2,2)                                                 %设置图像位置
12   imshow(hsv_f)                                                  %显示 HSV 图像
```

```
13    title('HSV 图像')                                                    %HSV 图像标注
14    subplot(2,2,4)                                                       %设置图像位置
15    imhist(uint8(H));                                                    %提取 H 直方图
16    title('直方图')                                                       %直方图标注
17    [y,x,z]=size(Image_f);                                               %原始图像尺寸
18    Red_y=zeros(y,1);                                                    %红色赋初值0矩阵
19    Green_y=zeros(y,1);                                                  %绿色赋初值0矩阵
20    Yellow_y=zeros(y,1);                                                 %黄色赋初值0矩阵
21    for i=1:y                                                            %循环开始
22      for j=1:x                                                          %循环开始
23        if(((H(i,j) >=0)&&(H(i,j)<15))&&(V(i,j)>50)&&(S(i,j)>30))        %判断红色条件
24            Red_y(i,1)=Red_y(i,1)+1;                                     %计算红色像素
25        elseif(((H(i,j) >=66)&&(H(i,j)<130))&&(V(i,j)>50)&&(S(i,j)>30))  %判断绿色条件
26            Green_y(i,1)=Green_y(i,1)+1;                                 %计算绿色像素
27        elseif(((H(i,j) >=20)&&(H(i,j,1)<65))&&(V(i,j)>50)&&(S(i,j)>30)) %判断黄色条件
28            Yellow_y(i,1)=Yellow_y(i,1)+1;                               %计算黄色像素
29        end                                                              %判断结束
30      end                                                                %循环结束
31    end                                                                  %循环结束
32    Max_Red_y=max(Red_y)                                                 %最大红色像素
33    Max_Green_y=max(Green_y)                                             %最大绿色像素
34    Max_Yellow_y=max(Yellow_y)                                           %最大黄色像素
35    if((Max_Red_y>Max_Green_y)&&(Max_Red_y>Max_Yellow_y))                %判断红色
36        Result=1;                                                        %结果为1
37    elseif((Max_Green_y>Max_Red_y)&&(Max_Green_y>Max_Yellow_y))          %判断绿色
38        Result=2;                                                        %结果为2
39    elseif((Max_Yellow_y>Max_Green_y)&&(Max_Yellow_y>Max_Red_y))         %判断黄色
40         Result=3;                                                       %结果为3
41    else                                                                 %否则
42         Result=4;                                                       %其他为4
43    end                                                                  %结束
44    if(Result==1)                                                        %如果结果为1
45        disp('识别结果为红灯');                                            %识别结果为红灯
46    elseif(Result==2);                                                   %如果结果为2
47        disp('识别结果为绿灯');                                            %识别结果为绿灯
48    elseif(Result==3)                                                    %如果结果为3
49        disp('识别结果为黄灯');                                            %识别结果为黄灯
50    else                                                                 %否则
51        disp('识别失败');                                                  %识别失败
52    end                                                                  %结束
```

当输入为红灯时，输出图像如图 7-24 所示。

Max_Red_y = 42

Max_Green_y = 29

Max_Yellow_y = 12

检测结果为红灯。

当输入为绿灯时，输出图像如图 7-25 所示。

Max_Red_y = 0

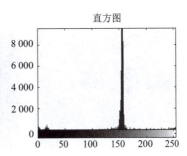

图 7-24　红灯识别

Max_Green_y = 115
Max_Yellow_y = 4
检测结果为绿灯。

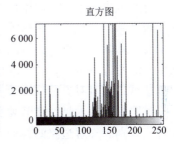

图 7-25　绿灯识别

当输入为黄灯时,输出图像如图 7-26 所示。
Max_Red_y = 17
Max_Green_y = 13
Max_Yellow_y = 63
检测结果为黄灯。

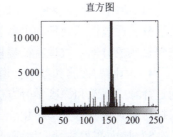

图 7-26　黄灯识别

将输入绿灯换成图 7-27 中原始图像,输出图像结果如 HSV 图像所示。
Max_Red_y = 47
Max_Green_y = 126
Max_Yellow_y = 11
检测结果为绿灯。

图 7-27 绿灯信号识别

5. 道路识别技术

道路识别技术是指利用传感器和算法来检测和识别道路的一种技术。传感器包括摄像头、激光雷达、毫米波雷达等。通过这些传感器获取到的道路信息，结合图像处理、模式识别和机器学习等算法，可以对道路进行分析和识别。其中，图像处理技术可以对传感器获取到的图像进行处理，提取出道路的特征，如边缘、纹理和颜色等。模式识别和机器学习算法可以通过对大量训练数据的学习和训练，实现对道路特征的分类和识别。

道路识别技术是智能驾驶和自动驾驶系统中的关键技术，它能够通过计算机视觉和感知算法识别和理解道路的各种元素和属性。

（1）常用的道路识别技术

1）车道线检测和识别：通过计算机视觉算法和图像处理技术，可以对道路上的车道线进行检测和识别。常用的算法包括边缘检测、霍夫变换和曲线拟合等。通过分析车道线的位置、形状和颜色等特征，可以实现对车道线的识别和跟踪。

2）路面标记物检测和识别：除了车道线，道路上还有许多其他标记物，如停车标志、交叉路口标志等。通过计算机视觉和机器学习方法，可以检测和识别这些路面标记物。常用的方法包括颜色分割、形状匹配和特征提取等。

3）道路和路面检测：道路和路面的检测是指将图像中的道路区域与其他背景区域进行区分。通过图像处理和机器学习方法，可以实现对道路和路面的检测和分割。常用的方法包括颜色分割、纹理特征提取和机器学习分类等。

4）障碍物检测和分割：道路上可能存在各种障碍物，如车辆、行人、交通锥桩等。通过计算机视觉和深度学习方法，可以实现对这些障碍物的检测和分割。常用的方法包括目标检测算法（如 Faster R-CNN、YOLO 等）和语义分割算法（如 FCN、UNet 等）。

5）地面高程估计：地面高程估计是指通过图像和传感器数据来估计道路的高程信息。通过使用摄像头和激光雷达等传感器，可以获取道路的三维点云数据，然后使用点云处理和地面平面拟合算法来估计地面的高程。

道路识别技术可以在自动驾驶系统中实现道路的感知和理解，从而辅助车辆的导航、路径规划和决策等功能。在实际应用中，道路识别技术需要考虑到光照变化、天气条件和路面状况等因素的影响，并保证识别的准确性和实时性。

(2) MATLAB 提供的道路识别检测函数。

1) 检测灰度图像中车道。segmentLaneMarkerRidge 为检测灰度图像中车道的函数,其调用格式如下:

birdsEyeBW = segmentLaneMarkerRidge（birdsEyeImage,birdsEyeConfig,aMarkerWidth）

birdsEyeBW = segmentLaneMarkerRidge（＿ ＿ ＿,Name,Value）

其中:birdsEyeImage 为鸟瞰灰度图像;birdsEyeConfig 为将车道点从车辆坐标转换为图像坐标;aMarkerWidth 为车道近似宽度;Name 和 Value 为设置感兴趣区域（ROI）和灵敏度因子;birdsEycBW 为检测的车道。

［实例11］利用识别灰度图像中车道的函数识别图像中的车道线

步骤如下:

①在 MATLAB 命令行窗口输入以下程序实现功能。

```
1   load birdsEyeConfig                              %加载鸟瞰图配置
2   I = imread('road.png');                          %读取道路图像
3   birdsEyeImage = transformImage(birdsEyeConfig,I); %道路图像转换鸟瞰图像
4   imshow(birdsEyeImage)                            %显示鸟瞰图像
5   birdsEyeImage = rgb2gray(birdsEyeImage);         %鸟瞰图像转换灰度图像
6   figure                                           %设置图形窗口
7   imshow(birdsEyeImage)                            %显示灰度图像
8   aMarkerWidth = 0.25;                             %车道近似宽度
9   birdsEyeBW = segmentLaneMarkerRidge(birdsEyeImage, ...  %识别灰度图像中车道
        birdsEyeConfig,aMarkerWidth);
10  figure                                           %设置图形窗口
11  imshow(birdsEyeBW)                               %显示识别结果
```

②把原始图像作为输入,输出结果如图 7 - 28 所示。

(a)　　　　　　　　　(b)　　(c)　　(d)

图 7 - 28　图像中的车道识别

(a) 车道线原始图;(b) 鸟瞰图;(c) 灰度图;(d) 车道识别

2) 抛物线车道边界模型。parabolicLaneBoundary 为创建抛物线车道边界模型的函数,其调用格式如下:

boundaries = parabolicLaneBoundary（parabolicParameters）

其中:parabolicParameters 为抛物线模型的系数;boundaries 为抛物线车道边界模型。

抛物线模型为 $y = Ax^2 + Bx + C$,抛物线模型系数为 ［A,B,C］。

3）使用抛物线模型寻找车道边界。findParabolicLaneBoundaries 为使用抛物线模型寻找车道边界的函数，其调用格式如下：

boundaries = findParabolicLaneBoundaries（xyBoundaryPoints，approxBoundaryWidth）

[boundaries，boundaryPoints] = findParabolicLaneBoundaries（xyBoundaryPoints，approxBoundaryWidth）

[____] = findParabolicLaneBoundaries（____，Name，Value）

其中：xyBoundaryPoints 为候选车道边界点；approxBoundaryWidth 为车道近似宽度；Name 和 Value 为设置车道边界检测属性；boundaries 为车道边界模型，boundaryPoints 为车道边界点。

[实例12] 使用抛物线车道边界模型查找原始图像中的车道

将识别出的车道标在鸟瞰图和原始图上

步骤如下：

①在 MATLAB 命令行窗口输入以下程序实现功能。

```
1   I = imread('road.png');                                          %读取道路图像
2   bevSensor = load('birdsEyeConfig');                              %加载鸟瞰图配置
3   birdsEyeImage = transformImage(bevSensor.birdsEyeConfig,I);      %道路图像转换鸟瞰图像
4   approxBoundaryWidth = 0.25;                                      %车道近似宽度
5   birdsEyeBW = segmentLaneMarkerRidge(rgb2gray(birdsEyeImage), ... %识别灰度图像中车道
            bevSensor.birdsEyeConfig,approxBoundaryWidth);
6   [imageX,imageY] = find(birdsEyeBW);                              %查找图像边界点
7   xyBoundaryPoints = imageToVehicle(bevSensor.birdsEyeConfig, ...  %图像坐标转换为车辆坐标
            [imageY,imageX]);
8   boundaries = findParabolicLaneBoundaries(xyBoundaryPoints, ...   %查找边界
        approxBoundaryWidth);
9   XPoints = 3:30;                                                  %设置 X 点范围
10  BEconfig = bevSensor.birdsEyeConfig;                             %定义传感器
11  lanesBEI = insertLaneBoundary(birdsEyeImage,boundaries(1), ...   %插入左车道
        BEconfig,XPoints);
12  lanesBEI = insertLaneBoundary(lanesBEI,boundaries(2),BEconfig, ..%插入右车道
        XPoints,'Color','green');
13  imshow(lanesBEI)                                                 %显示识别结果
14  figure                                                           %设置图形窗口
15  sensor = bevSensor.birdsEyeConfig.Sensor;                        %定义传感器
16  lanesI = insertLaneBoundary(I,boundaries(1),sensor,XPoints);     %插入左车道
        lanesI = insertLaneBoundary(lanesI,boundaries(2), ...        %插入右车道
17  sensor,XPoints,'Color','green');
18  imshow(lanesI)                                                   %显示识别结果
```

②输出结果如图 7-29 所示。

4）三次方车道边界模型。cubicLaneBoundaryModel 为创建三次方车道边界模型的函数，其调用格式如下：

boundaries = cubicLaneBoundary（cubicParameters）

其中：cubicParameters 为三次方模型的系数；boundaries 为三次方车道边界模型。

(a)　　　　　　　　　(b)　　　　　　　　　(c)

图 7-29　使用抛物线模型识别车道线

(a) 车道原始图像；(b) 车道识别鸟瞰图；(c) 原始图像标注识别车道

三次方模型为 $y = Ax^3 + Bx^2 + Cx + D$，三次方模型系数为 [A, B, C, D]。

5) 用三次方模型寻找车道边界。findCubicLaneBoundaries 为用三次方模型寻找车道边界的函数，其调用格式如下：

boundaries = findCubicLaneBoundaries (xyBoundaryPoints, approxBoundaryWidth)

[boundaries, boundaryPoints] = findCubicLaneBoundaries (xyBoundaryPoints, approxBoundaryWidth)

[____] = findCubicLaneBoundaries (____, Name, Value)

其中：xyBoundaryPoints 为候选车道边界点；approxBoundaryWidth 为车道近似宽度；Name 和 Value 为设置车道边界检测属性；boundaries 为车道边界模型；boundaryPoints 为车道边界点。

[实例 13] 使用三次方车道边界模型在原始图像中识别车道线

利用 MATLAB 对图 7-30 所示的两侧车道线进行识别，车道线识别步骤如下：原始图像灰度变换；图像滤波处理；图像二值化处理；图像边缘识别；霍夫变换提取直线段；车道线识别结果绘制。

图 7-30　车道线原始图像

① 在 MATLAB 命令行窗口输入以下程序实现功能。

```
1   ori = imread('roadline.jpg');                                          %读取原始图像
2   pic_gray = rgb2gray(ori);                                              %转换灰度图像
3   figure(1)                                                              %设置图形窗口1
4   imshow(pic_gray)                                                       %显示灰度图形
5   filter1_pic = medfilt2(pic_gray);                                      %图像中值滤波
6   filter2_pic = filter2(fspecial('average',3),filter1_pic)/255;          %图像滤波
7   figure(2)                                                              %设置图形窗口2
8   imshow(filter2_pic)                                                    %显示滤波图像
9   bw_pic = im2bw(filter2_pic);                                           %图像二值化
10  figure(3)                                                              %显示图形窗口3
11  imshow(bw_pic)                                                         %显示图像二值化
12  verge_pic = edge(bw_pic,'canny');                                      %边缘识别
13  figure(4)                                                              %设置图形窗口4
14  imshow(verge_pic)                                                      %显示边缘识别图像
15  [H,T,R] = hough(verge_pic);                                            %霍夫变换
16  figure(5)                                                              %设置图形窗口5
17  imshow(H,[],'XData',T,'YData',R,'InitialMagnification','fit')          %显示霍夫变换
18  xlabel('\theta 轴')                                                    %设置坐标轴
19  ylabel('\rho 轴');                                                     %设置坐标轴
20  axis on                                                                %打开坐标轴标签
21  axis normal                                                            %调节坐标轴纵横比
22  hold on;                                                               %保持图形
23  P = houghpeaks(H,2,'threshold',ceil(0.3*max(H(:))));                   %寻找霍夫变换峰值
24  x = T(P(:,2));y = R(P(:,1));                                           %给 x、y 赋值
25  plot(x,y,'s','color','white');                                         %绘制 x、y
26  lines = houghlines(verge_pic,T,R,P,'FillGap',50,'MinLength',50);       %寻找直线
27  figure(6)                                                              %设置图形窗口6
28  imshow(verge_pic)                                                      %显示车道线图像
29  hold on                                                                %保存图形
30  [h,w] = size(ori);                                                     %原始图像尺寸
31  for k = 1:length(lines)                                                %循环开始
32      xy = [lines(k).point1;lines(k).point2];                            %取 xy 值
33  X = [xy(1,1),xy(2,1)];                                                 %X 坐标
34  Y = [xy(1,2),xy(2,2)];                                                 %Y 坐标
35      p = polyfit(X,Y,1);                                                %曲线拟合
36      t = 0:0.01:w;                                                      %设 t 取值范围
37  n = polyval(p,t);                                                      %多项式曲线求值
38      plot(t,n,'LineWidth',5,'Color','green');                           %绘制车道线
39  end                                                                    %循环结束
40  figure(7)                                                              %设置图形窗口7
41  imshow(ori)                                                            %显示原始图像
42  hold on                                                                %保存图像
43  [h,w] = size(ori);                                                     %原始图像尺寸
44  for k = 1:length(lines)                                                %循环开始
45      xy = [lines(k).point1;lines(k).point2];                            %取 xy 值
46  X = [xy(1,1),xy(2,1)];                                                 %X 坐标
47  Y = [xy(1,2),xy(2,2)];                                                 %Y 坐标
```

```
48      p = polyfit(X,Y,1);                             %曲线拟合
49      t = 0:0.01:w;                                   %设 t 取值范围
50   n = polyval(p,t);                                  %多项式曲线求值
51     plot(t,n,'LineWidth',5,'Color','green');         %绘制车道线
52   end                                                %循环结束
```

②输出结果如图 7-31 所示。

(a)　　　　　　　　　　　　　(b)

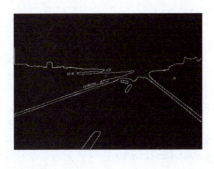
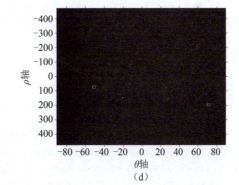

(c)　　　　　　　　　　　　　(d)

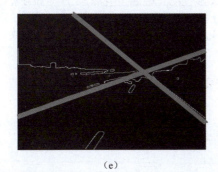

(e)　　　　　　　　　　　　　(f)

图 7-31　车道线识别

(a) 滤波图像；(b) 二值化处理图像；
(c) 边缘识别图像；(d) 霍夫变换图像；
(e) 车道线绘制；(f) 原始图像标注车道线识别

6) 对视频中识别的车辆和车道线进行标注。

[实例14] 对视频中识别的车辆和车道线进行标注

① 在 MATLAB 命令行窗口输入以下程序实现功能。

```
1   videoFile = 'sp1.mp4';                                   %视频文件
2   videoReader = VideoReader(videoFile);                    %视频阅读器
3   videoPlayer = vision.VideoPlayer;                        %视频播放器
4   time = 8;                                                %设置时间
5   videoReader.CurrentTime = time;                          %视频当前时间
6   frameWithoutAnnotations = readFrame(videoReader);        %视频帧
7   imshow(frameWithoutAnnotations);                         %显示原始视频帧
8   recordingFile = 'sp1.mat';                               %识别文件
9   [visionObjects,laneReports,timeStep,numSteps] = ...      %读取识别文件
        readDetectionsFile(recordingFile);
10  currentStep = round(time/timeStep) + 1;                  %计算当前步
11  videoDetections = processDetections(visionObjects(currentStep)); %目标识别
12  laneBoundaries = processLanes(laneReports(currentStep)); %车道边界
13  sensor = setupMonoCamera(videoReader);                   %设置单目摄像头
14  frameWithAnnotations = updateDisplay(frameWithoutAnnotations,... %更新显示
        sensor,videoDetections,laneBoundaries);
15  imshow(frameWithAnnotations);                            %显示带注释的视频帧
16  currentStep = 0;                                         %当前步重置为0
17  videoReader.CurrentTime = 0;                             %视频读取时间重置为0
18  while currentStep < numSteps && hasFrame(videoReader)    %循环开始
19    currentStep = currentStep + 1;                         %更新当前步
20    videoDetections = processDetections(...                %目标识别
        visionObjects(currentStep),videoDetections);
21    laneBoundaries = processLanes(laneReports(currentStep)); %车道边界
22    frameWithoutAnnotations = readFrame(videoReader);      %视频帧
23    frameWithAnnotations = updateDisplay(frameWithoutAnnotations,... %更新显示
        sensor,videoDetections,laneBoundaries);
24    videoPlayer(frameWithAnnotations);                     %视频播放
25  end                                                      %结束
```

对视频中识别的车辆和车道线进行标注，需要以下辅助函数：

a. 创建单目摄像机函数。

```
1   function sensor = setupMonoCamera(vidReader)
2   focalLength = [1260,1100];
3   principalPoint = [360,245];
4   imageSize = [vidReader.height,vidReader.width];
5   intrinsics = cameraIntrinsics(focalLength,principalPoint,imageSize);
6   mountingHeight = 1.45;
7   mountingPitch = 1.25;
8   mountingRoll = 0.15;
9   mountingYaw = 0;
10  sensor = monoCamera(intrinsics,mountingHeight,'Pitch',mountingPitch, ...
```

```
                   'Roll',mountingRoll,'Yaw',mountingYaw);
11    end
```

b. 更新显示函数。

```
1   function frame = updateDisplay(frame,sensor,videoDetections,laneBoundaries)
2   bboxes = zeros(numel(videoDetections),4);
3   for i = 1:numel(videoDetections)
4   xyLocation1 = vehicleToImage(sensor,videoDetections(i).positions' +...
            [0,videoDetections(i).widths/2]);
5   xyLocation2 = vehicleToImage(sensor,videoDetections(i).positions' - ...
            [0,videoDetections(i).widths/2]);
6           dx = xyLocation2(1) - xyLocation1(1);
7           if strcmp(videoDetections(i).labels,'Car')
8               dy = dx*0.85;
9           elseif strcmp(videoDetections(i).labels,'Pedestrian')
10              dy = dx*3;
11          else
12              dy = dx;
13          end
14   bboxes(i,:) = [(xyLocation1 - [0,dy]),dx,dy];
15   end
16   labels = {videoDetections(:).labels}';
17   if ~isempty(labels)
18       frame = insertObjectAnnotation(frame,'rectangle',bboxes,labels,...
                    'Color','yellow','FontSize',10,'TextBoxOpacity',.8,
'Line Width',2);
19   end
20   xRangeVehicle = [1,100];
21   xPtsInVehicle = linspace(xRangeVehicle(1),xRangeVehicle(2),100)';
22   frame = insertLaneBoundary(frame,laneBoundaries(1),sensor,xPtsInVehicle,'Color','red');
23   frame = insertLaneBoundary(frame,laneBoundaries(2),sensor,xPtsInVehicle,'Color','green');
24   end
```

c. 读取记录的传感器识别文件函数。

```
1   function [visionObjects,laneReports,timeStep,numSteps] = readDetectionsFile(filename)
2   A = load(strcat(filename));
3   visionObjects = A.vision;
4   laneReports = A.lane;
5   timeStep = 0.05;
6   numSteps = numel(visionObjects);
7   end
```

d. 处理视频车辆识别函数。

```
1    function videoDetections = processDetections(visionData,videoDetections)
2    ClassificationValues = {'Unknown','Unknown Small','Unknown Big', ...
            'Pedestrian','Bike','Car','Truck','Barrier'};
3    numVideoObjects = visionData.numObjects;
4    if numVideoObjects = =0
5        if nargin = =1
6            videoDetections = struct('positions',{},'labels',{},'widths',{});
7        end
8        return;
9    else
10       videoDetections = struct('positions',[],'labels',[],'widths',[]);
11       for i =1:numVideoObjects
12           videoDetections(i).widths = visionData.object(i).size(2);
13           videoDetections(i).positions = visionData.object(i).position(1:2);
14           videoDetections(i).labels = ClassificationValues{visionData.object(i).classification +1};
15       end
16   end
17   end
```

e. 处理车道边界识别函数。

```
1    function laneBoundaries = processLanes(laneReports)
2    types = {'Unmarked','Solid','Dashed','Unmarked','BottsDots', ...
            'Unmarked','Unmarked','DoubleSolid'};
3    leftLane = laneReports.left;
4    rightLane = laneReports.right;
5    leftParams = cast([leftLane.curvature,leftLane.headingAngle,leftLane.offset],'double');
6    leftBoundaries = parabolicLaneBoundary(leftParams);
7    leftBoundaries.BoundaryType = types{leftLane.boundaryType};
8    rightParams = cast([rightLane.curvature,rightLane.headingAngle,rightLane.offset],'double');
9    rightBoundaries = parabolicLaneBoundary(rightParams);
10   rightBoundaries.BoundaryType = types{rightLane.boundaryType};
11   laneBoundaries = [leftBoundaries, rightBoundaries];
12   end
```

②单击"Run"按钮运行程序,可以看到视频中的车辆和车道线识别与标注,如图7-32所示。

（a） （b）

图 7-32 车辆车道线和行人识别与标注
（a）原始视频帧；（b）车辆车道线和行人识别与标注

任务实施

1. 图像处理基础

（1）图像类型

经过采样和量化后，图像表示为离散的像素矩阵。根据量化层次的不同，每个像素点的取值也表示为不同范围的离散取值，对应不同的图像类型。

1）二值图像：二值图像是一种只包含黑色和白色两种颜色的图像。每个像素只有两种取值，通常表示为 0 和 1，或者表示为黑色和白色。二值图像通常用于表示简单的形状、图标、文本等，也常用于图像的预处理和分割等任务。

2）灰度图像：灰度图像是一种每个像素具有不同灰度级别的图像。灰度级别通常在 0 到 255 之间取值，表示不同的亮度或灰度。灰度图像可以通过将彩色图像的颜色信息转化为亮度信息得到，也可以通过使用单色相机或扫描仪获取。灰度图像广泛应用于图像处理、计算机视觉和医学图像等领域。

3）彩色图像：彩色图像是一种包含多种颜色的图像。每个像素可以表示为在红色、绿色和蓝色三个通道上的不同亮度值的组合。彩色图像可以呈现丰富的色彩和细节，通常用于摄影、艺术设计、广告等场景。常见的彩色图像格式有 RGB、CMYK 等。

4）动态图像：动态图像是一种由多个静态图像按照一定的顺序和时间间隔组成的图像。通过快速播放这些静态图像，就可以产生动画效果。动态图像通常用于动画电影、广告、游戏等领域，可以呈现出连续的运动和变化。

5）索引图像：索引图像是一种使用颜色索引表进行编码的图像。颜色索引表是一张包含有限个颜色的表格，每个像素通过索引值来表示所用的颜色。索引图像可以减少图像文件的大小，常用于网络传输和存储颜色有限的图像，如 GIF 格式图像。

（2）数字图像格式

数字图像在通信、机器视觉中广泛应用，常见的数字图像格式有以下几种：

1）JPEG（Joint Photographic Experts Group）：这是一种广泛使用的有损压缩格式，适

用于存储照片和彩色图像。JPEG 格式可以在图像质量和文件大小之间进行权衡。

2）PNG（Portable Network Graphics）：这是一种无损压缩格式，适用于存储图标、透明图像和简单的图形。PNG 格式支持透明背景和更高的图像质量，但文件大小通常较大。

3）GIF（Graphics Interchange Format）：这是一种支持动画的无损压缩格式，适用于存储简单的动画和图标。GIF 格式可以包含多个图像帧，并且支持透明背景。

4）BMP（Bitmap）：这是一种无损格式，适用于存储位图图像。BMP 格式可以以不同的颜色位深度保存图像，因此文件大小通常比较大。

5）TIFF（Tagged Image File Format）：这是一种无损格式，适用于存储高质量的图像和专业印刷图像。TIFF 格式支持多种压缩算法和颜色模式。

6）RAW（原始图像格式）：这是相机或扫描仪捕获图像的原始数据格式，没有经过任何处理或压缩。RAW 格式保留了最高的图像质量和细节，但需要专门的软件进行后期处理。

这些图像格式在不同场景和应用中具有不同的优势和特点，选择适合的格式需要考虑图像内容、质量要求以及文件大小的平衡。

（3）图像绘制

利用 MATLAB 仿真工具，实现图像的绘制。在 MATLAB 命令行窗口输入以下程序。

```
x = 0:pi/50:2*pi;                    %定义 x 取值范围
y = sin(x);                          %计算正弦函数
plot(x,y)                            %绘制正弦函数曲线
```

输出结果图 7 – 33 所示。

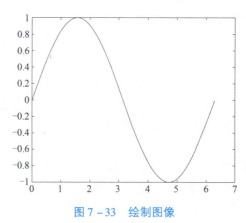

图 7 – 33　绘制图像

（4）图像读取

利用 MATLAB 仿真工具实现图像文件的读取、显示。在 MATLAB 命令行窗口输入以下程序。

```
I = imread('c1.jpg');                %读取原始图像
subplot(2,2,1)                       %设置原始图像位置
imshow(I)                            %显示原始图像
title('原始图像')                     %原始图像标注
imwrite(I,'c2.jpg');                 %写入原始图像
```

```
I1 = imread('c2.jpg');          %读取写入图像
subplot(2,2,2)                  %显示写入图像位置
imshow(I1)                      %显示写入图像
title('写入图像')                %写入图像标注
```

输出结果如图 7 – 34 所示。

原始图像

写入图像

图 7 – 34　读取图像

（5）图像变换

利用 MATLAB 仿真工具，实现图像文件的色彩变换。在 MATLAB 命令行窗口输入以下程序。

```
I = imread('c1.jpg');           %读取原始图像
subplot(2,2,1)                  %设置原始图像位置
imshow(I)%                      %显示原始图像
title('原始图像')                %原始图像标注
I1 = rgb2gray(I);               %将彩色图像转换成灰度图像
subplot(2,2,2)                  %设置灰度图像位置
imshow(I1)                      %显示灰度图像
title('灰度图像')                %灰度图像标注
subplot(2,2,3)                  %设置二值图像位置
I2 = im2bw(I1);                 %将灰度图像转换成二值图像
imshow(I2)                      %显示二值图像
title('二值图像')                %二值图像标注
subplot(2,2,4)                  %设置索引图像位置
I3 = rgb2ind(I,100);            %将彩色图像转换成包含100种颜色的索引图像
imshow(I3)                      %显示索引图像
title('索引图像')                %索引图像标注
```

输出结果如图 7 – 35 所示。

原始图像

灰度图像

图 7 – 35　图像变换

二值图像

索引图像

图 7-35 图像变换（续）

（6）灰度直方图

利用 MATLAB 仿真工具，实现图像变换，将原始图像转换为灰度图像，并进行直方图显示。在 MATLAB 命令行窗口输入以下程序。

```
I = imread('c1.jpg');                %读取原始图像
k = input('k:\n');                   %输入 k 值
b = input('b:\n');                   %输入 b 值
I1 = rgb2gray(I);                    %原始图像转换成灰度图像
original = im2double(I1);            %灰度图像转换成 double 型
new = original*k + b/255;            %计算灰度值线性变化
subplot(2,1,1);                      %设置灰度图像位置
imshow(new)                          %显示灰度变化图像
title('灰度变化图像')                  %灰度变化图像标注
subplot(2,1,2);                      %设置灰度直方图位置
imhist(new)                          %显示灰度直方图
title('灰度直方图')                    %灰度直方图标注
```

输入 k 值为 2，b 值为 5，结果如图 7-36 所示。

图 7-36 灰度直方图

(7) 图像阈值分割

图像阈值分割是一种常用的图像处理方法,通过设定一个或多个阈值将图像分割成不同的区域或对象。利用 MATLAB 仿真工具,实现原始图像的阈值分割,在 MATLAB 命令行窗口输入以下程序。

```
I = imread('c1.jpg');              %读取原始图像
subplot(2,2,1)                     %设置原始图像位置
imshow(I)                          %显示原始图像
title('原始图像')                   %原始图像标注
subplot(2,2,2)                     %设置阈值0.1分割后图像位置
I1 = im2bw(I,0.1);                 %阈值0.1分割后二值化处理
imshow(I1)                         %显示阈值0.1分割后图像
title('阈值0.1分割后图像')          %阈值0.1分割后图像标注
I2 = im2bw(I,0.8);                 %设置阈值0.8分割后图像位置
subplot(2,2,3)                     %阈值0.8分割后二值化处理
imshow(I2)                         %显示阈值0.8分割后图像
title('阈值0.8分割后图像')          %阈值0.8分割后图像标注
I3 = graythresh(I);                %计算最优化阈值
I4 = im2bw(I,I3);                  %最优化阈值二值化处理
subplot(2,2,4)                     %设置阈值最优分割后图像位置
imshow(I4)                         %显示最优阈值分割后图像
title('阈值最优分割后图像')         %最优阈值分割后图像标注
```

输出结果如图 7-37 所示。

原始图像   阈值0.1分割后图像

阈值0.8分割后图像   阈值最优分割后图像

图 7-37 阈值分割图像

(8) 图像滤波

图像滤波是一种图像处理技术,主要通过对图像像素进行平滑、增强或者去噪等操作,以达到改善图像质量、突出图像特征或者减少图像噪声的目的。利用 MATLAB 仿真工

具,实现原始图像的滤波。在 MATLAB 命令行窗口输入以下程序。

```
A = imread('c1.jpg');              %读取图像
i = rgb2gray(A);                   %转换成灰度图像
g2 = imnoise(i,'salt&pepper',0.2); %加椒盐噪声
subplot(2,1,1)                     %设置绘图位置
imshow(g2)                         %绘制椒盐噪声图像
title('椒盐噪声图像')                %顶部标注
h = medfilt2(g2,[7,7]);            %中值滤波
subplot(2,1,2)                     %设置绘图位置
imshow(h)                          %绘制中值滤波图像
title('中值滤波图像')                %顶部标注
```

输出结果如图 7-38 所示。

椒盐噪声图像　　　　　　　　中值滤波图像

图 7-38　滤波图像

任务实施工单:请完成任务工单图像处理基础的相关工作任务。

2. 车辆识别

(1) 打开 MATLAB 软件

双击 MATLAB 软件,如图 7-39 所示。

图 7-39　打开 MATLAB 软件

(2) 调用 ACF 车辆检测器函数

调用 ACF 车辆检测器函数,采用 detector = vehicleDetectorACF('front-rear-view') 识

别图像中的车辆。在 MATLAB 命令行窗口输入以下程序，如图 7-40 所示，按"Enter"键运行，运行结果如图 7-41 所示。

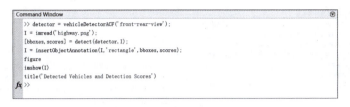

图 7-40　基于 ACF 车辆检测器的车辆识别（一）

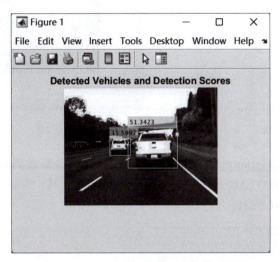

图 7-41　运行结果

采用 detector = vehicleDetectorACF（'full - view'）形式的车辆检测器，对图像中的车辆进行识别。在 MATLAB 命令行窗口输入以下程序，按"Enter"键运行，识别结果如图 7-42 中的 Figure1 所示。

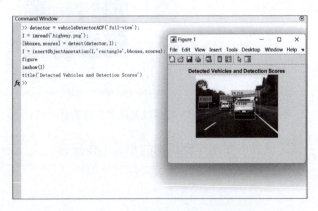

图 7-42　基于 ACF 车辆检测器的车辆识别（二）

（3）调用 RCNN 车辆检测器函数

调用 RCNN 车辆检测器函数，采用 vehicleDetectorFasterRCNN（'Front - Rear - View'）

识别图像中的车辆，在 MATLAB 命令行窗口输入以下程序，按"Enter"键运行，识别结果如图 7-43 中的 Figure1 所示。

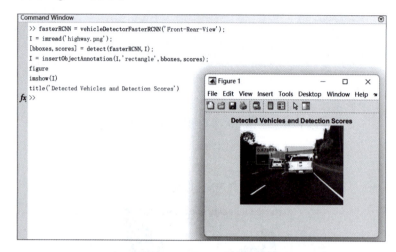

图 7-43　基于 RCNN 车辆检测器的车辆识别（一）

采用 detector = vehicleDetectorFasterRCNN（full – view）形式的车辆检测器，对图像中的车辆进行识别。在 MATLAB 命令行窗口输入以下程序，按"Enter"键运行，识别结果如图 7-44 中的 Figure1 所示。

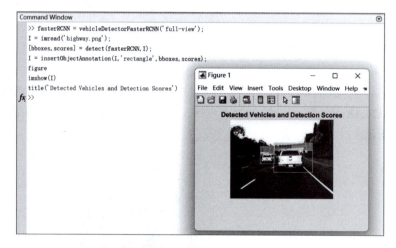

图 7-44　基于 RCNN 车辆检测器的车辆识别（二）

任务实施工单：请完成任务工单车辆识别的相关工作任务。

3. 行人识别

1）打开 MATLAB 软件。
2）调用 ACF 行人检测器函数。

调用 ACF 行人检测器函数，采用 detector = peopleDetectorACF（'front – rear – view'）识

别图像中的行人，在 MATLAB 命令行窗口输入以下程序，如图 7－45 所示，按“Enter”键运行，运行结果如图 7－46 所示。

```
>> I = imread('visionteam1.jpg');
[bboxes, scores] = detectPeopleACF(I);
I = insertObjectAnnotation(I,'rectangle',bboxes, scores);
imshow(I)
title('Detected people and detection scores')
```

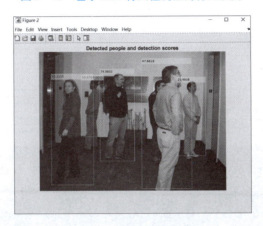

图 7－45　基于 ACF 行人检测器的行人识别

图 7－46　行人识别结果

3）调用 HOG 特征检测行人的函数。

调用 HOG 特征检测行人函数，采用 peopleDetector = vision. PeopleDetector 识别图像中的行人，在 MATLAB 命令行窗口输入以下程序，如图 7－47 所示，按“Enter”键运行，运行结果如图 7－48 所示。

```
>> peopleDetector = vision.PeopleDetector;
I = imread('visionteam1.jpg');
[bboxes, scores] = peopleDetector(I);
I = insertObjectAnnotation(I,'rectangle',bboxes, scores);
figure, imshow(I)
title('Detected people and detection scores');
```

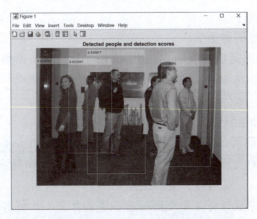

图 7－47　基于 HOG 特征的行人识别

图 7－48　行人检测结果

4）识别图像中的人脸。

调用人脸识别检测器，运用人脸检测器函数 faceDetector = vision. CascadeObjectDetector 识别图像中的人脸，在 MATLAB 命令行窗口输入以下程序，如图 7－49 所示，按“Enter”键运行，运行结果如图 7－50 所示。

```
Command Window
>> faceDetector = vision.CascadeObjectDetector;
I = imread('visionteam.jpg');
bboxes = faceDetector(I);
IFaces = insertObjectAnnotation(I,'rectangle',bboxes,'Face');
figure
imshow(IFaces)
title('Detected faces');
```

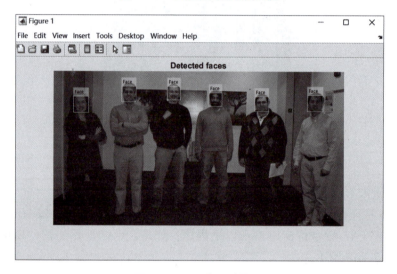

图 7－49　人脸检测器识别人脸

图 7－50　人脸识别结果

任务实施工单：请完成任务工单行人识别的相关工作任务。

4. 交通标志识别

1）打开 MATLAB 软件。

2）调用 ACF 目标检测器函数。

调用 ACF 目标检测器函数，运用 trainACFObjecDetector 为训练 ACF 目标检测器的函数识别图像中的交通标志，在 MATLAB 文本编辑器中输入以下程序，如图 7－51 所示，按菜单栏的“Run”键运行，运行结果如图 7－52 所示。

3）调用 RCNN 目标检测器函数

调用 RCNN 目标检测器函数，运用 trainFastRCNNObjectDetector 为训练 RCNN 目标检测器的函数识别图像中的交通标志，在 MATLAB 文本编辑器中输入以下程序，如图 7－53 所示，按菜单栏的“Run”键运行，运行结果如图 7－54 所示。

任务实施工单：请完成任务工单交通标志识别的相关工作任务。

```
imageDir = fullfile(matlabroot, 'toolbox', 'vision',...
'visiondata', 'stopSignImages');
addpath(imageDir);
load('stopSignsAndCars.mat');
stopSigns=stopSignsAndCars(:,[1,2]);
stopSigns.imageFilename=fullfile(toolboxdir('vision'), ...
'visiondata',stopSigns.imageFilename);
acfObjectDetector=trainACFObjectDetector(stopSigns, ...
'NegativeSamplesFactor',2);
I=imread('jtbs1.jpg');
[bboxes,scores]=detect(acfObjectDetector,I);
I=insertObjectAnnotation(I,'rectangle',bboxes,scores);
imshow(I)
```

图 7 – 51　ACF 目标检测器函数识别交通标志

图 7 – 52　交通标志识别结果

```
data=load('rcnnStopSigns.mat','stopSigns','fastRCNNLayers');
stopSigns=data.stopSigns;
fastRCNNLayers=data.fastRCNNLayers;
stopSigns.imageFilename=fullfile(toolboxdir('vision'), ...
'visiondata',stopSigns.imageFilename);
rng(0);
shuffledIdx=randperm(height(stopSigns));
stopSigns=stopSigns(shuffledIdx,:);
imds=imageDatastore(stopSigns.imageFilename);
blds=boxLabelDatastore(stopSigns(:,2:end));
ds=combine(imds,blds);
ds=transform(ds,@(data)preprocessData(data,[920,968,3]));
options=trainingOptions('sgdm','MiniBatchSize',10, ...
    'InitialLearnRate',1e-3,'MaxEpochs',10,'CheckpointPath',tempdir);
frcnn=trainFastRCNNObjectDetector(ds,fastRCNNLayers,options, ...
'NegativeOverlapRange',[0,0.1],'PositiveOverlapRange',[0.7,1]);
img=imread('tc4.jpg');
[bbox,score,label]=detect(frcnn,img);
detectedImg=insertObjectAnnotation(img,'rectangle',bbox,score);
imshow(detectedImg)
function data=preprocessData(data,targetSize)
    scale=targetSize(1:2)./size(data{1},[1,2]);
    data{1}=imresize(data{1},targetSize(1:2));
    bboxes=round(data{2});
```

图 7 – 53　RCNN 目标检测器函数识别交通标志

图7-54 交通标志识别结果

5. 交通信号灯识别

1)打开 MATLAB 软件。

2)新建 M 文件,在 MATLAB 文本编辑器中输入以下程序,如图7-55 所示,按菜单栏的 "Run" 键运行,依次输入红灯、绿灯、黄灯的原始图像,运行结果如图7-56 所示。

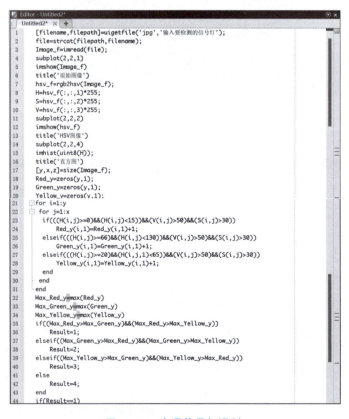

图7-55 交通信号灯识别

```
45        disp('检测结果为红灯');
46    elseif(Result==2)
47        disp('检测结果为绿灯');
48    elseif(Result==3)
49        disp('检测结果为黄灯');
50    else
51        disp('检测失败');
52    end
53
```

图 7-55 交通信号灯识别（续）

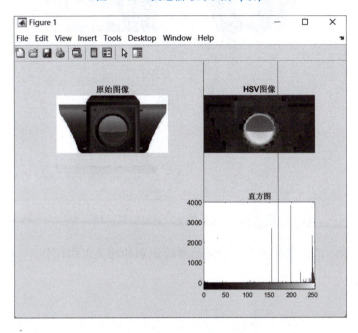

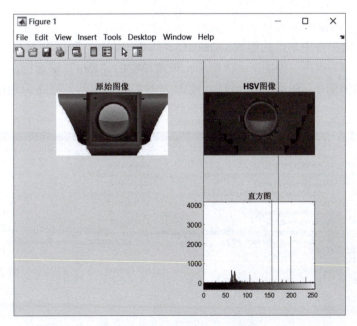

图 7-56 交通信号灯识别结果

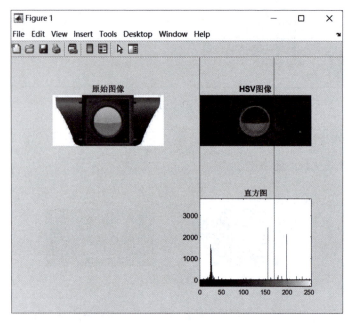

图 7-56 交通信号灯识别结果（续）

任务实施工单：请完成任务工单交通信号灯识别的相关工作任务。

6. 道路识别

1）打开 MATLAB 软件。
2）检测灰度图像中车道。

调用检测灰度图像中车道的函数 segmentLaneMarkerRidge。新建 M 文件，在 MATLAB 文本编辑器中输入以下程序，如图 7-57 所示，按菜单栏的"Run"键运行，识别车道原始图像，道路鸟瞰图如图 7-58 所示，道路灰度图如图 7-59 所示，道路识别结果如图 7-60 所示。

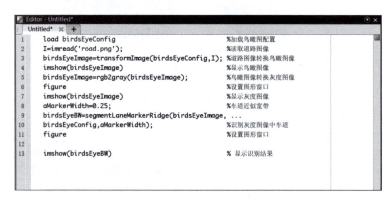

图 7-57 识别灰度图像中车道

 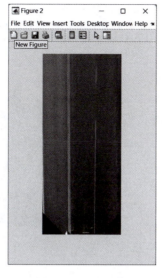 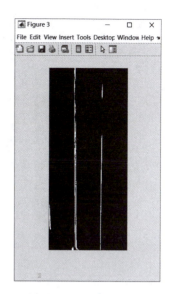

图 7-58　道路鸟瞰图　　　　图 7-59　道路灰度图　　　　图 7-60　道路识别结果

3）使用抛物线车道边界模型查找原始图像中的车道。

调用抛物线模型寻找车道边界的函数 findParabolicLaneBoundaries。新建 M 文件，在 MATLAB 文本编辑器中输入以下程序，如图 7-61 所示，按菜单栏的"Run"键运行，识别车道原始图像，道路识别的鸟瞰图如图 7-62 所示，道路识别结果如图 7-63 所示。

图 7-61　寻找车道边界线示例

4）使用三次方车道边界模型在原始图像中识别车道线。

调用三次方模型寻找车道边界的函数 findCubicLaneBoundaries 识别车道线。新建 M 文件，在 MATLAB 文本编辑器中输入以下程序，如图 7-64 所示，按菜单栏的"Run"键运行，识别车道原始图像，灰度图像如图 7-65 所示，滤波图像如图 7-66 所示，二值化处理图像如图 7-67 所示，边缘识别图像如图 7-68 所示，霍夫变换图像如图 7-69 所示，车道线绘制如图 7-70 所示，车道线识别结果如图 7-71 所示。

图 7-62 鸟瞰图

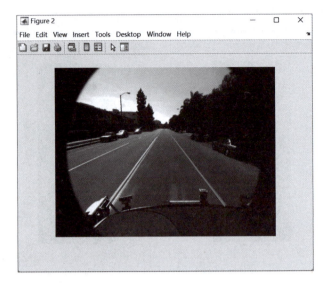

图 7-63 道路识别结果

```
1   ori=imread('roadline.jpg');
2   % ori=imread('road.png');
3   pic_gray=rgb2gray(ori);
4   figure(1)
5   imshow(pic_gray)
6   filter1_pic=medfilt2(pic_gray);
7   filter2_pic=filter2(fspecial('average',3),filter1_pic)/255;
8   figure(2)
9   imshow(filter2_pic)
10  bw_pic=im2bw(filter2_pic);
11  figure(3)
12  imshow(bw_pic)
13  verge_pic=edge(bw_pic,'canny');
14  figure(4)
15  imshow(verge_pic)
16  [H,T,R]=hough(verge_pic);
17  figure(5)
18  imshow(H,[],'XData',T,'YData',R,'InitialMagnification','fit')
19  xlabel('\theta 轴')
20  ylabel('\rho 轴');
21  axis on
22  axis normal
23  hold on;
24  P=houghpeaks(H,2,'threshold',ceil(0.3*max(H(:))));
25  x=T(P(:,2));y=R(P(:,1));
26  plot(x,y,'s','color','white')
27  lines=houghlines(verge_pic,T,R,P,'FillGap',50,'MinLength',50);
28  figure(6)
29  imshow(verge_pic)
30  hold on
31  [h,w]=size(ori);
32  for k=1:length(lines)
33      xy=[lines(k).point1;lines(k).point2];
34      X=[xy(1,1),xy(2,1)];
35      Y=[xy(1,2),xy(2,2)];
36      p=polyfit(X,Y,1);
37      t=0:0.01:w;
38      n=polyval(p,t);
39      plot(t,n,'LineWidth',5,'Color','green');
40  end
41  figure(7)
42  imshow(ori)
43  hold on
44  [h,w]=size(ori);
45  for k=1:length(lines)
46      xy=[lines(k).point1;lines(k).point2];
47      X=[xy(1,1),xy(2,1)];
48      Y=[xy(1,2),xy(2,2)];
49      p=polyfit(X,Y,1);
50      t=0:0.01:w;
51      n=polyval(p,t);
52      plot(t,n,'LineWidth',5,'Color','green');
53  end
```

图 7-64 车道线识别示例

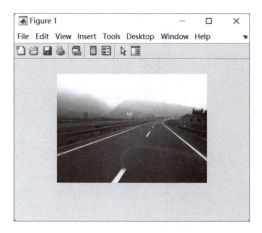

图 7-65 灰度图像

图 7-66 滤波图像

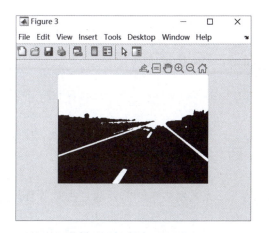

图 7-67 二值化处理图像

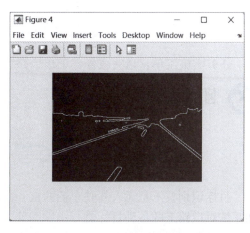

图 7-68 边缘识别图像

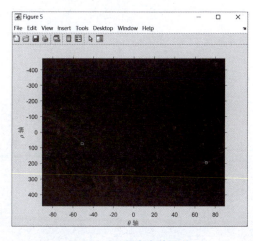

图 7-69 霍夫变换图像

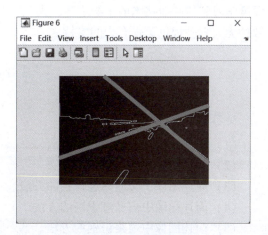

图 7-70 车道线绘制

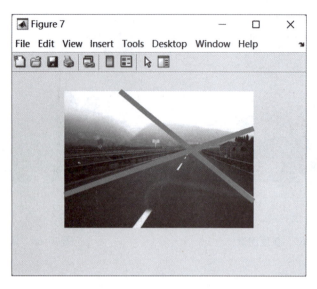

图 7-71　车道线识别结果

任务实施工单：请完成任务工单道路识别的相关工作任务。

回顾练习

目标识别技术是无人驾驶车辆的核心技术之一。无人驾驶车辆需要通过视觉等环境感知系统对道路上的各种目标进行识别和分类，以便进行安全驾驶和智能决策。

车辆识别、行人识别、交通标志识别、交通信号灯识别和道路识别等目标识别技术运用图像处理、深度学习等多种方法，借助 MATLAB 工具实现目标识别。随着计算机视觉、深度学习和传感器技术的不断进步，无人驾驶目标识别技术将进一步提高，为实现安全高效的无人驾驶提供更强有力的支持。

简答题

（1）简述图像中车辆识别的方法。

（2）简述图像中行人识别的方法。

（3）简述图像中交通标志识别的方法。

（4）简述图像中信号灯识别的方法。

（5）简述图像中道路识别的方法。

实验

实验 1　单目相机认知实验

1. 实验目的

1）了解单目相机的功能、性能参数、应用场景；
2）熟悉和理解单目相机的基本工作原理；
3）掌握单目相机的构造、连接。

2. 实验原理

1）摄像头是自动驾驶汽车中重要的传感器之一，在自动驾驶过程中的首要任务就是道路识别，主要采用图像特征法和模型匹配法来进行识别。行驶过程中需要进行障碍物检测和路标路牌识别等，此时车辆上的信息采集便可以运用单目视觉或者多目视觉。

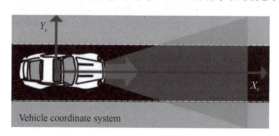

2）性能参数：该模块采用 GenIcam 通用协议，对软件和外围设备具良好兼容性，简化了开发工作，超紧凑的金属外壳，29 mm×29 mm×30 mm，重量仅 36 g，分辨率覆盖 0.4 MP 到 20 MP，具有 240 MB 超高帧缓存，确保数据传输稳定性。功耗仅 2 W，供电范围宽（8～24 V），避免电压不稳造成的烧机现象。

3）目标物体通过镜头生成光学图像投射到图像传感器上，光信号转变为电信号，再经过 A/D（模数转换）后变为数字图像信号，最后送到 DSP（数字信号处理芯片）中进行加工处理，由 DSP 将信号处理成特定格式的图像传输到显示屏上进行显示。单目相机首先要进行相机的标定，相机标定的目的就是要获得相机的内参数，得到二维平面像素坐标和三维世界坐标的关系，从而进行三维重建。单目相机获取的图像经过图像滤波、灰度处理、二值化等数字图像处理操作后会得到一张图像，最后再与标记过的数据库图像进行匹配，从而进行图像识别。

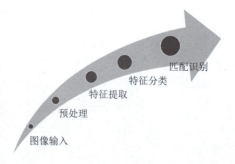

4）单目相机的优点：结构简单、成本低；图像分辨率高，图像包含的信息多；便于标定和识别；摄像头能在白天使用自然光；可以识别汽车、交通灯的颜色；在光照充足的条件下，以识别很远的物体，有更高的分辨率，而且成本较低。

5）单目相机的缺点：图像尺度不确定；受雨雪和光照的影响；需要不断更新和维护一个庞大的样本数据库，才能保证系统达到较高的识别率；无法对非标准障碍物进行判断。

6）应用场景：自动驾驶车道预警；行人、前向碰撞预警；交通标志识别。

3. 实验设备

名称	数量
单目相机	1
单目相机教学软件	1

4. 实验内容

（1）内部构造

摄像头由镜头、镜头模组、滤光片、CMOS/CCD、ISP、数据传输部分组成。光线经过光学镜头和滤光片后聚焦到传感器上，通过 CMOS 集成电路将光信号转换成电信号，再由图像处理器 ISP 转换成标准的 RAW 等格式的数字图像信号，通过数据传输接口传到计算机端。

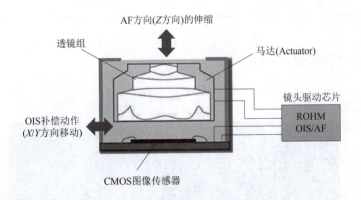

（2）外部连接

按摄像头的安装位置不同，可分为前视、侧视、后视和内置四个部分。本单目相机放在车的前面做前视。

实验2　单目相机数据采集实验（一）

1. 实验目的

1）熟悉和掌握如何用单目相机获取图像；
2）掌握图像处理的几种方法；
3）了解几种算法处理后的结果。

2. 实验原理

通过软件对单目相机采集的图像数据进行图像滤波、灰度处理、二值化等算法处理，目的是方便用来进行图像识别。

3. 实验设备

名称	数量
单目相机	1
单目相机教学软件	1

4. 实验内容与结果

（1）加载图片或照片

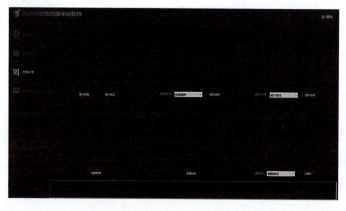

单击"图片抓取"按钮则可以通过单目相机抓取一张图片，也可以单击"图片浏览"按钮从本地存储获得一张图片。

（2）图片处理

单击软件画面上的"图片滤波""图片处理""灰度处理""灰度反转""二值化"等按钮，可以对所抓拍或选择的照片进行处理。

部分功能代码（Code/SingleCamera/TrainMain/OperSystem/ImageProcess/CImageProcess.cs）如下所示。

```
//创建新的bitmap存放滤波后的图
Bitmap newImage = newBitmap(width,height,PixelFormat.Format24bppRgb);
BitmapData newImageData = newImage.LockBits(new Rectangle(0,0,width,height),
ImageLockMode.ReadWrite,PixelFormat.Format24bppRgb);

IntPtr intPtrN = newImageData.Scan0;
IntPtr intPtr = oriImageData.Scan0;
int size = oriImageData.Stride*height;
byte[]oriBytes = new byte[size];
byte[]newBytes = new byte[size];
Marshal.Copy(intPtr,oriBytes,0,size);
//先复制一份原图的数据到滤波数组中
Marshal.Copy(intPtr,newBytes,0,size);
int[]mask = new int[9];

int k = 3;
for(int y = 0; y < height - 2; y++)
{
    for(int x = 0; x < width - 2; x++)
    {
        mask[0] = oriBytes[y*oriImageData.Stride + x*k];
        mask[1] = oriBytes[y*oriImageData.Stride + x*k + 3];
        mask[2] = oriBytes[y*oriImageData.Stride + x*k + 6];

        mask[3] = oriBytes[(y+1)*oriImageData.Stride + x*k];
        mask[4] = oriBytes[(y+1)*oriImageData.Stride + x*k + 3];
        mask[5] = oriBytes[(y+1)*oriImageData.Stride + x*k + 6];

        mask[6] = oriBytes[(y+2)*oriImageData.Stride + x*k];
        mask[7] = oriBytes[(y+2)*oriImageData.Stride + x*k + 3];
        mask[8] = oriBytes[(y+2)*oriImageData.Stride + x*k + 6];

        Array.Sort(mask);
        int median = mask[4];

        //newImageData.Stride是等于oriImageData.Stride的
        newBytes[(y+1)*oriImageData.Stride + x*k + 3] = (byte)median;
        newBytes[(y+1)*oriImageData.Stride + x*k + 4] = (byte)median;
        newBytes[(y+1)*oriImageData.Stride + x*k + 5] = (byte)median;
```

```
            }
        }
    Marshal.Copy(newBytes,0,intPtrN,size);
    oriImage.UnlockBits(oriImageData);
    newImage.UnlockBits(newImageData);

    return newImage;
//均值滤波器
    public static Bitmap AverageFilter(Bitmap oriImage)
    {
        int width = oriImage.Width;
        int height = oriImage.Height;
        BitmapData oriImageData = oriImage.LockBits(new Rectangle(0, 0, width, height),
ImageLockMode.ReadWrite,PixelFormat.Format24bppRgb);
        //创建新的bitmap存放滤波后的图
        Bitmap newImage = newBitmap(width,height,PixelFormat.Format24bppRgb);
        BitmapData newImageData = newImage.LockBits(new Rectangle(0,0,width,height),
ImageLockMode.ReadWrite,PixelFormat.Format24bppRgb);

        IntPtr intPtrN = newImageData.Scan0;
        IntPtr intPtr = oriImageData.Scan0;
        int size = oriImageData.Stride*height;
        byte[]oriBytes = new byte[size];
        byte[]newBytes = new byte[size];
        Marshal.Copy(intPtr,oriBytes,0, size);
        //先复制一份原图的数据到滤波数组中
        Marshal.Copy(intPtr,newBytes,0,size);
        int[]mask = new int[9];

        int k = 3;
        for(int y = 0; y < height -2; y++)
        {
            for(int x = 0; x < width -2; x++)
            {
                mask[0] = oriBytes[y*oriImageData.Stride + x*k];
                mask[1] = oriBytes[y*oriImageData.Stride + x*k +3];
                mask[2] = oriBytes[y*oriImageData.Stride + x*k +6];

                mask[3] = oriBytes[(y +1)*oriImageData.Stride + x*k];
                mask[4] = oriBytes[(y +1)*oriImageData.Stride + x*k +3];
                mask[5] = oriBytes[(y +1)*oriImageData.Stride + x*k +6];

                mask[6] = oriBytes[(y +2)*oriImageData.Stride + x*k];
                mask[7] = oriBytes[(y +2)*oriImageData.Stride + x*k +3];
                mask[8] = oriBytes[(y +2)*oriImageData.Stride + x*k +6];
```

```
                    int mean = (mask[0] + mask[1] + mask[2] + mask[3] + mask[4] +
mask[5] + mask[6] + mask[7] + mask[8])/9;

                    //newImageData.Stride 是等于 oriImageData.Stride 的
                    newBytes[(y+1)*oriImageData.Stride + x*k +3] = (byte)mean;
                    newBytes[(y+1)*oriImageData.Stride + x*k +4] = (byte)mean;
                    newBytes[(y+1)*oriImageData.Stride + x*k +5] = (byte)mean;

                }
            }
            Marshal.Copy(newBytes,0,intPtrN,size);
    // < summary >
    ///图像二值化2:根据明暗度,大于0.5的为255,其余为 0
    /// </ summary >
    /// < param name = "img" > </ param >
    /// < returns > </ returns >
    public static Bitmap ConvertTo1Bpp2(Bitmap img)
    {
        int w = img.Width;
        int h = img.Height;
        Bitmap bmp = new Bitmap(w, h, PixelFormat.Format1bppIndexed);
        BitmapData data = bmp.LockBits(new Rectangle(0,0,w,h),ImageLockMode.
ReadWrite,

        PixelFormat.Format1bppIndexed);
        for(int y = 0; y < h; y + +)
        {
            byte[]scan = new byte[(w+7)/8];
            for(int x = 0;x < w;x + +)
            {
                Color c = img.GetPixel(x,y);
                if(c.GetBrightness() > =0.5)scan[x / 8] |= (byte)(0x80 > > (x% 8));
            }
            Marshal.Copy(scan,0,(IntPtr)((int)data.Scan0 + data.Stride*y),
scan.Length);
        }

        bmp.UnlockBits(data);

        return bmp;

    }
```

实验3 单目相机操作实验（二）

1. 实验目的

1）掌握如何制作图像识别的图像样本资源；
2）掌握单目相机图像识别的操作过程。

2. 实验原理

通过软件对单目相机采集的图像数据进预处理，然后用软件把处理的结果图片与资源库的图片进行匹配，从而识别出图片信息。

3. 实验设备

名称	数量
单目相机	1
单目相机教学软件	1

4. 实验内容与结果

（1）图片识别样本制作。
1）打开"图片资源制作工具"软件。
2）单击"浏览"按钮选择一张需要识别的交通标志图片（该标志图片应尽量清晰）。
3）单击"处理"按钮，如出现不能识别的错误，则意味着该张图片的交通标志部分不够清晰。单击"处理"按钮后，程序会将交通标志单独提取，并进行二值和归一化处理。
4）在对话框底部输入"图片内容、图片类型、图片含义"的文本，并单击"生成资源文件"按钮。提示资源文件生成的信息后，意味着该资源正确生成。

（2）图片比对实训
1）通过单目相机拍摄或本地浏览一张带有交通标志的图片。
2）单击"图片预处理"按钮，软件对图片进行预处理。
3）单击"图片查找"按钮，软件将该图片与资源库的图片进行比对查找，对图片进行预处理。

部分功能代码（Code/SingleCamera/TrainMain/FormFrame3.cs）如下所示。

```csharp
        private void btnCompare_Click(object sender,EventArgs e)
        {
            if(pb5.Image = = null)
            {
                ShowInfo1("没有可供处理的图像!");
                return;
            }

            try
            {
                ShowInfo1("正在生成矢量字符串...");
                //生成可用于计算的矢量字符串
                string sImageData = "";
                Bitmap bitmap = (Bitmap)pb5.Image.Clone();
                for(int y = 0; y < bitmap.Height; y + +)
                {
                    for(int x = 0; x < bitmap.Width; x + +)
                    {
                        sImageData = sImageData + (bitmap.GetPixel(x, y).R = = 255?"0":"1") + " ";
                    }
                }
                sImageData = sImageData.TrimEnd();//删除最后的空格
                ShowInfo1("[" + sImageData + "]");ShowInfo1("开始比对...");
                labContent.Text = "";
                labType.Text = "";
                labMean.Text = "";
                pb7.Image = null;

                listBox1.Items.Clear();
                double dMinDist = 10 000.00;
                string sMinContent = "",sMinType = "",sMinMean = "";
                string sMinFile = "";
                //查找文件夹内所有的.desc文件
                foreach(string sDescFile in Directory.EnumerateFiles(AppDomain.CurrentDomain.BaseDirectory + @ " ImageResource" ,"*.desc"))
                {
                    stringsImageFile =AppDomain.CurrentDomain.BaseDirectory + @ "ImageResource\" +Path.GetFileNameWithoutExtension(sDescFile) + ".jpg";
                    pb6.Image = Image.FromFile(sImageFile);

                    FileStream fs = File.Open(sDescFile,FileMode.Open);
                    StreamReader sr = new StreamReader(fs);
                    string sContent = sr.ReadLine();
                    string sType = sr.ReadLine();
                    stringsImageFile =AppDomain.CurrentDomain.BaseDirectory +
```

```
@ "ImageResource\" + Path.GetFileNameWithoutExtension(sDescFile) + ".jpg";
                    pb6.Image = Image.FromFile(sImageFile);

                    FileStream fs = File.Open(sDescFile,FileMode.Open);
                    StreamReader sr = new StreamReader(fs);
                    string sContent = sr.ReadLine();
                    string sType = sr.ReadLine();
                    string sMean = sr.ReadLine();
                    string sData = sr.ReadLine();
                    //比对数据
                    double dDist = KNNCalDistance(sImageData.Split(' '),
sData.Split(' '));
                        listBox1.Items.Add(Path.GetFileName(sDescFile) + " " +
sContent + "result{" + dDist.ToString() + "}");
                    sr.Close();
                    fs.Close();
                    if(dDist < dMinDist)//保存距离最小的
                    {
                        dMinDist = dDist;
                        sMinContent = sContent;
                        sMinType = sType;
                        sMinMean = sMean;
                        sMinFile = sImageFile;
                    }
                    Thread.Sleep(100); this.Refresh();
                }
                labContent.Text = sMinContent;
                labType.Text = sMinType;
                labMean.Text = sMinMean;
                pb7.Image = Image.FromFile(sMinFile);ShowInfo1("比对结束.");
            }
            catch (Exception e1)
            {
                CMyTricks.Error(e1.Message);
            }
        }
        CMyTricks.Error(e1.Message);
            }
        }
```

实验 4　双目相机认知实验

1. 实验目的

1）了解双目相机的功能、性能参数、应用场景；
2）熟悉和理解双目相机的基本工作原理；
3）掌握双目相机的构造、工作流程。

2. 实验原理

1）双目相机应用在自动驾驶中3D道路环境的分析，检测路面与可行驶区域，提取路面上方的潜在障碍物，测量障碍物与车辆之间的距离，并实现目标在真实环境中的精确定位。它提供了一个丰富的视觉信息。视觉信息对于车载、车端的一个重要性，不亚于人眼对于人的一个重要性。

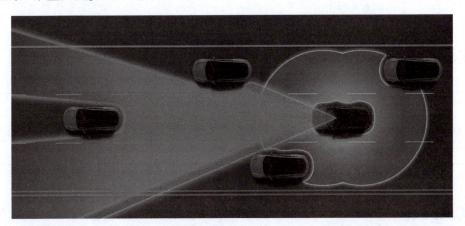

2）配置了两个 RGB 相机，它们收集信号并传送至外部 GPU，Stereolabs 的特有软件将通过比对图像之间的不同之处，在计算之后绘制出实时的深度空间地图。其特点是通过红外线主动传感器，实现户外空间的远程定位。通过这个软件，ZED Camera 能够绘制出实时三维地图，帮助用户实现在虚拟世界中的移动。

3）产品特点：获取高分辨率3D视频；室内外深度感知；位置跟踪；大范围3D地图重建。

深度距离	0.7~20 m	操作系统	Windows 7，8，10Linux
数据格式	32 位	数据接口	USB3.0

4）双目相机的优点：可以获取图像的深度信息；帧间一致性；短距离测距；应用场景丰富；提供丰富的颜色信息；提供灯光信息，这些灯光信息包含了车辆的灯光信息，还包含了周围环境的灯光信息，未来，光作为介质进行传播的价值，对自动驾驶 L2、L3，L4 甚至 L5 的功能都不可或缺；双目相机还能提供非常丰富的道路信息。

5）双目相机的缺点：

①对图像的纹理要求苛刻，不适用于单调缺乏纹理的场景。由于双目立体视觉法根据视觉特征进行图像匹配，所以对于缺乏视觉特征的场景（如天空、白墙、沙漠等）会出现匹配困难，导致匹配误差较大甚至匹配失败。

②对环境光照非常敏感。双目立体视觉法依赖环境中的自然光线采集图像，而由于光照角度变化、光照强度变化等环境因素的影响，拍摄的两张图片亮度差别会比较大，这会对匹配算法提出很大的挑战。另外，在光照较强（会出现过度曝光）和较暗的情况下也会导致算法效果急剧下降。

③计算复杂度高。该方法是纯视觉的方法，需要逐像素计算匹配；又因为上述多种因素的影响，需要保证匹配结果比较鲁棒，所以算法中会增加大量的错误剔除策略，因此对算法要求较高，想要实现可靠商用难度大，计算量较大。

④相机基线限制了测量范围。测量范围和基线（两个摄像头间距）关系很大：基线越大，测量范围越远；基线越小，测量范围越近。所以基线在一定程度上限制了该深度相机的测量范围。

5）应用场景：机器人深度感知领域；自动驾驶深度感知领域；无人机视觉；深度探测。

3. 实验设备

名称	数量
双目相机	1
双目相机教学软件	1

4. 实验内容

（1）双目相机其实是利用了人眼的一个基本原理，比如人对物体有非常精确的距离感知能力，能够非常精确地抓取到物体。人眼有一套非常深度的视觉感知方法，也就是双目视差法。通过比较物体在人的双眼之间的视觉差异，并且运用大脑的运算来感知到物体的具体位置。双目视觉依靠不同摄像头同时获得的两幅图像，计算物体在两幅图上的视差（disparity，同一物体在两幅图像中横坐标之差）就可以得到图像中的深度信息。

双目视觉测距本质上是利用相似三角形原理，估算出双目视觉系统与目标的距离信息。

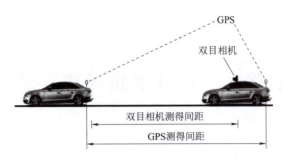

注：双目相机测得数据：车间距、相对速度；
　　GPS测得数据：位移、速度、加速度。

2）外部连接：双目相机通常安装在车前方，通过 USB 口供电及传输数据。

3）双目立体视觉相比其他传感器，不仅可以获得场景的图像信息，还可以获得场景的深度信息。双目立体视觉系统通常分为四个步骤，如下图所示。

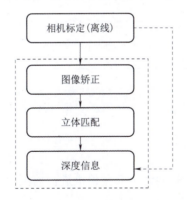

 实验5　双目相机操作实验（一）

1. 实验目的

1）掌握用软件调用双目相机进行拍摄；
2）熟悉调用双目相机的点云矩阵操作流程；
3）熟悉用双目相机进行位置跟踪。

2. 实验原理

通过双目相机采集的点云矩阵数据以点云的形式对物体的空间位置进行描绘，以双目视觉设备为中心绘制出设备的运动轨迹。

3. 实验设备

名称	数量
双目相机	1
双目相机教学软件	1

4. 实验内容与结果

（1）双目相机图片浏览

单击"图片浏览"按钮，软件调用双目相机进行拍摄，可以对双目相机拍摄的照片或者影像进行保存。

（2）点云矩阵

单击"点云矩阵"按钮可调用双目相机的点云矩阵图，以点云的方式进行物体空间位置的描绘。

（3）位置跟踪

单击"位置跟踪"按钮，以双目相机为中心，描绘该相机的运动状态。做此实训时，可将双目相机进行前后左右的简单运动，观察相机形成的轨迹路线。

实验6　双目相机操作实验（二）

1. 实验目的

1）掌握用软件调用双目相机进行平面检测；
2）熟悉调用双目相机实现对空间的映射功能；
3）了解对双目相机获取的影像进行二值化处理。

2. 实验原理

通过双目相机来检测平面，对空间以点阵的形式进行三维模型映射，对获取的影像进行二值化操作。

3. 实验设备

名称	数量
双目相机	1
双目相机教学软件	1

4. 实验内容与结果

（1）平面检测

单击"平面检测"按钮，调用双目相机的平面检测功能，该功能能够描绘影像中在一个平面上的区域。

在出现影像后，按空格键，然后用鼠标单击影像上的不同区域，双目相机将属于相同平面的区域进行描绘。

（2）空间映射

单击"空间映射"按钮，在弹出窗口后，按空格键，此后可轻轻旋转双目相机，该相机将以点阵的形式构造三维的影像模型。

（3）影像二值化

单击"影像二值化"按钮，双目相机将当前的影像以黑白二值的方式进行呈现。

实验 7 双目相机操作实验（三）

1. 实验目的

1）掌握用双目相机以 3D 视角的方式观察物体；
2）熟悉调用双目相机进行 3D 视差图的综合操作。

2. 实验原理

通过软件使双目相机的影像以景深视差图的方式显现，再以不同的视角来观察物体。

3. 实验设备

名称	数量
双目相机	1
双目相机教学软件	1

4. 实验内容与结果

（1）3D 视差图

单击"3D 视差图"按钮，可以将当前影像以景深视差的方式进行显现。

在弹出的窗口，可使用鼠标左键对图形进行拖拽，以不同的 3D 视角观察物体。

（2）视差图综合

单击"3D 视差图综合"按钮，可以显示当前双目相机的正常拍摄影像，也可以显示由该影像生成的 3D 视差图。

实验 8 广角相机认知实验

1. 实验目的

1）了解广角相机的功能与组成；
2）熟悉和理解广角相机的基本工作原理；
3）掌握广角相机的接口定义。

2. 实验原理

1）广角相机通过安装在车身前后左右的 4 个广角摄像头，同时采集车辆四周的影像，经过专有的"实时图像畸变还原对接技术"对图像进行畸变还原、视角转化、图像拼接、图像增强等处理，最终形成一幅无缝的全景鸟瞰图。该系统不但可以显示全景图，还可同时显示任一方向的单视图。通过配合标尺线，驾驶员能够准确读出障碍物的位置和距离。

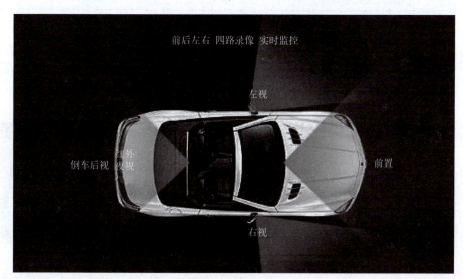

2）广角相机主要由主机、4 个广角摄像头、显示器、遥控器等组成，通过安装调试，可以对车辆周围的信息进行实时视频数据的传输。

3）工作原理：通过汽车前后以及两侧的 4 个 180°广角摄像头，分别记录各个部位的实时影像，随之通过系统的图像处理进行畸变还原、视角转化和图像拼接等处理，最终合成的全景图像就会以俯视图的形式显示到汽车的中控台屏幕上。

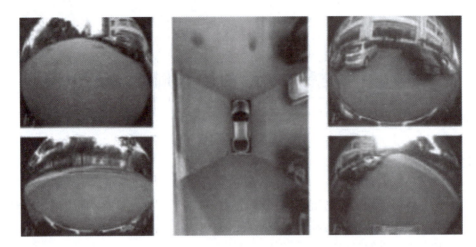

4）应用场景：倒车辅助；盲区检测；泊车辅助。

3. 实验设备

名称	数量
广角摄像头	4
广角相机教学软件	1

4. 实验内容

1）广角相机主机的接口定义如下图所示。

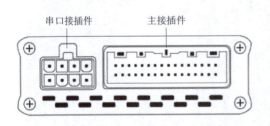

2）4个180°广角AHD摄像头如下图所示。

实验 8　广角相机认知实验

3）高品质连接线如下图所示。

4）遥控器如下图所示。

实验9 广角相机的标定实验

1. 实验目的

1）了解广角相机的各模块的功能；
2）掌握广角相机的接线、安装、调试流程；
3）掌握广角相机的安装与标定。

2. 实验原理

通过对广角相机的各模块的功能、接口定义和标定原理的学习，学会使用广角相机的遥控器，可以对广角相机的系统进行设置，实现广角相机的联合标定。

3. 实验设备

名称	数量
广角摄像头	4
广角相机教学软件	1

4. 实验内容

（1）遥控器按键功能

按键	功能
⏻	可用于在非倒车状态下画面的开、关
◄ OK ► (方向键)	OK键对设置进行确认保存，方向键用于各种显示界面风格选择
↩	返回键

续表

图标	说明
 3D	进入 3D 演示画面
 ≡	菜单键
 ⊕	全屏 3D 时调整 3D 旋转方向
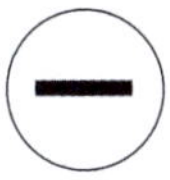 −	3D 模式下旋转
 +	3D 模式下旋转

(2) 广角相机的标定

通过遥控选择安装调试选项，进入"调试布选择"界面，按 OK 键进入对应调试布安装调试参数设置界面。

1）选择"视频浏览"。

2）选择"安装调试"。

3）选择镜头 6001。

4）调试布选择 2。

5）按 OK 键设置输入距离 AB、BC 的值，将 AB 的值设置为 500，将 BC 的值设置为 180。

6）单击"校准"按钮。

7）选择"手动"。

8）不需要拍照，选择"否"。

9）选择"前视"。

10）将两个绿色框分别对准并框住黑色面积，并且将 1、2、3、4、5、6、7、8 的点分别对准两个黑框的角点，并且后视、左视、右视同样地操作一遍。

11）选择"半自动"。

12）图像拼接成功。

13）最终完成广角相机的标定。

实验 10　广角相机数据采集实验

1. 实验目的

1）了解广角相机的数据通信方式、指令格式、读取和解析的方法；
2）掌握广角相机数据读取的步骤，实现图像的可视化；
3）理解在实际自动驾驶中广角相机的应用。

2. 实验原理

通过汽车前后以及两侧的 4 个 180°广角摄像头，分别记录各个部位的实时影像，随之通过系统的图像处理进行畸变还原、视角转化和图像拼接等处理，最终合成的全景图像就会以俯视图的形式显示到汽车的中控台屏幕上。

3. 实验设备

名称	数量
广角摄像头	4
广角相机教学软件	1

4. 实验内容与结果

在自动驾驶传感器平台软件中，调用车辆前后左右共 4 个广角摄像头进行显示，同时将生成的全车影像进行显示。

相关代码（code/DoubleCamera/TrainMain/FormFrame3.cs）如下所示。

```
private void Form1_Load(object sender,EventArgs e)
    {
        //线程状态值定义
        m_bThreadStart = false;
        m_bThreadCreate = false;

        int j = 0;
```

```csharp
                int k = 0;

                //////////////////create the ini file start//////////////////////////
                DxMediaFunction.IniFileName = System.AppDomain.CurrentDomain.BaseDirectory + "CsharpSetting.ini";

                /////Check the ini file doesn't already exist.If it doesn't exist,create
                if(!File.Exists(DxMediaFunction.IniFileName))
                {
                    FileStream IniFile = System.IO.File.Create(DxMediaFunction.IniFileName);

                }
                //////////////////create the ini file end//////////////////////////
                //////////////////Read the ini file value start//////////////////////

                nRectFileType = DxSdkFunction.IniReadValue("SystemSetting","RecordFileType",20,DxMediaFunction.IniFileName);

                //recorder video file type avi=1 mp4=2
                if(nRectFileType = = "AVI")
                {
                    nRecFileType = 1;
                }
                else

                {

                    nRecFileType = 2;
                }

                DxMediaFunction.DeviceInfo[Form1.nCard].dwVideoCodecStrDxS = DxSdkFunction.IniReadValue("SystemSetting" "VideoCodec",20,
                DxMediaFunction.PicSavePath = DxSdkFunction.IniReadValue("SystemSetting","PicSaveParh",20,DxMediaFunction.IniFileName);
                if(DxMediaFunction.PicSavePath = = "")
                {
                    DxMediaFunction.PicSavePath = "d:\Pic";
                    if(!Directory.Exists(DxMediaFunction.PicSavePath))//判断是否存在
                    {
                        Directory.CreateDirectory(DxMediaFunction.PicSavePath);//创建新路径
                    }
                }
                DxMediaFunction.RecSavePath = DxSdkFunction.IniReadValue("SystemSetting","VideoSaveParh",20,DxMediaFunction.IniFileName);
                if(DxMediaFunction.RecSavePath = = "")
                {
```

```
                DxMediaFunction.PicSavePath = "d:\Video";
                 if(!Directory.Exists(DxMediaFunction.RecSavePath))//判断是否存在
                {
                        Directory.CreateDirectory(DxMediaFunction.RecSavePath);//创建新路径
                }


            //the sd card bitrate
            DxMediaFunction.nSDBitRate=DxMediaApi.GetPrivateProfileInt("SystemSetting",
"SDBitRate",1024,DxMediaFunction.IniFileName);
            //the hd card bitrate
             DxMediaFunction.nHDBitRate = DxMediaApi.GetPrivateProfileInt("SystemSetting","HDBitRate",5024,
DxMediaFunction.IniFileName);
            //read the inf file and set the sd video input source
            if(DxSdkFunction.IniReadValue("SystemSetting","VideoInputSouce",20,
DxMediaFunction.IniFileName) = = "AV1")
                {
                    DxMediaFunction.nVideoInput=0;
                }

            if(DxSdkFunction.IniReadValue("SystemSetting","VideoInputSouce",20,
DxMediaFunction.IniFileName) = = "AV2")
                {
                    DxMediaFunction.nVideoInput=1;
                }
                    DxMediaFunction.nVideoInput=2;
                }
            //read the inf file and set the preview mode
            if(DxSdkFunction.IniReadValue("SystemSetting","PreviewMode",20,
DxMediaFunction.IniFileName) = = "VMR7")
                {
                    PreviewMode=0;
                }

            if(DxSdkFunction.IniReadValue("SystemSetting","PreviewMode",20,
DxMediaFunction.IniFileName) = = "D3D")
                {
                    PreviewMode=2;
                }

            if(DxSdkFunction.IniReadValue("SystemSetting","PreviewMode",20,
DxMediaFunction.IniFileName) = = "VMR9")
                {
                    PreviewMode=1;
                }
```

```
            if(DxSdkFunction.IniReadValue("SystemSetting","PreviewMode",20,
DxMediaFunction.IniFileName) = = "OFFscream")
            {
                PreviewMode = 3;
            }

            //////////////////////Read the ini file value end////////////////////

            for(int i = 0; i < 23; i + +)
            {
                DxMediaFunction.DeviceInfo[i].dwOpenDevState = 1;
                DxMediaFunction.DeviceInfo[i].dwHDdevice = false;
            }

            //init
///////////////////////////////////////////////////////////////////////////
            CodecSet = false;
                    }
                }
                //connect the video device
                DxMediaFunction.DeviceInfo[i].dwConnectState = DxSdkFunction.
ConnectDev(DxMediaFunction.DeviceInfo[i].dwCardHandle,

DxMediaFunction.DeviceInfo[i].dwVidStandard,

DxMediaFunction.DeviceInfo[i].dwColorspace,

DxMediaFunction.DeviceInfo[i].dwWidth,

DxMediaFunction.DeviceInfo[i].dwHeight,

DxMediaFunction.DeviceInfo[i].dwFrameRate);


                //start video preview
                DxMediaFunction.DeviceInfo[i].dwPrviewState = DxSdkFunction.
StartPrview(DxMediaFunction.DeviceInfo[i].dwCardHandle,

DxMediaFunction.DeviceInfo[i].dwPrvHandle,

DxMediaFunction.DeviceInfo[i].dwPrvRect,

PreviewMode);

                pEncCallBuf = Marshal.AllocHGlobal(DxMediaFunction.DeviceIn-
fo[i].dwWidth*
DxMediaFunction.DeviceInfo[i].dwHeight*2);
```

```
                    if(DxMediaFunction.DeviceInfo[i].dwPrviewState !=0)
                    {
                        MessageBox.Show("Start preview False");
                    }
                }
            }
            else
            {
                MessageBox.Show("Init False, Please check the Card valid!");
            }
                    //start video preview
                    DxMediaFunction.DeviceInfo[i].dwPrviewState = DxSdkFunction.StartPrview(DxMediaFunction.DeviceInfo[i].dwCardHandle,
DxMediaFunction.DeviceInfo[i].dwPrvHandle,
DxMediaFunction.DeviceInfo[i].dwPrvRect,
PreviewMode);

                     //pEncCallBuf = Marshal.AllocHGlobal(DxMediaFunction.DeviceInfo[i].dwWidth*DxMediaFunction.DeviceInfo[i].dwHeight*2);

                    if(DxMediaFunction.DeviceInfo[i].dwPrviewState !=0)
                    {
                        MessageBox.Show("Start preview False");
                    }
                }
            }
        }
```

实验 11　超声波雷达认知实验

1. 实验目的

1）了解超声波雷达的功能、性能参数、应用场景；
2）熟悉和理解超声波光雷达的基本工作原理；
3）掌握超声波雷达的接线、模式、工作流程。

2. 实验原理

1）汽车倒车中使用的超声波雷达防撞报警系统即是俗称的倒车雷达，在汽车倒车时，超声波倒车雷达采用超声波测距原理探测汽车尾部离障碍物的距离，是汽车泊车辅助装置。倒车时，当汽车尾部探测到障碍物时，倒车雷达就实时动态显示离障碍物的距离，达到设定的安全警告值时，倒车雷达立即发出报警声，以警示驾驶员，辅助驾驶员安全倒车。

2）该模块采用 KS136 防水型收发一体十二探头超声波测距系统，是针对自动驾驶汽车常用的雷达模块而开发的十二探头式防水雷达系统。汽车感应雷达是将雷达探头安装在车身周围，实现汽车侧面障碍物识别，且不影响美观效果。一整套超声波雷达系统由控制主板、12 个防水超声波探头、12 条探头连接线、通信线组成。

3）超声波测距原理是：超声波发射器向某一方向发射超声波，在发射时刻的同时开始计时，超声波在空气中传播，途中碰到障碍物就立即返回来，超声波接收器收到反射波就立即停止计时。

3. 实验设备

名称	数量
超声波雷达	12
超声波雷达教学软件	1

4. 实验内容

（1）超声波雷达接线
1）I^2C 模式信号线接法为：SCL/RX 接上位机的 SCL；SDA/TX 接上位机的 SDA。

I^2C 模式具体连线如下图所示（最多 20 个）。

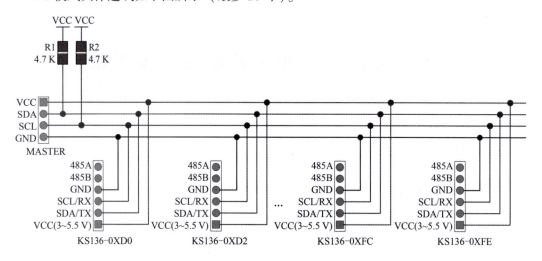

2）TTL 串口模式信号线接法为：SDA/TX 接上位机的 RXD；SCL/RX 接上位机的 TXD。

TTL 串口模式具体连线如下图所示（最多接 2 个）。

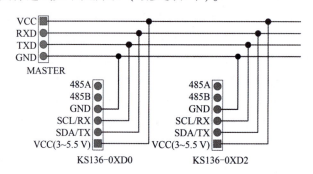

3）485 串口模式时信号线接法为：485A 接 485A；485B 接 485B。

使用 12 V 电源供电时 485 串口模式具体连线如下图所示（最多接 20 个）。

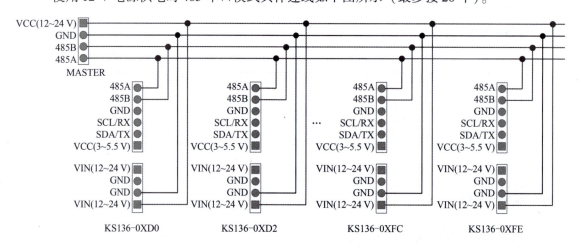

4）以上三种模式的电源接法为：

方法 1：六脚插座的 VCC（3～5.5 V）接电压范围为 3～5.5 V 电源的正极，相邻 GND 接负极；

方法 2：四脚插座的 VCC（12～24 V）接电压范围为 12～24 V 电源的正极，相邻 GND 接负极。

（2）超声波雷达模式选择

1）拨码开关 SW1 全左为 I^2C 模式；

2）拨码开关 SW1 上右下左为 TTL 串口模式；

3）拨码开关 SW1 全右为 485 模式（本系统采用该模式）。

（3）超声波雷达工作流程（485 模式）

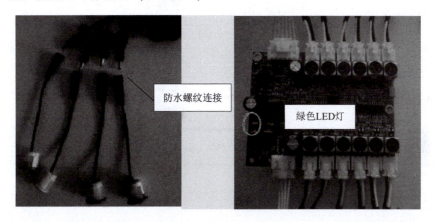

1）在 KS136/KS136A 上电启动时，系统会首先开始自检，自检需要约 1 200 ms。在此自检过程中，KS136/KS136A 将会检测各路探头是否正常插上，检测各配置是否正常。有异常会自动将探头故障位置上报。

初始化完毕，KS136/KS136A 将通过串口自动向上位机发送如下十六进制代码：65 6B 77 E8 71 7B E0 00 0F FF 0C 0A 64 61 75 78 69 2E 63 6F 6D 0A 67 75 69 64 2E 74 61 6F 62 61 6F 2E 63 6F 6D 0A。

2）自检初始化完毕后，LED 灯会以二进制方式闪烁显示其 8 位串口地址，快闪两下代表"1"，慢闪一下代表"0"。

例如显示 0xea 地址，其二进制数为 0B11 101 010，绿色 LED 灯快闪两下→灭→快闪两下→灭→快闪两下→灭→慢闪一下→灭→快闪两下→灭→慢闪一下→灭→快闪两下→灭→慢闪一下→灭。

3）启动后如果收到主机的有效数据指令，LED 灯将立即停止闪烁显示，进入指令探测模式。

2	0x10	138～5 267 mm	0x88～0x1 493 mm	探头 1 收发一体独立工作，有效探测范围 13 cm～4.5 m，返回 mm 值
2	0x12	800～32 639 us	0x320～0x7f7fus	探头 1 收发一体独立工作，有效探测范围 13 cm～4.5 m，返回 us 值

续表

2	0x14	138～3 015 mm	0x88～0xbc7 mm	探头1收发一体独立工作，3 m量程指令，有效探测范围13 cm～3 m，返回mm值
2	0x16	182～5 267 mm	0xb6～0x1 493 mm	探头1收发一体独立工作，有效探测范围20 cm～5.5 m，返回mm值
2	0x17	1 055～65 278 us	0x41f～0x7f7 fus	探头1收发一体独立工作，有效探测范围20 cm～5.5 m，返回us值
2	0x18	138～5 267 mm	0x88～0x1 493 mm	探头2收发一体独立工作，有效探测范围13 cm～4.5 m，返回mm值
2	0x1a	800～32 639 us	0x320～0x7f7 fus	探头2收发一体独立工作，有效探测范围13 cm～4.5 m，返回us值
2	0x1c	138～3 015 mm	0x88～0xbc7 mm	探头2收发一体独立工作，3 m量程指令，有效探测范围13 cm～3 m，返回mm值
2	0x1e	182～5 267 mm	0xb6～0x1 493 mm	探头2收发一体独立工作，有效探测范围20 cm～5.5 m，返回mm值
2	0x1f	1 055～65 278 us	0x41f～0x7f7 fus	探头2收发一体独立工作，有效探测范围20 cm～5.5 m，返回us值

实验 12　超声波雷达数据采集实验

1. 实验目的

1）了解超声波雷达数据通信方式、指令格式、读取和解析的方法；
2）掌握超声波雷达数据读取的步骤；
3）掌握超声波雷达图形化处理方法，实现数据的可视化；
4）理解在实际自动驾驶中超声波雷达的应用。

2. 实验原理

通过对超声波雷达的数据读取和解析，并使用图形化处理方法，实现数据的可视化，利用超声波测距的特性和原理，加入实际的控制决策，从而实现超声波雷达在实际自动驾驶中的应用。

3. 实验设备

名称	数量
超声波雷达	12
超声波雷达教学软件	1

4. 实验内容与结果

（1）超声波雷达数据读取解析

本实训以单步的形式展现了与超声波雷达主机通信的详细过程和指令格式，以及数据解析的方法等。

如下图所示，从上至下，操作步骤依次为：
步骤1：打开串口；
步骤2：向超声波主机发送探测指令；
步骤3：从超声波主机接收返回数据；
步骤4：关闭串口。

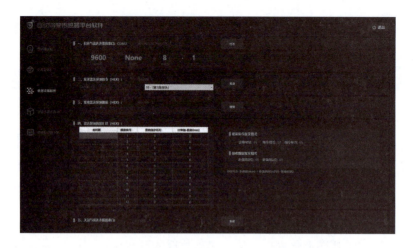

在以上的实训中，步骤2与步骤3可以多次进行，每次可查询1～12路超声波的某一路。可在步骤2的下拉框内选择要查询的超声波路数编号，如下图所示。

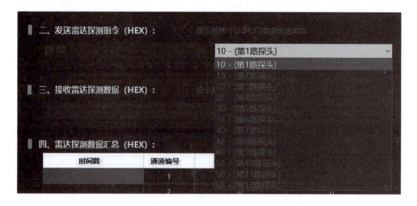

通过以上步骤，可单步读取每一路超声波所探测到的距离。

应用软件部分主要代码（Code/CSBLD_App/CCSBLDThread.cs）如下所示。

```
//打开串口
        public void OpenSerial(int iComPort,int iBaud)
        {
            try
            {
                if(_serial.OpenComm(iComPort ,iBaud,System.IO.Ports.Parity.None,8 ,System.IO.Ports.StopBits.One,1) == 0){return;}
                else{throw new Exception("打开串口失败,请确认该串口存在且未被占用!");}
            }
            catch(Exception e)
            {
                throw;
            }
        }
        //关闭串口
```

```
public void CloseSerial()
{
    try
    {
        if(_serial.GetCommStatus()){_serial.CloseComm();}
    }
    catch(Exception e)
    {
        throw;
    }
}
public bool isSerialOpen()
{
    return _serial.GetCommStatus();
}
public void StartLad(byte bChannelFlag)//启动雷达探测第 x 路距离
{
    byte[]bCmd = new byte[3];
    bCmd[0] = 0xE8;
    bCmd[1] = 0x02;
    bCmd[2] = bChannelFlag;
    SendCmd(bCmd,3);//发送探测命令
    CMessage.SendTextMessageToWindow(_hWnd,"已向雷达设备发送探测指令.");
}
```

（2）数据与算法盒子

在本实训中，展现了雷达设备在应用软件开发中的一般展现形式和处理方法。软件的核心是将（1）中的单步执行放到一个线程中进行持续不间断的运行，并采用双缓冲的图形化处理手段，实现数据的可视化表达。

在下图软件界面中单击"Start"按钮开始运行，软件以图形化的方式展现了车辆周围十二路超声波雷达的探测距离。当距离小于一定阈值时，表示障碍物的圆点以红色展示；当距离大于一定阈值时，则以绿色表示；以此形式表示障碍物与车之间距离的安全性。

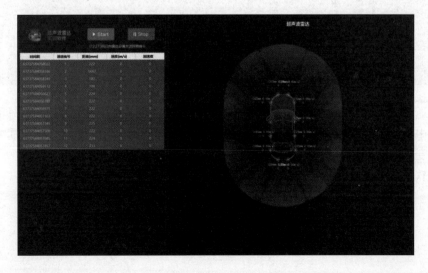

在以上软件的操作中，可以人为在 1～12 路超声波探头前进行干预，并通过图形化的界面感受距离的变化。

应用软件部分主要代码（Code/CSBLD_App/CCSBLDThread.cs）如下所示。

```
//不间断采集扫描数据
  private void ContinueScan()
  {
      int iChannelIndex = 0;
      while(_serial.GetCommStatus()&&_myThread.IsAlive &&_bRunning)
      {
          try
          {
              byte[]byteRecvData = new byte[100];
              StartLad(_byteCommand[iChannelIndex]);//发送单次扫描指令
              Thread.Sleep(120);
              int iCount = _serial.ReadComm(ref byteRecvData,100);//接收返回数据
```

（3）数据与控制决策

本实训中将雷达所探测的距离与车辆的行驶决策进行了融合，在车辆与障碍物间的距离不同时，采用不同的行驶速度，保障行车安全。

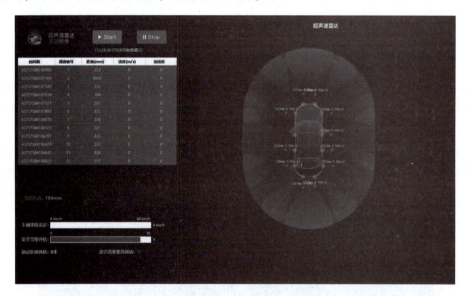

可以通过人为干预超声波雷达的探测距离，来使得系统对车辆速度进行不同的控制。当然实际中车辆行驶的安全性评估是一个比较复杂的数学过程，本系统仅考虑了雷达测量距离这个变量作为决策的依据，只供示范。

应用软件部分主要代码（Code/CSBLD_App/FormFrame3.cs）如下所示。

```csharp
//车速,安全系数等分析
            int iCarSpeed=0;
            if(iNearestDistance>MAX_SAFE_DISTANCE)//大于安全距离
            {
                iCarSpeed=MAX_CAR_SPEED;
                labStopNowFlag.Text="否";
                labStopNowFlag.ForeColor=Color.Green;
            }
            else if(iNearestDistance<MIN_SAFE_DISTANCE)//小于安全距离
            {
                iCarSpeed=0;
                labStopNowFlag.Text="是";
                labStopNowFlag.ForeColor=Color.Red;
            }
            else//在合理距离之间,速度与距离的平方成正比 s=d*d*k
            {
                iCarSpeed=(int)(iNearestDistance*iNearestDistance*SPEED_K);
                if(iCarSpeed>MAX_CAR_SPEED){iCarSpeed=MAX_CAR_SPEED;}
                //将速度划分为10个区间
                iCarSpeed=(iCarSpeed/(MAX_CAR_SPEED/10))*(MAX_CAR_SPEED/10);
                labStopNowFlag.Text="否";
                labStopNowFlag.ForeColor=Color.Green;
            }
if(pbCarSpeedSet.Value!=iCarSpeed){pbCarSpeedSet.Value=iCarSpeed;}//设置车速
            labCarSpeed.Text=iCarSpeed.ToString()+"km/h";

            int iStopDist=(int)(iCarSpeed*iCarSpeed/(2.00*9.80*FLOOR_U));//
            if(iStopDist>MAX_STOP_DISTANCE)
{iStopDist=MAX_STOP_DISTANCE;}
            labStopDist.Text=iStopDist.ToString()+"米";//制动距离与速度平方成正
比 s=v*v/2gu

            //安全驾驶评估,车速-权重65%,距离-权重35%;
            float fScore=(1-iCarSpeed/(float)MAX_CAR_SPEED)*0.65f;
            if(iNearestDistance>MAX_SAFE_DISTANCE){ fScore+=0.35f;}
            else{fScore=fScore+(iNearestDistance/MAX_SAFE_DISTANCE)*0.35f;}
            int iScore=(int)(fScore*10)+3;

            if(pbCarSafe.Value !=iScore){pbCarSafe.Value=iScore;}
            labCarSafe.Text=iScore.ToString();
            if(pbCarSafe.Value>5){pbCarSafe.ForeColor=Color.Green;}
            else{pbCarSafe.ForeColor=Color.OrangeRed;}
//以图形化显示
            ShowDataInGraphic1();
        }
```

实验 13　毫米波雷达认知实验

1. 实验目的

1）了解毫米波雷达的功能、性能参数、应用场景；
2）熟悉和理解毫米波雷达的基本工作原理；
3）掌握毫米波雷达的接线、安装、工作流程。

2. 实验原理

毫米波雷达指工作在毫米波波段的雷达。通常毫米波是指 30～300 GHz 频域（波长为 1～10 mm）的电磁波，毫米波的波长介于厘米波和光波之间，因此毫米波兼有微波制导和光电制导的优点。把毫米波雷达安装在汽车上，可以测量从雷达到被测物体之间的距离、角度和相对速度等。

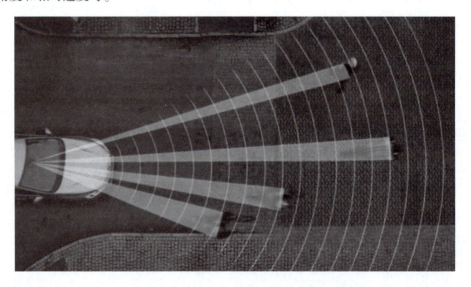

（1）性能参数

该模块采用型号为 CAR28F 的 24 GHz 车载毫米波雷达传感器，该雷达体型小巧，相对测量距离远（70 m）、性能领先、性价比高、集成的外设接口（CAN 接口），具有车辆（低速）前向、倒车预警、前向预警功能。毫米波雷达系统由控制板、天线板、天线罩、机壳组成。

实验 ⑬ 毫米波雷达认知实验

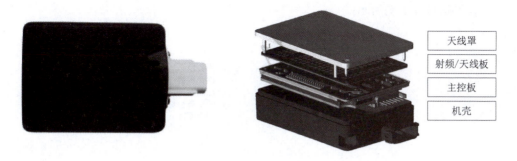

（2）工作原理

毫米波雷达通过天线向外发射毫米波，接收目标反射信号，经后方处理后快速准确地获取汽车车身周围的物理环境信息（如汽车与其他物体之间的相对距离、相对速度、角度、运动方向等），然后根据所探知的物体信息进行目标追踪和识别分类，进而结合车身动态信息进行数据融合，最终通过中央处理单元进行智能处理。经合理决策后，以声、光及触觉等多种方式告知或警告驾驶员，或及时对汽车做出主动干预，从而保证驾驶过程的安全性和舒适性，减少事故发生概率。

3. 实验设备

名称	数量
BSD 盲区检测毫米波雷达	1
毫米波雷达教学软件	1

4. 实验内容

（1）毫米波雷达的安装

在前、后向检测及相关应用中，毫米波雷达安装距地面需有 0.4～1.5 m 的高度，雷达天线面朝正前方，雷达前方不能有金属类物质遮挡。

1）安装示意图规范如下图所示。

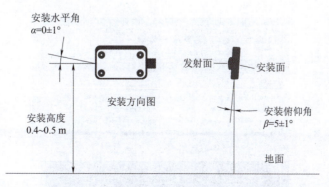

2）探测区域如下图所示。

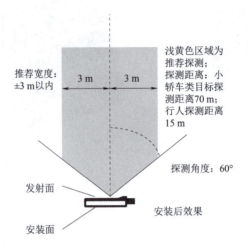

（2）毫米波雷达的连接

通过 USBCAN 适配器，连接 PC 与毫米波雷达传感器。

（3）毫米波雷达的测试

1）打开 CANtest 驱动，并按要求配置。

2）单击界面左上角绿色按钮，如下图所示，不用修改下图中任何参数，单击"确定"按钮。

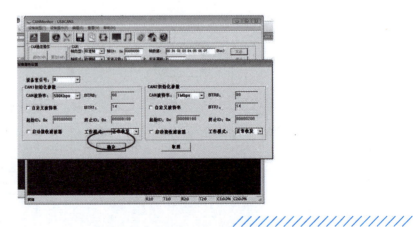

如若正确连接，单击"启动 CAN1"按钮，雷达与目标存在相对运动时，命令行中会出现 0x70C 序列，否则表示连接或安装不正确，请检查安装和连接。

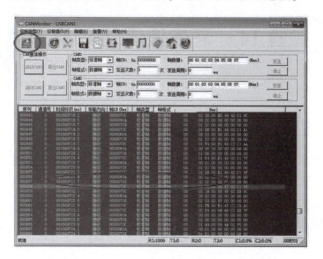

实验14 毫米波雷达数据采集实验

1. 实验目的

1）了解毫米波雷达数据通信方式、指令格式、读取和解析的方法；
2）掌握毫米波雷达数据读取的步骤；
3）掌握毫米波雷达图形化处理方法，实现数据的可视化；
4）理解在实际自动驾驶中毫米波雷达的应用。

2. 实验原理

通过对毫米波雷达的数据读取和解析，并使用图形化处理方法，实现数据的可视化，利用超声波测距和测量移动物体速度的特性和原理，加入实际的控制决策，从而实现毫米波雷达在实际自动驾驶中的应用。

3. 实验设备

名称	数量
BSD 盲区检测毫米波雷达	1
毫米波雷达教学软件	1

4. 实验内容与结果

（1）数据读取解析

本实训以单步的形式展现了与毫米波雷达通信的详细过程和指令格式，以及数据解析的方法等。

如下图所示，从上至下，操作步骤依次为：

步骤一：打开 CAN 设备；
步骤二：初始化 CAN；
步骤三：从 CAN 设备接收返回数据；
步骤四：关闭 CAN 设备。

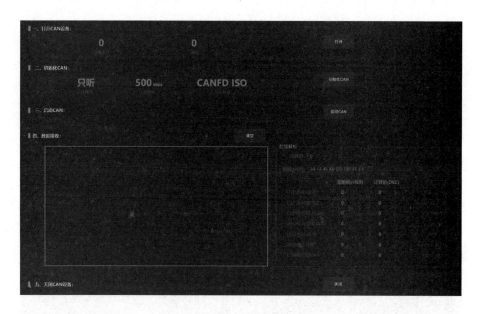

应用软件部分主要代码（Code/HMBLD_App/FormFrame2.cs）如下所示。

```
            if(0 == property_.SetValue(path,value))
            {
             return false;
            }

            path = channel_index_ + "/filter_end";
            value = "FFFFFFFF";
             //char *pathCh = (char *)System.Runtime.InteropServices.Marshal.String
ToHGlobalAnsi(path).ToPointer();
            //char *valueCh = (char *)System.Runtime.InteropServices.Marshal.String
ToHGlobalAnsi(value).ToPointer();
            if(0 == property_.SetValue(path,value))
            {
                return false;
            }

            path = channel_index_ + "/filter_ack";//滤波生效
            value = "0";
             //char *pathCh = (char *)System.Runtime.InteropServices.Marshal.String
ToHGlobalAnsi(path).ToPointer();
                //char *valueCh = (char *)System.Runtime.InteropServices.Marshal.StringTo-
HGlobalAnsi (value).ToPointer();
            if(0 == property_.SetValue(path,value))
//设置 CANFD 标准
        private bool setCANFDStandard(int canfd_standard)
        {
            string path = channel_index_ + "/canfd_standard";
            string value = canfd_standard.ToString();
```

```
            //char*pathCh = (char*)System.Runtime.InteropServices.Marshal.String
ToHGlobalAnsi(path).ToPointer();
            //char*valueCh = (char*)System.Runtime.InteropServices.Marshal.String
ToHGlobalAnsi(value).ToPointer();
            return1 = =property_.SetValue(path,value);
        }
```

（2）数据与算法盒子

在本实训中，展现了雷达设备在应用软件开发中的一般展现形式和处理方法。软件的核心是将（1）中的单步执行放到一个线程中进行持续不间断的运行，并采用双缓冲的图形化处理手段，实现数据的可视化表达。

在上述软件界面中单击"Start"按钮开始运行，软件以图形化的方式展现了车辆前方毫米波雷达的探测距离。当距离小于一定阈值时，表示障碍物的圆点以红色展示；当距离大于一定阈值时，则以绿色表示；以此形式表示障碍物与车之间距离的安全性。

应用软件部分主要代码（Code/HMBLD_App/recvdatathread.cs）如下所示。

```
public void setStart(bool start)
        {
            m_bStart = start;
            if(start)
            {
                recv_thread_ = new Thread(RecvDataFunc);
                recv_thread_.IsBackground = true;
                recv_thread_.Start();
            }
            else
```

```
            {
                recv_thread_.Join();
                recv_thread_=null;
            }
        }

        //数据接收函数
        protected void RecvDataFunc()
        {
            ZCAN_Receive_Data[]can_data=new ZCAN_Receive_Data[100];
            ZCAN_ReceiveFD_Data[]canfd_data=new ZCAN_ReceiveFD_Data[100];
            uint len;
            while(m_bStart)
            {
                lock(locker)
                {
                    len=Method.ZCAN_GetReceiveNum(channel_handle_,TYPE_CAN);
                    if(len>0)
                    {
                        int size=Marshal.SizeOf(typeof(ZCAN_Receive_Data));
                        IntPtr ptr=Marshal.AllocHGlobal((int)len*size);
                        len=Method.ZCAN_Receive(channel_handle_,ptr,len,50);
                        for(int i=0; i<len; ++i)
                        {
                            can_data[i]=
                                (ZCAN_Receive_Data)Marshal.PtrToStructure
                                ((IntPtr)((UInt32)ptr+i*size), typeof(ZCAN_
                                Receive_Data));
                        }
                        OnRecvCANDataEvent(can_data,len);
                        Marshal.FreeHGlobal(ptr);
                    }

                    len=Method.ZCAN_GetReceiveNum(channel_handle_,TYPE_CANFD);
                    if (len>0)
                    {
                        int size=Marshal.SizeOf(typeof(ZCAN_ReceiveFD_Data));
                        IntPtr ptr=Marshal.AllocHGlobal((int)len*size);
                        len=Method.ZCAN_ReceiveFD(channel_handle_,ptr,len,50);
                        for(int i=0; i<len; ++i)
                        {
                            canfd_data[i]=(ZCAN_ReceiveFD_Data)Marshal.PtrToStructure(
                                (IntPtr)((UInt32)ptr+i*size)
                                typeof(ZCAN_ReceiveFD_Data));
                        }
                        OnRecvFDDataEvent(canfd_data, len);
                        Marshal.FreeHGlobal(ptr);
                    }
```

```
            }
            Thread.Sleep(10);
        }
```

(3) 数据与控制决策

在本实训中,将雷达所探测的距离与车辆的行驶决策进行了融合,在车辆与障碍物间的距离不同时,采用不同的行驶速度,保障行车安全。

如下图所示,系统展现了物体的数量、移动速度及方位等信息,并以图形化的形式显示了该物体所在方位。

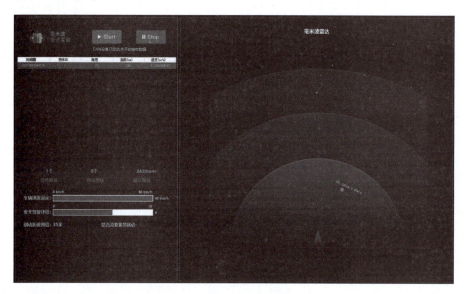

应用软件部分主要代码(Code/HMBLD_App/FormFrame2.cs)如下所示。

```
//车速,安全系数等分析
        int iCarSpeed=0;
        if(iNearestDistance >MAX_SAFE_DISTANCE)//大于安全距离
        {
            iCarSpeed=MAX_CAR_SPEED;
            labStopNowFlag.Text ="否";
            labStopNowFlag.ForeColor = Color.Green;
        }
        else if (iNearestDistance < MIN_SAFE_DISTANCE)//小于安全距离
        {
            iCarSpeed=0;
            labStopNowFlag.Text ="是";
            labStopNowFlag.ForeColor=Color.Red;
        }
        else//在合理距离之间,速度与距离的平方成正比 s = d*d*k
        {
```

```
                iCarSpeed = (int)(iNearestDistance * iNearestDistance * SPEED_K);
                if(iCarSpeed > MAX_CAR_SPEED){iCarSpeed = MAX_CAR_SPEED;}
                //将速度划分为10个区间
                iCarSpeed = (iCarSpeed/(MAX_CAR_SPEED/10))*(MAX_CAR_SPEED /10);
                labStopNowFlag.Text = "否";
                labStopNowFlag.ForeColor = Color.Green;
            }
if(pbCarSpeedSet.Value != iCarSpeed){ pbCarSpeedSet.Value = iCarSpeed;}//设置车速
            labCarSpeed.Text = iCarSpeed.ToString() + "km/h";

            int iStopDist = (int)(iCarSpeed*iCarSpeed/(2.00*9.80*FLOOR_U));//
            if(iStopDist > MAX_STOP_DISTANCE)
{iStopDist = MAX_STOP_DISTANCE;}
            labStopDist.Text = iStopDist.ToString() + "米"; //制动距离与速度平方成
正比 s = v*v/2gu

            //安全驾驶评估,车速 – 权重65%,距离 – 权重35%;
            float fScore = (1 – iCarSpeed/(float)MAX_CAR_SPEED)*0.65f;
            if(iNearestDistance > MAX_SAFE_DISTANCE){fScore + = 0.35f;}
```

实验 15　激光雷达认知实验

1. 实验目的

1）了解激光雷达的功能、性能参数、应用场景；
2）熟悉和理解激光雷达的基本工作原理；
3）掌握激光雷达的构造、工作流程。

2. 实验原理

1）激光雷达作为自动驾驶实现中最重要、必不可少的传感器之一，其重要性不言而喻，激光雷达更多应用于行人探测、障碍物探测（小目标探测）、前障碍物探测及地图构建等方面上。

2）LS01D 激光雷达是一款二维扫描测距产品，采用 5 V 供电，系统工作电流典型值为 300 mA。该激光雷达可以 360°二维平面扫描，产生空间的平面点云地图信息用于地图测绘、自主定位导航、智能设备避障等应用。LS01D 激光雷达采样率可扫描频率可调整。

3）LS01D 激光雷达采用了激光三角测距原理，通过高频图像采集处理系统，每次测距过程中，LS01D 激光雷达的脉冲调制激光器发射红外激光信号，该激光信号照射到目标物体后产生反射光斑，该反射光斑经过一组光学透镜由 LS01D 激光雷达的图像采集处理系统接收。经过 LS01D 激光雷达的内嵌信号处理模块实时解算，目标物体与 LS01D 激光雷达的距离值以及相对方位角度值将从通信接口中输出。在机械旋转模块的带动下，LS01D 激光雷达的高频核心测距模块将进行顺时针旋转，从而实现对周围环境 360°扫描测距。

4）激光雷达的优势：

①分辨率高：激光雷达可以获得极高的角度、距离和速度分辨率。距离和速度分辨率高，意味着可以利用距离——多普勒成像技术来获得目标的清晰图像。

②隐蔽性好、抗有源干扰能力强：激光直线传播、方向性好、光束非常窄，只有在其传播路径上才能接收到；自然界中能对激光雷达起干扰作用的信号源不多，因此激光雷达抗有源干扰的能力很强。

③体积小、质量轻，激光雷达的结构相对简单，维修方便，操纵容易，价格也较低。

④全天候目标探测能力（365×24 小时），但是在雾雪天气对其影响很大。

本系统可用于以下应用场景：通用机器人导航与定位；无人机导航与避障；家用看护/清洁机器人的导航与定位；室内服务机器人避障；同步定位与构图（SLAM）平台。

3. 实验设备

名称	数量
单线束激光雷达	1
激光雷达教学软件	1

4. 实验内容

1）激光雷达的内部构造如图所示。它主要由反射镜、电机、光学旋转编码器和控制电路等组成。它基于飞行时间测量原理制造，是一种非接触式光学测量系统，它通过向环境中发射红外激光和接收到反射的激光所需时间计算物体的距离。一个极短的红外激光束射向前方物体，依据物体的反射率不同，部分光被反射回来，旋

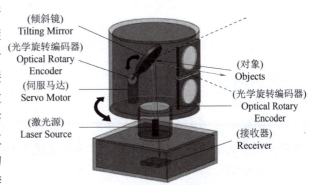

转的镜头使激光束射向前方半圆形区域内的点，每个点的精确方向是由镜头上的角度编码器测量到的，许多测量点在一起就构成前方区域轮廓的一个模型。

2）LS01D 激光雷达主要由高频测距核心、无线传输系统、旋转子系统构成。旋转子系统由无刷步进电机中轴驱动，在系统内部旋转。LS01D 激光雷达的信号线可以直接与 FPGA/DSP/ARM/单片机的 UART 口对接，无需 RS232、422 等芯片转换。系统正确上电后，高频测距核心将用户可以通过 LS01D 激光雷达的通信接口（RS232/USB 等）获取 LSLiDAR 的扫描测距数据。

3）LS01D 激光雷达的标准配置采用 3.3 V 电平的 UART 串口作为通信接口。在 LS01D 激光雷达工作时，每一组采样数据都是通过通信接口输出的。输出数据具有统一的报文格式。LS01D 激光雷达的测量数据以上述报文格式输出，外部系统可以通过请求、停止等指令控制 LS01D 激光雷达输出数据，或者对输出数据的格式进行配置。

数据类型	单位	描述
距离值	毫米	LS01D 激光雷达距离当前采样点之间的实际距离
夹角	度	当前采样点相对于 LS01D 激光雷达基准朝向的夹角
新数据帧标志位	（布尔值）	表示当前采样点是否属于新一次的扫描

 实验 16　激光雷达数据采集实验

1. 实验目的

1）熟悉和掌握如何使用激光雷达来读取周围的物体信息；
2）了解激光雷达的通信过程及数据指令格式；
3）掌握激光雷达的数据解析方法；
4）熟悉激光雷达在自动驾驶控制决策中的作用。

2. 实验原理

使用激光雷达软件对激光雷达采集的数据进行解析，解析出来的数据经过算法盒子处理后，实现数据的可视化，用雷达探测周围物体的距离信息与车辆的控制层算法做结合，最终实现车辆行为的控制决策。

3. 实验设备

名称	数量
单线束激光雷达	1
激光雷达教学软件	1

4. 实验内容与结果

（1）激光雷达数据读取解析

本实训以单步的形式展现了与激光雷达通信的详细过程和指令格式，以及数据解析的方法等。操作步骤依次为：打开串口；向激光雷达发送探测指令；从激光雷达接收返回数据；关闭串口。

应用软件部分主要代码（Code/DXLD_App/FormFrame1.cs）如下所示。

```csharp
                //打开串口
        private void btnOpen_Click(object sender, EventArgs e)
        {
            try
            {
                dxld.OpenSerial(_iComPort, 230400);
                labTip1.Text = DateTime.Now.ToString("[HH:mm:ss]") + "串口已被打开.";
                labTip6.Text = DateTime.Now.ToString("[HH:mm:ss]") + "串口已打开状态.";
            }
            catch (Exception e1)
            {
                labTip1.Text = DateTime.Now.ToString("[HH:mm:ss]") + e1.Message;
            }
        }
        //发送启动雷达指令
        private void btnStart_Click(object sender, EventArgs e)
        {
            try
            {
                dxld.StartLad();
                labTip2.Text = DateTime.Now.ToString("[HH:mm:ss]") + "数据发送成功.";
            }
            catch (Exception e1)
            {
                labTip2.Text = ateTime.Now.ToString("[HH:mm:ss]") + e1.Message;
            }
        }
//发送雷达单次扫描指令
        private void btnScan_Click(object sender, EventArgs e)
    { try
    {
        _iRecvCount = dxld.RecvData(ref _byteRecvData,2000);
        if (_iRecvCount > 0)
        {
            labTip4.Text = DateTime.Now.ToString("[HH:mm:ss]") + "数据接收数量:[" + _iRecvCount.ToString() + "]";
        }
        else
        {
            labTip4.Text = DateTime.Now.ToString("[HH:mm:ss]") + "数据接收数量:[-1]请确认串口已打开,扫描指令已发送.";
```

```
            }
            ShowData();
        }
        catch (Exception e1)
        {
            labTip4.Text = DateTime.Now.ToString("[HH:mm:ss]") + e1.Message;
        }
    }
    private void btnStop_Click(object sender, EventArgs e)
    {
        try
        {dxld.StopLad();
         labTip5.Text = DateTime.Now.ToString("[HH:mm:ss]") + "数据发送成功.";
        }
        catch (Exception e1)
        {
            labTip5.Text = DateTime.Now.ToString("[HH:mm:ss]") +e1.Message;
        }}
    private void btnClose_Click(object sender, EventArgs e)
    {
        try
        {
            dxld.CloseSerial();
labTip6.Text = DateTime.Now.ToString("[HH:mm:ss]") +"串口已被关闭.";
            labTip1.Text = DateTime.Now.ToString("[HH:mm:ss]") + "串口关闭状态.";}
        catch(Exception e1)
        {
            labTip6.Text = e1.Message;
        }
    }
```

（2）数据与算法盒子

在本实训中，展现了雷达设备在应用软件开发中的一般展现形式和处理方法。软件的核心是将（1）中的单步执行放到一个线程中进行持续不间断的运行，并采用双缓冲的图形化处理手段，实现数据的可视化表达。

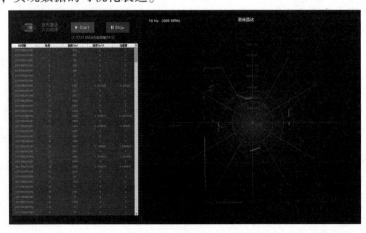

在上述软件界面中单击"Start"按钮开始运行，软件以图形化的方式展现了车辆周围360°的物体探测距离。当物体距离小于一定阈值时，表示障碍物的圆点以红色展示；当距离大于一定阈值时，则以绿色表示：以此形式表示障碍物与车辆之间距离的安全性。

应用软件部分主要代码（Code/DXLD_App/CDXLDThread.cs）如下所示。

```
//不间断采集扫描数据
    private void ContinueScan()
    {
        while(_serial.GetCommStatus() && _myThread.IsAlive &&_bRunning)
        {
            try
            {
                byte[] byteRecvData = new byte[2000];
                ScanLad();//发送单次扫描指令
                Thread.Sleep(200);
        int iCount = _serial.ReadComm(ref byteRecvData,2000);//接收返回数据
if(iCount>0){CMessage.SendByteArrayMessageToWindow(_hWnd, ref byteRecvData, iCount);}
            if(iCount<0){throw new Exception("读串口错误.");}
            }
            catch(Exception e)
            {
                CMessage.SendTextMessageToWindow(_hWnd,e.Message);
            }
        }
        if(_serial.GetCommStatus()) { StopLad(); } //停止雷达
        CMessage.SendTextMessageToWindow(_hWnd,"雷达设备已停止.");
    }
    //将不间断采集扫描数据放入线程中并运行 public void StartThread()
    {
        _myThread = new Thread(ContinueScan);
        _bRunning = true;
        _myThread.Start();
    }
    //停止线程
    public void StopThread()
    {
        try
        {
            _bRunning = false;
            Thread.Sleep(400);
            if (_myThread != null)
            {
                if (_serial.GetCommStatus()) {StopLad();} //停止雷达
                CloseSerial();
                //_myThread.Abort();CMessage.SendTextMessageToWindow
                (_hWnd,"雷达设备已停止.");
```

```
            }
        }
        catch(Exception e)
        {
            CMessage.SendTextMessageToWindow(_hWnd, e.Message);
        }
    }
    public CDXLDThread(IntPtr hWnd)
    {
        _hWnd = hWnd;
    }
    //不间断采集扫描数据
    private void ContinueScan()
    {
        while(_serial.GetCommStatus() && _myThread.IsAlive && _bRunning)
        {
            try
            {
                byte[] byteRecvData = new byte[2000];
                ScanLad();//发送单次扫描指令
                Thread.Sleep(200);
                int iCount = _serial.ReadComm(ref byteRecvData, 2000);//接收返回数据
                if(iCount > 0) {CMessage.SendByteArrayMessageToWindow(_hWnd, ref byteRecvData,iCount);}
                if(iCount < 0){throw new Exception("读串口错误.");}

            }
            catch (Exception e)
            {
                CMessage.SendTextMessageToWindow(_hWnd,e.Message);
            }

        }

        if (_serial.GetCommStatus()){StopLad();} //停止雷达
        CMessage.SendTextMessageToWindow(_hWnd,"雷达设备已停止.");
    }

    //将不间断采集扫描数据放入线程中并运行
    public void StartThread()
    {
        _myThread = new Thread(ContinueScan);
        _bRunning = true;
        _myThread.Start();
    }
    //停止线程
    public void StopThread()
    {
```

```
                        try
                        {
                            _bRunning = false;
                            Thread.Sleep(400);
                            if (_myThread != null)
                            {
if(_serial.GetCommStatus()){StopLad();}//停止雷达
                                CloseSerial();
                                //_myThread.Abort();CMessage.SendTextMessageTo
                                Window(_hWnd,"雷达设备已停止.");
                            }
                        }
                        catch(Exception e)
                        {
                            CMessage.SendTextMessageToWindow(_hWnd,e.Message);
                        }
                    }
                    public CDXLDThread(IntPtr hWnd)
                    {
                        _hWnd = hWnd;
                    }
Thread.Sleep(400);
                            if(_myThread != null)
                            {
                                if(_serial.GetCommStatus()){StopLad();}//停止雷达
                                CloseSerial();
                                //_myThread.Abort();CMessage.SendTextMessageToWindow
                                (_hWnd,"雷达设备已停止.");
                            }
                        }
                        catch(Exception e)
                        {
                            CMessage.SendTextMessageToWindow(_hWnd,e.Message);
                        }
                    }
                    public CDXLDThread(IntPtr hWnd)
                    {
                        _hWnd = hWnd;
                    }
```

(3) 数据与控制决策

本实训中将雷达所探测的360°范围内物体的距离与车辆的行驶决策进行了融合,在车辆与障碍物间的距离不同时,采用不同的行驶速度,保障行车安全。

软件部分通过对数据的分析处理,可计算出所探测的物体数量、当前正在移动的物体数量及最近的距离值。可以通过人为干预激光雷达的探测距离,来使得系统对车辆速度进行不同的控制。当然实际中车辆行驶的安全性评估是一个比较复杂的数学过程,本系统仅考虑了雷达测量距离,这个变量作为决策的依据,只供示范。

应用软件部分主要代码（Code/DXLD_App/FormFrame1.cs）如下所示。

```
//车速,安全系数等分析
            int iCarSpeed=0;
            if(iNearestDistance>MAX_SAFE_DISTANCE)//大于安全距离
            {
                iCarSpeed=MAX_CAR_SPEED;
                labStopNowFlag.Text="否";
                labStopNowFlag.ForeColor=Color.Green;
            }
            else if(iNearestDistance<MIN_SAFE_DISTANCE)//小于安全距离
            {
                iCarSpeed=0;labStopNowFlag.Text="是";
                labStopNowFlag.ForeColor=Color.Red;
            }
            else//在合理距离之间,速度与距离的平方成正比 s=d*d*k
            {
                iCarSpeed=(int)(iNearestDistance*iNearestDistance*SPEED_K);
                if(iCarSpeed>MAX_CAR_SPEED){iCarSpeed=MAX_CAR_SPEED;}
                //将速度划分为10个区间
                iCarSpeed=(iCarSpeed/(MAX_CAR_SPEED/10))*(MAX_CAR_SPEED/10);
                labStopNowFlag.Text="否";
                labStopNowFlag.ForeColor=Color.Green;
            }
if(pbCarSpeedSet.Value!=iCarSpeed){pbCarSpeedSet.Value=iCarSpeed;}//设置车速
            labCarSpeed.Text=iCarSpeed.ToString()+"km/h";
int iStopDist=(int)(iCarSpeed*iCarSpeed/(2.00*9.80*FLOOR_U));//
            if(iStopDist>MAX_STOP_DISTANCE)
{iStopDist=MAX_STOP_DISTANCE;}
            labStopDist.Text=iStopDist.ToString()+"米";//制动距离与速度平方成正比 s=v*v/2gu
            //安全驾驶评估,车速-权重65%,距离-权重35%;
            float fScore=(1-iCarSpeed/(float)MAX_CAR_SPEED)*0.65f;
            if(iNearestDistance>MAX_SAFE_DISTANCE){fScore+=0.35f;}
            else{fScore=fScore+(iNearestDistance/MAX_SAFE_DISTANCE)*0.35f;}
            int iScore=(int)(fScore*10)+3;

             if(pbCarSafe.Value!=iScore){pbCarSafe.Value=iScore;}labCarSafe.Text=iScore.ToString();
            if(pbCarSafe.Value>5){pbCarSafe.ForeColor=Color.Green;}else{pbCarSafe.ForeColor=Color.OrangeRed;}
//以图形化显示
            ShowDataInGraphic1();
        }
正比 s=v*v/2gu
            //安全驾驶评估,车速-权重65%,距离-权重35%;
            float fScore=(1-iCarSpeed/(float)MAX_CAR_SPEED)*0.65f;
            if(iNearestDistance>MAX_SAFE_DISTANCE){fScore+=0.35f;}
0.35f;}
            else{fScore=fScore+(iNearestDistance/MAX_SAFE_DISTANCE)*
```

```
            int iScore = (int)(fScore*10) +3;
            if(pbCarSafe.Value! = iScore){pbCarSafe.Value = iScore;}
            labCarSafe.Text = iScore.ToString();
            if(pbCarSafe.Value > 5){pbCarSafe.ForeColor = Color.Green;}
            else{pbCarSafe.ForeColor = Color.OrangeRed;}
//以图形化显示
            ShowDataInGraphic1();
        }
```

实验 17　GPS 安装与标定实验

1. 实验目的

1）了解 GPS 定位的基本工作原理；
2）掌握差分 GPS 的组成与功能；
3）掌握差分 GPS 基准站和移动站的接线、配置、调试流程。

2. 实验原理

1）GPS 定位是利用一组卫星的伪距、星历、卫星发射时间等观测量和用户钟差来实现的。要获得地面的三维坐标，必须对至少 4 颗卫星进行测量。在这一定位过程中，存在三部分误差：一是接收机公有的误差，如卫星钟误差、星历误差等；二是传播延迟误差，如电离层误差、对流层误差等；三是各用户接收机所固有的误差，例如内部噪声、通道延迟、多径效应等。为了减少这些误差对观测精度的影响，多采用差分定位技术。利用差分技术，第一部分误差可以完全消除；第二部分误差大部分可以消除，消除程度主要取决于基准接收机和用户接收机的距离；第三部分误差则无法消除。

差分 GPS 首先利用已知精确三维坐标的差分 GPS 基准台，求得伪距修正量或位置修正量，再将这个修正量实时或事后发送给用户（GPS 导航仪），对用户的测量数据进行修正，以提高 GPS 定位精度。

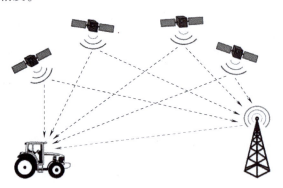

2）根据差分 GPS 基准站发送的信息方式可将差分 GPS 定位分为三类，即位置差分、伪距差分和相位差分。这三类差分方式的工作原理大致相同，都是由基准站发送改正数，由用户站接收并对其测量结果进行改正，以获得精确的定位结果。不同的是，发送改正数的具体内容不一样，其差分定位精度也不同。

3）GNSS 是一款提供精确定位和航向的产品。该产品支持最新 GNSS 信号，提供双天线及多星基线 RTK（Real – Time Kinematic，实时动态）。GNSS 支持 GPS、GLONASS、BDS、GALILEO 信号。此外，RGPak982 内部除了 GNSS 模块，还集成数传电台模块和 2/3/4G 等网络模块，以便更好实现远程基站 RTK 和网络 CORS 站 RTK。

4）单天线 GNSS 在确定天线与车辆和关注对象的相对位置时总会面临困难，低动态时尤其如此。通过双天线 GNSS 测量定向可以克服这些问题。GNSS 实现厘米级的精确位置需要搭建远程基站形成多星基线 RTK，内部集成 400 MHz 数传电台模块能很好地实现和远程基站进行差分数据的传送。内部 2/3/4G 等网络模块可以直接通过高速 4G 等网络实现网络差分，支持标准 SIM 卡和多网络制式，通过连接到 CORS 站上建立的虚拟基站可以更方便地达到厘米级精确位置的 RTK 差分。

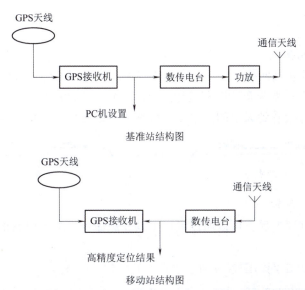

基准站结构图

移动站结构图

RTK 载波相位差分技术，是实时处理两个测量站载波相位观测量的差分方法，将基准站采集的载波相位发给用户接收机，进行求差解算坐标。这是一种新的常用的卫星定位测量方法，以前的静态、快速静态、动态测量都需要事后进行解算才能获得厘米级的精度，而 RTK 是能够在野外实时得到厘米级定位精度的测量方法，它采用了载波相位动态实时差分方法，是 GPS 应用的重大里程碑。

3. 实验设备

名称	数量
自动驾驶车辆	1
自动驾驶硬件系统	1

4. 实验内容

（1）GPS 基准站接线

GPS 基准站主要由 GNSS 天线、电台天线、太阳能电池板、基准站模块等组成。

（2）GPS 基准站配置

1）开机。

2）高低功率切换。

3）发射信道切换。

4）数据发送指示。

5）确定基准点。

（3）GPS 移动站接线

GPS 移动站主要包括两根 GNSS 天线、4G 天线、电台天线、GNSS 模块等。

安装时 X 轴方向需要与车辆的前进运动方向一致，不能反装。GNSS 天线不能有遮挡，视野需要开阔，能直接看到天上的卫星。一般是主天线在前方，从天线在后方。

正确　　　　　　　　　错误

（4）GPS 移动站配置

设备正确连接并通电后，可以通过串口工具发送命令来配置电台的参数。按照如下要求来连接和配置：

1）登录 RGpak982 网络配置页面。

2）配置 I/O Configuration – Port Configuration。

实验 18　车辆行驶 GPS 数据采集实验

1. 实验目的

1）掌握自动驾驶汽车的使用；
2）掌握使用差分 GPS 基准站和移动站；
3）掌握车辆行驶 GPS 数据采集的方法、流程；
4）掌握 GPS 数据点 google earth 上的描绘；
5）理解 GPS 采集数据的处理过程。

2. 实验原理

在园区内规划一条可以行驶的路径，并且对该路径的 GPS 点数据进行采集，为小车的自动驾驶路径做准备。

3. 实验设备

名称	数量
自动驾驶汽车	1
自动驾驶硬件系统	1

4. 实验内容

（1）准备工作
1）安装 GPS 移动站和基准站。
2）自动驾驶汽车的动力电池电量充足，遥控器电量充足。
3）选择合适的场地，将车辆和基站都移至空旷且无遮挡的位置。
4）确认各个传感器模块线路以及设备插头插紧不松动。
（2）遥控器控制说明
自动驾驶汽车配备遥控器，可以对车辆进行无线的遥控控制。下面对遥控操作进行说明。

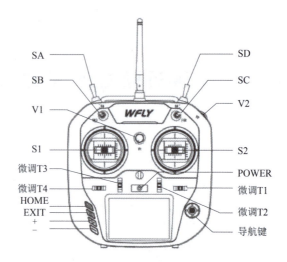

按键的功能定义为：SC、SD、V1、T4 暂时未被启用；其中参数设置在出厂前均已经设置好，无须私自修改系统设置，否则可能会导致失控、控制混乱等问题。

1) POWER 为电源按钮，长按进行开关机操作。

2) SA 为控制模式切换拨杆，两挡位，拨杆向下时为遥控器控制模式，拨杆向上时切换为自动控制模式。

3) SB 为档位切换拨杆，三挡位，拨杆在中位时（空挡），车体不接收前后运动控制信号；拨杆往上时切换至前进挡，底盘才能接收 S2 油门摇杆发送的前进运动控制信号，往前运动；拨杆往下切换至后退挡，底盘才能接收 S2 油门摇杆发送的后退运动控制信号，往后运动。

4) V2 为驻车请求拨盘，拨盘往下拨发送驻车请求，启动驻车制动装置；拨盘往上拨，即松开驻车制动装置。

5) S1 为制动摇杆，上推刹车，下推到底为松开刹车。

6) S2 前后为油门控制，控制前进和后退；S2 左右控制前轮的转向。

7) 微调 T1 为转向角度微调键，微调值为 -1 000 ~ 1 000；当 T1 为正时，轮胎则向左偏移，并且值越大轮胎向左偏移的角度越大；当 T1 为负时，轮胎则向右偏移，并且值越小轮胎向右偏移的角度越大。

8) 微调 T2 为油门控制微调键，微调值为 -1 000 ~ 1 000；当 S2 处于中间位置时，挡位处于前进挡、T2 值为正，随着 T2 值增大，前进车速逐渐增大；当 S2 处于中间位置时，挡位处于后退挡、T2 值为负，随着 T2 值减小，后退车速逐渐增大。

9) 遥控器蜂鸣器警告说明。

低电压报警	当电量低于自定义电压时，蜂鸣器响，显示屏右上角电压值闪烁，并显示警告界面，按"是"可正常使用，报警声长鸣，按"否"则关机
开关位置报警	开机时若油门 SA/SB/SC 拨杆不是在默认挡位时，将会出现报警界面（显示对应开关），所有开关在复位则界面消失

续表

低电压报警	当电量低于自定义电压时，蜂鸣器响，显示屏右上角电压值闪烁，并显示警告界面，按"是"可正常使用，报警声长鸣，按"否"则关机
关机报警界面	遥控器关机时会检测接收器是否通信，通信则弹出警告界面并且需要经过确认才能关机
微调提示音	微调键微调值达到中点或端点时，蜂鸣器长响一声

（3）差分 GPS 的基准站和移动站的安装与配置

1）将 GPS 基准站移至空旷且不能遮挡的位置，并按照正确的连接方式，将设备连接好，并且上电，检视上电后基准站能正常工作。

2）按照差分 GPS 的配置方法，对基准站进行配置，确保能接收卫星信号，并获得准确的地理位置坐标，确认基准站正常工作。

3）按照差分 GPS 的配置方法，对移动站进行配置，确保能接收卫星信号，并获得准确的地理位置坐标，正确接收基准站的电台信号，确认移动站正常工作。

（4）车辆电源开启

1）小车总开关开启。当确认各个传感器模块线路以及差分 GPS 正确安装之后，启动小车的电源，使用遥控器测试车辆控制状态，确认制动、前进、后退、转向等功能。

2）车载模块总电源开启。打开车载模块总电源，开启工控机电源，AC 指示灯变绿，此时显示屏点亮，工控机开始工作。

（5）GPS 数据采集软件的使用

1）在主控机桌面打开 GPS 数据采集软件。

2）单击"Start"按钮运行。

3）启动 GPS 的数据接收。

在车辆采集 GPS 数据的过程中，该软件一直处于运行状态，直到最后走完全程路径，将车辆停下来。

4）单击"Stop"按钮停止数据接收，并且会将采集的路径数据文件保存至默认文件夹。

5）使用遥控控制车辆，以 5 km/h 的速度沿着规划好的路线行驶，根据采集的路径数据文件，可以生成 GPS 点数据文件。

参 考 文 献

[1] 崔胜民. 智能网联汽车环境感知技术［M］. 北京：人民邮电出版社，2020.

[2] 崔胜民. 智能网联汽车技术及仿真实例［M］. 北京：人民邮电出版社，2020.

[3] 夏国强. 智能网联汽车概论［M］. 北京：机械工业出版社，2023.

[4] 陈宁. 智能网联汽车环境感知技术［M］. 北京：机械工业出版社，2022.

[5] 吴冬升. 智能网联汽车技术［M］. 北京：机械工业出版社，2023.

[6] 杨宗平. 智能网联汽车传感器技术［M］. 北京：人民交通出版社，2022.

[7] 罗洋坤. 智能网联汽车智能传感器安装与调试［M］. 北京：机械工业出版社，2022.

[8] 陈宁. 智能汽车传感器技术［M］. 北京：机械工业出版社，2022.

[9] 甄先通. 自动驾驶汽车环境感知［M］. 北京：清华大学出版社，2020.

[10] 崔胜民. MATLAB 自动驾驶函数及应用［M］. 北京：化学工业出版社，2020.